《人文与科技（第六辑）》编辑委员会

人文与科技

HUMANITIES & SCIENCE TECHNOLOGY

（第六辑）

◎刘实鹏 周俊/主编

中央民族大学出版社
China Minzu University Press

图书在版编目(CIP)数据

人文与科技．第六辑／刘实鹏，周俊主编．—北京：中央民族大学出版社，2021.5

ISBN 978-7-5660-1941-7

Ⅰ.①人… Ⅱ.①刘… ②周… Ⅲ.①高等学校—人文科学—教学管理—贵州—文集 Ⅳ.①G640-53

中国版本图书馆 CIP 数据核字(2021)第 098127 号

人文与科技(第六辑)

主　　编	刘实鹏　周　俊
责任编辑	舒　松
责任校对	肖俊俊
封面设计	舒刚卫
出版发行	中央民族大学出版社
	北京市海淀区中关村南大街 27 号　邮编：100081
	电　话：(010)68472815(发行部)　传真：(010)68932751(发行部)
	(010)68932218(总编室)　(010)68932447(办公室)
经 销 者	全国各地新华书店
印 刷 厂	北京鑫宇图源印刷科技有限公司
开　　本	787×1092　1/16　印张：22.5
字　　数	330 千字
版　　次	2021 年 5 月第 1 版　2021 年 5 月第 1 次印刷
书　　号	ISBN 978-7-5660-1941-7
定　　价	85.00 元

序

《人文与科技（第六辑）》是贵州民族大学人文科技学院倾力推出的2020年下半年度学术研究成果，是学院自2014年以来采取以书代刊的形式，连续6年组织出版有关独立学院建设发展的第十一本学术论文集。

贵州民族大学人文科技学院是一所创办于2001年的新机制独立学院，学校两个校区协同发展：十里河滩校区坐落于山清水秀、被誉为“高原明珠”的贵阳市花溪区；大学城校区坐落在产城融合创新、生态文明示范的贵安新区，毗邻贵州财经大学、贵州医科大学、贵州师范大学等高校。历经了19年的建设与发展现已成为贵州省独立学院中的佼佼者：我校是贵州省首批获教育部批准设立“人工智能”专业（工学，专业代码：080717T，学制4年）的本科学校之一；我校在2019年第五届“互联网+”大学生创新创业大赛总决赛中斩获金奖和铜奖，这是贵州高校首次在该项大赛总决赛中斩获金奖，实现了贵州省金奖零的突破。实践教学和科研工作都是我校提高教育质量、增强竞争力的有力支撑，科研工作历来都是我校重要的发展策略。近年来，学校高度重视科研工作的建设与发展，通过完善科研制度，搭建研究平台等多元举措，形成浓郁的科研氛围：被全国社科联评选为“创建新型先进智库社会组织”。学校目前设有教育部民族教育发展中心“民族民间文化教育传承创新重点研究基地（高等院校）”、国家民委人文社科重点研究基地“南方少数民族非物质文化遗产研究基地”、中国少数民族文学学会“中国南方少数民族文学艺术与文化传播研究基地”、中国民俗学会民俗教育专业委员会“非物质文化遗产传承与教育研究基地”、中国社会科学院法学研究所“法治国情调研基地”、中国少数民族哲学及社会思想史学会副理事长单位和研究基地等10余个科研平台。今年我校还成功申请注册成为国家自然科学基金项目依托单位，这为我校教师搭建了一个更高的科研平台。学校教师科研能力显著提升，陆续推出了一批高质量的研究成果，其中自有教师主持省部级以上科研项目30余项；发表学术论文500余篇，其中SCI、EI、ISTP检索及核心期刊论文50余篇；出版著作30余部。

《人文与科技（第六辑)》收录了校内外作者30篇论文，涉及的研究领域有文学、教育学、社会学、法学、建筑学、植物学和民俗学。一本文集是一尊巨大熔炉，荟萃了各种各样的教育思想；一本文集是异彩纷呈的理念碰撞，自然科学和哲学社会科学共同迸射出教学改革进步的光芒；有的从法学角度探讨，有的从学科教学切入；有的是对专业领域的思考论证，有的是对实践教学的反思推敲。这些论文都凝聚着教师们的汗水与智慧，记载了人文科技学院在教学、科研道路上的点点滴滴，让思想的火花绽放精彩，让行动的成果积淀希望。愿教师们继续克难奋进、开拓创新，力争在更广的领域、更深的层面开展教育教学研究和实践，用自己的勤勉和智慧，共同铸造教育辉煌的明天，迎来一个个丰硕的成果！

目 录

池莉小说的创作视角与价值取向研究 ………………… 邓 娟 马 帅（1）
从辛弃疾次韵苏轼词作中看苏辛艺术风格异同
……………………………………………………… 都海虹 石佳林（11）
《国家宝藏》的民族文化传播模式探析 …………… 肖婷婷 李远兰（18）
浅析九阡水语音系 ………………………………………………… 杨承艺（31）
论冉正万小说中人性的展现
——以《苍老的指甲和宵遁的猫：冉正万选集》为例
……………………………………………………………… 张议沙（48）
以效果为导向的大学英语阶段性教学探析 …………………… 丁文杜鹃（61）
独立学院教师绩效考核体系研究
——以X学院为例 …………………………………… 杨 眉 禹华意（70）
浅析“公文写作与处理”课程建设的价值取向…… 杨 郑 董存婷（83）
贵州民办高校民族文化进校园的发展现状研究
——以贵州民族大学人文科技学院为例 …………………… 童 珊（94）
“考研热”现象的社会学分析…………………………………… 曾凯琴（105）
民族传统村落精准扶贫实践的调查与分析
——基于贵州省侗寨YD村的实地考察
……………………………………… 王 斌 严进进 赵孝扬（116）
图书馆读者占座的原因分析及对策研究 ………… 詹小芳 张 英（130）

易地扶贫搬迁政策执行过程分析
——以仁怀市的安置点为例 …………………………… 李安连（140）
认罪认罚从宽制度的价值均衡 …………………………… 廖建灵（149）
喀斯特世界自然遗产法律保护的现状、问题与对策
——以贵州荔波、施秉为例 …………………………… 赵子龙（162）
BIM 技术应用
——基于贵安新区标准厂房项目建设管理 … 杜世光 陈建军（172）
浅析工程建设管理中造价软件的作用 …………… 王 洁 李禹炎（185）
高层建筑模态分析及基本周期简化计算研究 ……………… 袁玉宝（192）
使用 Nad 叶绿体标记分析芒和五节芒的遗传多样性 ……… 何燕燕（204）
供给侧改革背景下贵州蜡染文化产业可持续发展研究
…………………………………………………… 余三春 赵琳菊（219）
贵州侗族节庆美食文化旅游资源的品牌化建设研究
…………………………………………………… 王月月 黄丽丽（232）
乌蒙高地回族生计方式的变迁
——以威宁县中水镇 S 村为例 ……………… 李 萍 谭厚锋（243）
民办博物馆市场化经营可行性研究
——以贵州民族民俗博物馆为例 …………………… 杨 波（259）
穿在身上的非物质文化遗产
——屯堡女性服饰研究 …………………………… 柴 智（271）
乡村振兴背景下贵州传统村落保护研究 ………… 王砂砂 赵 艺（281）
乡村人才振兴问题研究综述 …………………………… 张皓云（297）
生态环境损害赔偿磋商与诉讼衔接法律制度研究 ………… 周婷婷（305）
甘南藏族自治州非物质文化遗产保护现状 ………………… 刘 媛（317）
当代我国高校辅导员学生管理工作问题分析及对策研究
…………………………………………………… 王永祥 田 雪（328）
风险刑法问题研究 ……………………………………… 郑 程（336）

池莉小说的创作视角与价值取向研究*

邓　娟　　马　帅**

（贵州民族大学人文科技学院，贵州贵阳　550025）

摘　要：池莉以“市民代言人”的身份，以平民的写实视角和关切的人生态度，关注平民阶层的日常生活状态，融入他们琐碎的生存体验，着力按照生活本来的面目，以生活流式的结构来描写，注重现实生活原生态的还原。本课题将以池莉的“人生三部曲”《烦恼人生》《不谈爱情》《太阳出世》为研究对象，着重分析池莉小说的创作视角与价值取向，从而树立其在新时期小说史上的地位。

关键词：池莉；创作视角；价值取向

---

* 基金项目：本文系 2019 年度贵州民族大学人文科技学院科研基金项目“池莉小说的创作视角与价值取向研究”（编号：19rwjs019）的研究成果。

** 作者简介：邓娟，女，汉族，硕士，贵州民族大学人文科技学院法学院党总支书记，副教授。

马帅，男，汉族，硕士，贵州民族大学人文科技学院党委副书记，副教授。

一、池莉与新写实小说

池莉作为新写实小说的代表作家之一，以其作品的独特文学价值在中国当代文学史上留下了专属的印记。1987 年，池莉的开山之作《烦恼人生》一经问世以后，她逐渐进入大众的视野。随后的《不谈爱情》《太阳出世》《来来往往》《绿水长流》等作品的相继发表，让池莉与她的作品在 20 世纪 80 年代后期被大众所广泛熟悉和喜爱。自登上文坛以来，她以“小市民”的身份关注的大多是普通百姓、底层市民，以写实的风格描绘了她所喜欢的武汉市民生活，专注于表现人物的本真状态。在她的作品里，让我们看到了社会人生的千姿百态，既有烦恼也有温馨，既有欢喜也有忧虑，然而，这些人物并不是什么英雄典范，只是一些出现在街头巷尾的无名小卒，但却有着不一样的人生际遇和生存状态。

新写实小说是 20 世纪 80 年代后期最为引人关注的文学现象。在创作方法上仍然以写实为主，不追求刻画典型环境中的典型人物，而是追求还原生活本相，追求创作态度的“客观性”，不再对人物进行刻意地矫饰，对生活进行提炼和加工，采用冷静的笔调、“生活流式”的叙述方式来还原现实生活的本真状态，直面现实，直面人生。新写实小说有两个主要特征：一是现实生活的原生态记录；二是零度情感化的创作。池莉因其小说较好地体现了这种特征而被视为新写实小说的代表作家。

二、池莉的写实创作视角

池莉以怀有人间情怀的平民写实视角，“以关切、认同的态度，来描述俗世形态的生活，写普通人的婚姻、家庭等日常生活状况”① 和关注普通百姓的生存状况和人物命运，尊重他们的人生价值、关心和肯定他们的生存和生活理想，观照他们生活中的酸甜苦辣，还原他们的常态生活及日

① 洪子诚．中国当代文学史（修订版）[M]．北京：北京大学出版社，2007.

常本相。

（一）观照平民百姓的日常生活

在池莉的小说中，基本上都是平民百姓，如：《烦恼人生》中的印家厚、《不谈爱情》的吉玲、《太阳出世》中的赵胜天、《冷也好热也好活着就好》中的猫子等等，他们并不是时代造就出来的英雄，更没有肩负伟大的社会使命，只是当代社会上人数最多、最普遍的群体，池莉以独特的平民视角为切入点，关心他们的生活境遇，描绘一幅幅普通市民的日常生活图景。

池莉是较早意识到写平民百姓的世俗生活的作家之一，她具有较为敏锐和新鲜的生活感觉，让她对平民百姓的烦恼人生有了超出同情意义上的关怀。从其早期的创作《烦恼人生》《来来往往》《生活秀》《水与火的缠绵》等作品，可以发现池莉正执着地表现着当下的世俗生活对于普通劳动者的意义，从而使生存于这个时代的平民百姓的日常生活具有了超出其个人经验可能感受的社会内涵。

（二）还原生活的原生态

池莉采用“生活流式”的叙事结构，不重情节结构的精心设计与安排，而重叙事方式的完全生活化，不重情节间的因果逻辑关系，而重生活原生态的真实美，不重故事情节的跌宕曲折，而重真实生动的生活细节，按照生活的时间顺序来展开故事的叙述，正如池莉的作品名《生活秀》一样，展示最真实的生活状态。

《烦恼人生》中，没有强烈的故事冲突，没有波澜起伏、戏剧化的故事情节，而是平凡、平庸的情节，以自然时间为顺序将普通人印家厚平淡、平凡的日常生活情景再现：早餐排队上厕所、排队洗漱、带儿子跑月票挤公共汽车、排队买早点、上班迟到、分配奖金、接待日本人参观、被工会抓公差、给老丈人准备生日礼物、儿子进幼儿园、房子面临拆迁等等琐事，以流水账的形式一一罗列出来，将印家厚日常的艰辛与苦楚朴实地展现出来。

三、池莉的平民价值立场与世俗化的价值取向

“所谓文学的平民立场，就是创作主体从广大平民的根本利益出发，在对现实生活有清醒的认识和把握的基础上，描写反映广大平民阶层的种种境遇、艰辛坎坷、欢乐忧愁，为他们代言，为他们请命，体现出人道主义的关怀、同情和呼吁。”① 池莉曾说过：“我只有一个愿望，好好过日子……我只希望切切实实与读者一道咀嚼我们的生活，认识我们的生活，享受我们的生活。”② 因此，她选择普通人的日常生活作为主要视角，对他们的生活进行仿真描摹，表现了他们顺应环境的生活生存状态，鲜明地体现出作者的平民价值立场和世俗化的价值取向。

（一）描写生存状态的价值取向：烦恼并快乐着，执着“为生存”

池莉的小说大多取材于人物的日常生活状况，一向青睐于描写普通小人物的生存境遇，呈现一种本真的生活状态。作品中采用冷静客观的零度叙述态度来表现普通小市民生活的艰辛与无奈，反映下层人民的生活压力和精神状态，用平实的语言来记录他们的人生故事，将小市民原生态的生活表现得淋漓尽致。

池莉的“人生三部曲”中的生活和生存是烦恼的，就如《烦恼人生》中文学爱好者小白写了一首诗——《生活》：“网”，把生活概括为“网”，每个人都生活在这纵横交错的网中，而印家厚却把生活说是“梦”，人生有理想、有追求、有向往，但是这一切都是生活在网中，逃不脱生活之网的限制和束缚，其实这也正是池莉对人生的看法，烦恼人生，人生烦恼，人生总是甩不开的烦恼，烦恼总是与人生形影不离。

《不谈爱情》不是不谈爱情，只是不谈精神层面的爱情，一切还是要回归到现实生活中，庄建非和吉玲的结合就是很好的印证。婚姻对于两人

---

① 隋岩．世纪之交文学创作中的平民意识［J］．北京师范大学学报（社会科学版），1999（02）．

② 池莉．我写《烦恼人生》［J］．小说选刊，1988（02）．

而言都是各取所需，庄建非结婚只是为了能满足一己私欲，而吉玲结婚的目的很明确，寻觅一个身份不错的男性结婚，可以改变自己花楼街小市民的身份，摆脱破落的家庭。婚后，两人生活平淡。一场争吵后，吉玲选择回娘家，但最终以庄建非的手足无措，宁可委曲求全地主动妥协求和，到最后明白了一个道理，为了生活还是要好好相处，结婚是要相濡以沫，携手共建小家庭，生活不是“书画琴棋诗酒花”，而是“柴米油盐酱醋茶。”

《太阳出世》完美演绎了一曲生命畅想曲。作品详细记录了李小兰从结婚、怀孕、心理变化、妊娠反应、为迎接新生儿到来所做的一切准备、新生儿降临的喜悦、照顾小宝贝等等全过程，看似平淡琐碎，但只有亲身经历过，才会深刻品味到人生的酸甜苦辣，历经了养儿育女的艰辛，才会让人慢慢蜕变成熟和稳重，变得“对所有人都充满爱意充满宽容”①。生活的琐碎定会让人烦心，但是一些看似微不足道、平淡无奇的生活阅历，才会让你一点一滴的积累得到一丝宽慰和欣喜，有时甚至还会领悟到人生的真谛。

从《烦恼人生》《不谈爱情》到《太阳出世》，不论是烦恼也罢，还是喜悦也罢；不管是苦还是乐，总之，生活虽是烦恼的，但又是能让人快乐的，源于生活处处有惊喜，处处有希望。

（二）描写爱情的价值取向：消解浪漫的爱情，展示平淡婚姻

爱情是人类拥有的最美好、最强烈同时也是最普遍的一种情感，因而成为古今中外文学作品的永恒主题。然而，池莉把文人墨客笔下的神圣爱情主题却反其道而行之，彻底打破了让人魂牵梦绕的浪漫爱情梦，无情地撕扯下笼罩于爱情的神秘面纱。依附于生活的爱情，一旦离开了生活，爱情只不过是虚无缥缈的海市蜃楼罢了。

池莉笔下所构建的婚恋世界，没有轰轰烈烈的爱情，也没有缠绵悱恻的柔情，也缺乏摄人心魂的炽情，更不见至死不渝的真情，却将爱融入现实生活中。她所诠释的爱情是：“爱情在这儿。一个郎才，一个女貌，一件衣服

① 池莉．池莉文集 2・一冬无雪［M］．南京：江苏文艺出版社，1995.

便是一座价值连城的花园别墅。说实在的，穷人有什么爱情？贫贱夫妻百事哀，最好的结局不过是不吵不闹相依为命罢了。人与人出于怕孤独的本性结伴过日子这决不叫爱情？”① 池莉的“人生三部曲”中恋爱结婚、怀孕生子、抚育孩子等几个重要历程很好地在现实生活中完整呈现出来。

《烦恼人生》中印家厚和老婆缺乏情爱之间的交流，没有激情碰撞出来的火花，只是平平淡淡地生活，照顾着自己的小家庭。纵使印家厚对于自己那个蓬头垢面、邋遢的老婆有些许的不满意，即使有漂亮的女徒弟雅丽大胆的表白，他意志坚定，坐怀不乱；即便在美丽、可人的年轻女性面前，虽然心中激起了一丝丝涟漪，但印家厚的理智还是控制住了自己的情感。他明白，终归还是要踏踏实实、安安稳稳地过日子。作品里有这样一段描述，充分体现了印家厚感受到家的温暖，幸福原来就是这么简单，“印家厚摔掉挎包，踢掉鞋子，倒在床上。老婆递过一杯温开水，往他脸上扔了一条湿毛巾。他深深吸吮着毛巾上太阳的气息和香皂的气息，久久不动。这难道不是最幸福的时刻？他的家！他的老婆！尽管是憔悴、爱和他扯皮的老婆！”② 即便是如此普普通通，也能让人真真切切地感受到爱的温馨和幸福。池莉就把这种烦恼人生、人生烦恼、平淡的婚姻生活如实地展现在我们面前。

《不谈爱情》从题目上而言，这是池莉爱情观的最佳诠释。虽然标榜着不谈爱情，实际在作品中处处可见爱情的痕迹。所谓“不谈爱情”“就是不讲那些虚幻、浮现在天国里的精神楼阁，而是建立一个能够切切实实过日子的小窝”③。出身于书香门第的庄建非，在择偶时，把出身于高级知识分子家庭且浪漫的王璐和出身于花楼街且朴实的吉玲做了一番比较，最终不顾家人的反对，毅然选择了和身份低微的吉玲在一起，走进了婚姻的殿堂。他们两人的爱情是依附于现实生活的爱情，两人对结婚也各自有谋划。婚后两人却为了一件小事差点闹到离婚的地步，然而在经历了令人痛苦不堪的感情纠葛之后，最终以庄建非的“失败”，向吉玲主动求和，庄

① 池莉．池莉文集 1 · 紫陌红尘［M］．南京：江苏文艺出版社，1995.
② 池莉．池莉文集 2 · 一冬无雪［M］．南京：江苏文艺出版社，1995.
③ 喻继红．论池莉小说的爱情观［J］．襄樊职业技术学院学报，2003（04）.

建非的父母去花楼街请吉玲回家告终。即便爱情不尽如人意，但又是无可逃避的，最后两人终于互相妥协和好，继续好好地过日子。

《太阳出世》一开篇就述说了赵胜天和李小兰的婚姻生活是在吵吵闹闹的打架中拉开帷幕的。婚前，赵胜天吊儿郎当、不学无术，李小兰任性泼辣、浅薄庸俗。婚后，婚姻与家庭这门深奥的学问也彻底改变了赵胜天和李小兰这对年轻的小夫妻。两人仅靠微薄的收入共同支撑着小家庭，共同经历了小生命孕育、诞生、抚养的全过程，小生命的到来让他们无暇顾及爱情的浪漫，在平淡无奇的婚姻生活面前，两人慢慢学会了成长，渐渐成熟起来。婚后的赵胜天上班勤勤恳恳，下班后努力学习提升学历，在家操持家务，照顾妻儿，有责任心、有担当，是一名模范好丈夫；而婚后的李小兰也不同于以前，随着身份的转变，变得越来越贤惠。从抚育宝宝的过程中，彼此加深了对对方的了解，赵胜天和李小兰的婚姻也逐渐稳定下来。

因此，池莉的小说注重对平民阶层日常生活进行逼真的描摹，表现了他们放逐理想、顺应现实的生活态度，充分体现了鲜明的平民阶层世俗化的价值取向。

四、分析池莉形成独特的创作视角与价值取向的原因

池莉在创作的过程中有着独特的平民价值立场和世俗化的价值取向，从某种程度上来说，是由其个人阅历、生活观、人生观和时代方面的因素所造成的。

（一）个人方面的原因

池莉出生在湖北小县城的一个普通干部家庭，家里没有很深厚的文化氛围，从小“在公家分配的毫无家庭气息的床和办公桌之间长大，没有祖荫，没有根基，跟随父母调到这里工作调到那里工作”①。成长于普通家庭

① 池莉．写作的意义［J］．文学评论，1994（05）．

的她，从小就和下层人民有接触，加之她从事过医生、文学编辑等各种职业，而写作却是她一直所追求的，在她看来，写作已成为谋生之计的同时也成为她的精神生活方式，因此，丰富的人生阅历也就成为池莉创作的素材。她自称是小市民的代言人，把自己的身份也归属于小市民一类，创作所选择的对象往往也是小市民，她熟悉和了解普通市民的日常平凡生活，关注生活中的一人一事一物，用平民的身份和平民的视角来写平民的普通生活，还原生活本相，在创作上对普通市民的生活做出了更具亲和力的观照。因此，每每翻阅池莉的作品，时常会有一种似曾相识的感觉，作品里述说的内容，总是能找到生活的印迹，其实，这也是池莉的生活映照，正因为自己感同身受过，才会有如此贴近对生活的真实认识和表现，才会与大众产生如此强烈的共鸣。

（二）时代方面的原因

20世纪80年代至90年代市场经济浪潮使整个社会发生了翻天覆地的变化，在这一时期也产生了“新写实小说”文学思潮。为了适应时代的发展，反映社会的变迁，文学对平民阶层的需要给予了极大的关注和表现，而对于平民阶层而言，以文学为之代言，也正是他们所需求的。因此，从某种程度上来说，平民化的文学创作正是文学与平民阶层相互选择的产物。随着大众文化越来越受到青睐，也逐渐成为大众日常生活的一部分。文学不再是高高在上的奢侈品，而是一种以平民的姿态，关注百姓的日常呈现在大众面前。新写实作家所共同追求的，也正是池莉所追求的，以平民的立场，为大众代言，着力按照生活本来的面目来描写，注重展示生活的原生态，重生活而不重故事，重细节而不重情节，按照时间发生的先后顺序的生活流式的结构，在琐碎而冗长的日常生活细节中，竭力表现平民大众的真实生活状态。

因此，由于社会的变革导致对文学提出的新要求，作家们也纷纷做出了相应的调整，改变自身的创作视角和价值取向。池莉也不外乎，以独特的生命体验来书写平民百姓的平凡生活。

五、池莉在新时期小说史上的地位

纵观池莉的作品，她往往以贴近平民百姓日常生活的情节来打动读者。正是因为她对平民百姓生活如此偏爱，也才会如此打动广大的读者，使她赢得大众的喜爱。池莉以独特的平民写实视角来关注平民阶层的生活，呈现出生活的本真状态，敢于直面生活、直面人生。池莉的“人生三部曲”中的主人公都有一个共同的经历：“理想的激情在现实生活的洗礼中幻灭，然而他们并不因此悲观颓唐，或者愤世嫉俗，而是以正视现实人生的务实态度去应对现实。”① 因而，她笔下人物的现实人生并不是苍白无力的，而是有着丰富的内涵和积极的人生意义。作为当代文坛上一位独具风格的女作家，务实的人生态度与其创作视角与价值取向都是与之相适应的，无论是对新写实小说的发展，还是对大众的启迪，池莉在新时期小说史上的地位都起到了非常重要的作用。

参考文献

[1] 刘川鄂.“小市民　名作家”——池莉论 [M]. 武汉：湖北人民出版社，2000.

[2] 洪子诚. 中国当代文学史（修订版）[M]. 北京：北京大学出版社，2007.

[3] 隋岩. 世纪之交文学创作中的平民意识 [J]. 北京师范大学学报（社会科学版），1999（02）.

[4] 池莉. 写作的意义 [J]. 文学评论，1994（05）.

[5] 廖斌. 平民姿态与人道关怀：池莉小说的写实视角和文化阐释 [J]. 南平师专学报，2002（03）.

① 黄丹銮. 中国式的爱情婚姻模式——试论池莉的爱情婚姻题材小说创作 [J]. 北京广播电视大学学报，2004（03）.

［6］沈文慧. 放逐理想　顺应现实——简论池莉小说的价值取向［J］. 信阳农业高等专科学校学报，2004（02）.

［7］石岩峥. 论池莉小说的平民化价值取向［J］. 集宁师专学报，2007（01）.

从辛弃疾次韵苏轼词作中看苏辛艺术风格异同

都海虹　石佳林*

（河北大学新闻传播学院，河北保定　071000）

摘　要：宋代词史上，苏轼与辛弃疾并称，分别代表着两宋词坛较高的艺术成就。作为豪放词风的开创者与集大成者，苏轼和辛弃疾在词的创作上有着诸多的共同点，但人生经历、思想观念、社会环境的不同也促成了两人创作风格的差异。现存的辛弃疾对苏轼词作的次韵作品集中体现了两人咏物风格的相近特点，同时也体现着两人在出世与入世的两种人生观念、“以诗为词”与“以文为词”两种创作原则上的巨大差异。本文将从辛弃疾次韵苏轼的5首作品中发掘“苏辛”二人创作风格的异同。

关键词：苏轼；辛弃疾；次韵；创作风格

一、引言

次韵唱和是古典诗词创作中的一种重要艺术形式，诗歌的次韵创作始

* 作者简介：都海虹（1977—），女，汉族，河北张家口人，河北大学副教授，硕士研究生导师，研究方向：新闻史、视听传播。

石佳林（2001—），男，汉族，河北邢台人，河北大学本科生。

于晚唐，而词作的次韵创作始于北宋张先，而后间续发展，并在南宋臻于成熟。作为一种游戏式的创作方法，次韵指按照原作品的韵和用韵的次序来进行唱和，而对次韵对象的选择往往是在对原作有充分了解，甚至产生了高度共情的状况下产生的，因而次韵作品将不可避免地受到前作的影响，或是形成呼应。通过分析对比，能够较为直观地感受次韵作品的借鉴与创新。

辛弃疾现存有 5 首词作次韵苏轼，分别为《念奴娇》（倘来轩冕）、《念奴娇·用前韵和丹桂》、《念奴娇》（洞庭春晚）、《念奴娇》（论心论相）、《水调歌头》（我志在寥阔）。4 首《念奴娇》均次韵苏轼《念奴娇·赤壁怀古》，前两首题序分别为“瓢泉酒酣，和东坡韵”“再用前韵，和洪莘之通判丹桂词”，第三首“洞庭春晚”一词无题序；第四首题序为“三友同饮，借赤壁韵”，创作时间与地点不详。《水调歌头》（我志在寥阔）次韵苏轼的《水调歌头》（明月几时有），题序为：“赵昌父七月望日用东坡韵叙太白、东坡事见寄，过相褒借，且有秋水之约。八月十四日，余卧病博山寺中，因用韵为谢，兼寄吴子似。”

二、一脉相承的豪放词风

在苏轼之前，词长期被视作娱乐消遣的工具，填词被视为“谑浪游戏”的诗余小道。苏轼在以游戏的态度作词的同时，也着手以天才的创造力冲击“词为艳科”的藩篱，将北宋诗文革新运动的成果带入词的领域，有意强调与以缠绵悱恻著称的柳永不同，开创“自成一家”的豪放词风。辛弃疾活跃于南宋中兴时期，南渡后的宋朝士大夫的心态发生了巨大的转变，词也摆脱了“小道末技”的词体观念，这为辛弃疾的创作提供了足够的空间。胸怀抗金报国壮志的辛弃疾进一步发展了豪放词风，拓宽了词的题材、意境与语言风格，使之达到了“无意不可入，无事不可言”的地步。

在《念奴娇·赤壁怀古》中，政治失意的苏轼仍以宏大的气象开篇，俯视漫长的时间与历史变迁，并以凝练的笔调讲述英雄人物的豪迈气概与历史功绩，描绘壮丽的山河景色，塑造了英气勃发的周瑜形象，以广阔的历史时空构成冥想的空间，追慕古人与感慨人生际遇相交织，风格豪放。在辛弃疾次韵苏轼的《念奴娇》（论心论相）中，辛弃疾直言“自是不日同舟，平戎破虏，岂由言轻发”，感慨多舛命运中依然不变的抗敌追求，曲折跌宕，豪气十足。

另一首次韵作品《念奴娇》（倘来轩冕）中，辛弃疾鄙夷世俗功名，仍不忘“西望”国土，以梅花、孤鸿自比顽强傲岸，感慨冲冠豪情，展现出了失意之中不屈的风骨。近人俞陛云在《唐五代两宋词选释》中评价道：“此作和东坡，其激昂雄逸，颇似东坡。”

《水调歌头》（明月几时有）中，苏轼视角贯串天上与人间，空间与时间，豪歌“把酒问青天”，结合抒情与议论，以对月的描写升华到对人生际遇哲理的参悟，体现出苏轼积极开旷的豪迈风格。在《水调歌头》（我志在寥阔）中，辛弃疾描写登天奇梦，表现出超越时空局限，获得精神自由的诉求，叙写自己在梦中“摩挲素月”“酌援北斗”“俯仰千年”，境界雄阔，内容梦幻。近人吴则虞《辛弃疾词选集》中评价道“稼轩此等词有意学步眉山，不粘不脱，别有机杼”，足以从辛弃疾次韵苏轼的这两首作品中看出两人一脉相承的豪放词风。

三、状物描写中相同的重“意”倾向

在辛弃疾次韵苏轼的5首作品中有2首咏物词作，体现了辛弃疾咏物词作独特的艺术风格，苏轼的《水调歌头》（明月几时有）、《水龙吟·次韵章质夫杨花词》也展现了苏轼的咏物词高超的艺术水平。但咏物词的创作必定面临着描绘所咏之物客观外在的“形”与作者主观体悟、感情共鸣所阐发的“意”之间的选择。柳永的《黄莺儿》《望远行》就是重“形”的典型代表，而辛弃疾与苏轼的咏物创作都注重主体意识的表达，将情感与议论投射向咏物对象，有着不同程度的重“意”倾向。

辛弃疾的《念奴娇》（道人元是）从描绘丹桂的“道家”神韵入手，运用“翠幌”“油壁”极写丹桂的不俗芳姿，并以“秋露”“春工”“江梅”展现丹桂季节孕育下的缤纷绚烂，同时又用“不怕西风起灭”以花香特性推及人的品性的议论，在词的末尾又以“玉斧重倩修月”祝愿登科治世，都未曾直接描写丹桂的外貌姿态，而是通过借代，运用具有象征意义的物象表现丹桂的特点，无处不蕴含着作者的主观体悟和想象。而在《念奴娇》（洞庭春晚）中，辛弃疾大篇幅地运用素娥与武三思的传说展现所咏之花的特点，又运用巫山神女、韩娥两个典故侧面描写，以人拟花的同时又暗含以花喻人，包含着作者的主体想象与情感抒发，有着明确的重“意”倾向。

苏轼的《水调歌头》（明月几时有）全篇不曾正面描写月色的皎洁明亮，而是通过关于时间空间的思考和对月光移动的捕捉展现出中秋月夜的场景，表现作者的思考感悟与祝福。咏物名作《水龙吟·次韵章质夫杨花词》中，苏轼将杨花比作思妇，以思妇的动作和心理喻指杨花的姿态，达到了“穷物之情，尽物之态”的效果，回避了直接对杨花外在的临摹，通过对“意”的捕捉完成了对杨花的吟咏。

四、出世与入世的不同思想归宿

政治上的失意贯穿了苏轼与辛弃疾的一生。年少成名的苏轼在党争与变法的变数中不断起落，“乌台诗案”的冲击更是巨大的人生磨难，因而苏轼始终都面临着逆境中如何自我消解的问题。辛弃疾在政治上的失意则集中表现为始终不能得到朝廷重用，年少时抗金报国的政治宏愿无法伸展，因而在“不遇”的灰暗生活中经受着理想与现实反差的折磨。在这种情况下，词风豪放的两人进入了不同的思想归宿，苏轼融汇儒、释、道三家思想，选择用宽广的胸襟解脱苦闷的束缚，用出世的态度与命运和解。而辛弃疾始终秉持着抗金报国的理想，在强烈的爱国主义情感中坚持入世的态度，在两人的这些作品中就很好地体现了这一点。

苏轼在《水调歌头》（明月几时有）中曾提到“我欲乘风归去，又恐琼楼玉宇”，表现出他在道家超然消解的思想诉求与儒家“治国平天下”的入世心态之间的纠结，但苏轼巧妙地融合了两个选择，选择“起舞弄清影，何似在人间”，并将目光放置在了人事与祝福中，并未在对现实的不满与超脱的诉求间徘徊，而是选择了积极的生活心态。在辛弃疾的次韵作品《水调歌头》（我志在寥阔）中，全篇描写奇幻的登天之梦，超脱时空局限、追求精神自由的同时，辛弃疾又在词末问道“人事底亏全”，又从极度的自由世界滑向了国家苦难、壮志难舒、孤独苦闷的现实世界，在出世的短暂幻觉后恢复了入世的理性诉求。

在《念奴娇·赤壁怀古》中，苏轼写尽江山胜景与英雄人物后产生了“多情应笑我”的感伤叹息，将历史人物的伟绩丰功与早生华发、政治失意的自己相对比。但苏轼随即用“人生如梦”的感慨消解了苦恼，用积极宽广的胸襟再度展现了对人生的理解，出离了事业功名的袭扰，以出世的心态获得了精神的超越和解脱。但在次韵作品《念奴娇》（倘来轩冕）中，辛弃疾开篇对功名利禄鄙夷之后，又提到“药笼功名”，肯定了自己报国匡时的情感动机，展现出对抗金事业的孜孜以求。词中提到对年华逝去的感伤、知交零落的苦痛，但依然要“重揩西望眼”，即便面对明灭的希望也要“长庚应伴残月”。

而在《念奴娇》（论心论相）中，辛弃疾更是在歌颂纯真友情后直言“自是不日同舟，平戎破虏”，誓言杀敌报国，并声称在命运拨弄下，心也如金石一般不变，但又不可避免地感慨不得重用的苦痛，流露浓厚的抑郁之情，展现出积极的入世心态，与苏轼在《念奴娇·赤壁怀古》中的理悟超脱形成鲜明对比。

五、“以诗为词”和“以文为词”的差异

明代毛晋在《稼轩词跋》中提道：“宋人以东坡为词诗，稼轩为词论，善评也。”极具才情的苏轼在对词的风格创新的同时也进行了对词的艺术形式的开拓，将诗的语言和表现方法入词，借鉴诗的题材与境界，这也为词作提供了抒发豪情的条件。而辛弃疾则开拓了“以文为词”的表现手法，以词来表现散文习惯讨论的道理，大量使用散文化的议论，并将散文语句甚至语气助词也带进词来，使词的语言结构更松散。

苏轼《水调歌头》（明月几时有）中开篇所写的“明月几时有，把酒问青天”即化用李白的“青天有月来几时，我欲停杯一问之”，将诗句用在了词中。“但愿人长久，千里共婵娟”等句子也采用铺排的笔法，符合诗句的审美特征。而《念奴娇·赤壁怀古》中苏轼从所见的赤壁景色写起，追忆三国英豪，抒写自身感受，雄奇壮美的赤壁风光成为词人追慕英雄人物、表现豪情壮志的载体，并以精练的语言把景物、历史、议论交织起来，将诗歌的叙述逻辑引入词作，甚至突破词牌原有的停顿，用诗句的模式接连词句。

在《念奴娇》（道人元是）中，辛弃疾直言“我评花谱，便应推此为杰”，将散文式的议论直接引入词作。《念奴娇》（倘来轩冕）中的“世事从教，浮云来去，枉了冲冠发”，辛弃疾将“枉了”中的语气助词带入词作，类似《水调歌头》（我志在寥阔）中“曰”“兮”的使用也极为广泛。而在更有代表性的《永遇乐·京口北固亭怀古》中，辛弃疾所写的对当时军事政治问题的认识也原本属于文辞的范畴，而他却借助典故的大量使用，含蓄地将这些内容表现在了词作中，足见其“以文为词”的风格。

六、结语

总而言之，苏辛两位词坛领袖相隔百年，但艺术风格相近，两人具有代表性的豪迈词风与极高才情下的咏物手法存在着相似之处。苏轼在接受传统的词作风格的基础上对词进行了开拓，将豪迈的词风、“以诗为词”的艺术手法引进词的创作，而辛弃疾则彻底冲破了传统的桎梏，“以文为词”的手法将词言志的功能进行了长足的发展。同时，时代背景、人生经历的不同也使得两种豪放词风存在思想归宿上的巨大差异，也折射出两宋时期的文化背景与社会状况。

参考文献

[1] 朱德才，薛祥生，邓红梅编著. 辛弃疾词新释辑评（上、下册）

[M]. 北京：中华书店，2006.

[2] 陈丽丽. 从苏辛差异看两宋词坛风尚之变 [J]. 河南大学学报（社会科学版），2015，55（04）：98-105.

[3] 路成文. 咏物词史上的别调——论稼轩咏物词 [J]. 厦门教育学院学报，2004，6（04）：25-28.

[4] 陈景云. 论苏轼和辛弃疾豪放词风格的异同 [J]. 安徽文学（下半月），2007（01）：5-7.

[5] 金瑶. 宋代词人次韵东坡词研究 [D]. 深圳：深圳大学，2017.

《国家宝藏》的民族文化传播模式探析

肖婷婷　李远兰*

（贵州民族大学人文科技学院，贵州贵阳　550025）

摘　要：文化类电视节目能为大众传播中华民族文化博大精深的底蕴，是增强民族文化自信的有效途径。如今，文化类电视节目凭借“综艺+文化+情怀”的传播方式掀起了收视热潮，推动了文化传播；但在其传播过程中仍存在一些阻碍，如节目内容同质化、缺乏创新、盲目追求经济效益等。本文以央视代表性文化节目《国家宝藏》为例分析民族文化传播过程中的优势与劣势，由此给出节目创新的一些建议，旨在传承和发扬民族文化，使文化类电视节目的发展与时俱进，不断促进电视产业蓬勃发展。

关键词：《国家宝藏》；民族文化传播；文化类电视节目

近年来，在电视综艺节目中可以看到越来越多的以我国传统文化、传统思想价值体系的认同与尊崇为核心理念，传播我国文化广博魅力、丰厚

* 作者简介：肖婷婷（1993—），女，汉族，讲师，研究方向：媒介伦理与法规、影视传播。李远兰（1992—），女，汉族，讲师，研究方向：新媒体传播。

历史知识的电视节目。这类以民族文化传播为主，辅以综艺节目轻松活泼的韵味共同制作出的新型文化类电视节目，更好地将中华民族五千年璀璨文化历史呈现到大众面前，加深推进我国在精神文明建设方面的工作；习近平总书记也多次指出，“我们要坚持道路自信、理论自信、制度自信，最根本的还有一个文化自信”①。如今，创新的电视节目传播的新形式，文化类电视节目以传播中华优秀传统文化为载体，在舆论正向引导，传播好中国故事，促进民族文化传播和提高民族科学文化水平等方面发挥了巨大作用，将灿烂的中国“文化名片”推向全球舞台。

一、时下文化类电视节目的类型

不同类型的文化电视节目具有不同的定位和特征。当下文化类电视节目主要分为八大类，分别是读书类、鉴宝类、讲座类、纪实类、综艺类、访谈类、旅游类、竞赛类。本文笔者主要从电视节目如何传递出优秀传统文化价值的角度，对电视节目的教育性、艺术性、娱乐性等方面进行探讨。

（一）诗书类电视节目

读书类电视节目借助意境烘托出“文化”符号的特点，常用的方式为由主持人或特邀嘉宾来朗读书中经典的片段以传递其价值。如央视阅读型代表作《朗读者》，节目每期都选取各界知名人士作为嘉宾，通过主持人和嘉宾的交谈，在嘉宾讲解与书籍内容有关的人生故事等相关前期访谈后，朗诵书籍中优美的片段，蕴含丰富情感的朗诵背后实质是传递一种积极、爱国、诚信、友善等一系列的中华优秀传统文化和社会主义核心价值观。这档节目是2017年开播的读书类电视节目，央视著名主持人董卿担任节目制作人和主持人；董卿向来给人一种“腹有诗书气自华”的感觉，和

① 海群. 文化自信与中华民族的伟大复兴［J］. 湖北省社会主义学院学报，2018（05）：4-8.

她在受众中的形象十分契合，其在节目的开场白被称为金句锦囊，句句让人受益匪浅，引发了众多人的共鸣。如今的社会，“低头族”众多，快节奏的生活环境下，这种强调阅读、回归质朴的慢节奏节目受到了欢迎。2017 年的文化类热点话题就是朗读者的全民文化活动，自从该节目火爆以来就开通了众多社交平台的官方账号，如在微信公众号开通了“央视综艺朗读者”；在有声小说畅听 App、喜马拉雅 FM 开通了“朗读者在线听”等。众多城市也因此修建了朗读亭；有的城市则在公交站台设文化角，使得坐车的人可以利用等车的时间来读书；在学校，则举办多种多样的文化活动。该节目引起的社会效应让大众认识到了阅读的重要性。

（二）纪实类电视节目

纪实类电视节目，主要是通过纪录片的拍摄手法，讲解历史、文化、经济、政治、人与自然等方面的知识文化。纪实类文化电视节目通常采取情景再现、现场跟踪及一镜到底的蒙太奇手法并从多种角度来对现实社会进行拍摄，能够全面、生动、形象的给受众传达信息。如《大国崛起》节目以强国历史为主题，用 12 集纪录片讲述了中国、美国、英国等 9 个国家的历史进程并对国家崛起的规律进行了总结。再如《大国工匠》，该节目讲述了 8 位伟大的劳动者对长征火箭作出的奉献。其中，详细地介绍了这 8 位劳动者的精湛技术与爱国精神，传达了中国劳动者伟大的工匠精神与爱国主义精神。

（三）综艺类电视节目

《国家宝藏》是央视的一档大型文博探索电视节目，着力于弘扬中华优秀传统文化，选用文博探索为主题，以民族文化为根基，用纪实和表演相结合的方法，融入中国元素，讲述国宝的“前世传奇”与“今生故事”，它的创新给观众带来前所未有的新鲜感并受到大众好评。与传统电视节目不同，《国家宝藏》将综艺元素与纪录片的创作方法相融合，通过对一件件文物的梳理与总结，演绎文物背后的故事与历史，让更多的观众走进博物馆，在懂得如何欣赏文物之美的同时，也了解文物所承载的文明和中华文化延续的精神内核，唤起大众对文物保护、文明守护的重视。节目邀请有影响力的公众人物，作为“国宝守护人”讲述文物背后的故事，通过电视化语言的呈现让文物“活”起来，让文物不仅是一件博物馆中的陈列品，而是能够让观众感受到“生命”的文化传奇。① 节目共分为三季，每集讲述一家博物馆。第一季在 2017 年 12 月 3 日开播，每周日 19：30 在央视综艺频道上映，分别讲述了故宫、上海、南京等 9 家博物馆，每家博物馆推出 3 件国宝进行特展，由观众甄选。每件国宝都拥有属于自己的守护人，该节目于次年 2 月 11 日圆满收官。第二季在 2018 年 12 月 9 日开播，节目融入音乐、舞蹈乐器等，把纪录片、演播室综艺、真人秀等内容融为一体，讲述了 9 家博物馆的 27 件文物，同样也是每周日 19：30 在央视综艺频道和观众见面，次年 2 月 9 日圆满结束②。第三季在 2020 年 12 月 6 日开播，每周日 20：30 在央视综艺频道播出，于 2021 年 2 月 17 日完结。

图 1 《国家宝藏》节目 logo

---

① 吴晓东. 央视联手九大博物馆 《国家宝藏》要让国宝文物“活起来”［EB/OL］. 中青在线,(2017-08-23). http://article. cyol. com/m/content/2017-08/23/content_16422538. htm? from=groupmessage&isappinstalled=0#10006-weixin-1-52626-6b3bffd01fdde4900130bc5a2751b6d1.

② 刘光磊，刘诗扬. 中央电视台大型文博探索节目《国家宝藏》研究［M］. 武汉：武汉大学出版社，2018.

二、《国家宝藏》的整合营销传播模式分析

（一）准确的节目定位

1. 内容定位

从内容上来看，该栏目以文物为线索，对文物历史进行追溯，从侧面表达文物作为中华传统文化的瑰宝所具有的时代意义。观众虽然通过荧屏观看，却有着“身临其境”的感受，可以最大限度地还原文物的风貌，拉近观众与文物之间的距离，不仅体现了优秀传统文化的价值核心，还引导观众形成了正确的文物保护观念。

2. 受众定位

国内的荧屏向来不缺乏文博类的节目，《寻宝》《收藏马未都》等都有着深厚的受众基础，可这一类节目内容大多是由专家鉴赏、评定价值，且以历史说教为主，诚然是无法吸引青年受众群体的关注的。而《国家宝藏》具有创新精神，正好补位了这一空白，受到了青年群体的追捧，豆瓣9.0和B站9.8的评分，被网友称为“含金量最高的节目”。节目目标人群主要是20—40岁阶段的人，兼顾了时代性与社会性，站在青年人的角度观察社会生活，聚焦中华文化，受众可接受性高，为节目成功提供可能。

（二）线上社交平台互动传播

过去中央电视台独家策划拍摄的电视节目往往只能通过央视频道进行观看，但是自《国家宝藏》开播以后，就打破了这一传播方式，不再仅局限电视和CNTV平台，紧紧地跟上了时代潮流——在年轻人喜爱的哔哩哔哩（简称B站）、知乎等线上社交媒体中构建传播舞台，与粉丝通过弹幕实现交流互动，优化并且集合了众多资源，使其传播效果加倍放大，为其增加了人气与引流，并迅速提高知名度。《国家宝藏》在收视率与口碑上取得了双赢的结果，还带动了各大博物馆的热度；其中《国家宝藏》的故宫特展最终展品是在其官方微博、微信公众号上采取大众投票的方式产

生，这样不但借用了两大网络社交平台为自身带来海量的关注，还可以投票的方式增进受众参与度，更体现出节目重视民众的意见①。此外，节目还可以在国内各大视频播放平台进行反复观看，不受限制的观看方式和时间，都为《国家宝藏》节目提供了最大力度的传播和宣传保障。

图 2 《国家宝藏》第一季和第二季在 B 站的页面截图

（三）线下衍生文创产品传播

在《国家宝藏》与天猫共同举办的发布会中，节目品牌方及其赞助商，通过天猫平台，向大众展现了具有文化价值和文化底蕴的文创产品，力求以文物重温历史，重塑中华民族的文化精神。由于国界、省界、市区等划分的地域的不同，以及受到的基础设施建设的影响，各地呈现出来的文化风格、文化习俗等都是不同的，《国家宝藏》衍生出了众多文创产品，如千里江山图马克杯、3D 立体拼图玩具、创意茶包、创意虎符贴等，衍生文创产品是继承民族文化，增强传统文化力量的有效途径。文创产品与当前人们的生活方式密不可分，文创产品在引导价值导向的同时，更应该以传播优秀传统文化为立足点，继续不断创新，拓展民族文化的传播力量。

---

① 刘光磊，刘诗扬. 中央电视台大型文博探索节目《国家宝藏》研究［M］. 武汉：武汉大学出版社，2018.

图 3 相关文创产品组图

三、《国家宝藏》节目对中华民族文化传播效果探析

（一）媒体深度融合的传播模式优势

1. 传播者发挥“意见领袖”效果

大众传播的信息一般都是由带有影响力的人物传向普通受众，这种具有影响力的人物被传播学界称为意见领袖。自《国家宝藏》播出以来，受到了大众的关注与好评。节目主要分为两个环节进行呈现。第一环节，国宝通过舞台表演形式来讲解其背后的文化历史，将其故事栩栩如生的展现

在受众面前，而第二阶段，则是在九大博物馆推荐的27件国宝中选出文化意蕴更深的九件国宝，并进行展出。此外，节目还特别邀请了27位具有公众影响力的“国宝守护人”对其守护的国宝，以讲述的方式，让大众了解国宝的历史渊源。传播者通过讲述国宝的经历、文物的意义、制作过程及成就，让受众认识到此国宝的相关知识及推荐缘由。

2. 专业化的传播内容

《国家宝藏》通过模式创新让文物“活起来”，是文博界电视节目的新探索，作为由央视主办的电视节目自然会得到更多的社会资源，由“第一季”的故宫博物院、上海博物馆、南京博物院等九大国家级重点博物馆（院）到“第二季”在故宫博物院之外加入河北博物院等其他省市的重点博物馆（院）共9个博物馆（院）提供展品，气势之宏大是其他节目无法比拟的。节目分为两个阶段进行，在第一个阶段中，对九大博物馆各自推荐的三件国宝以舞台演出的方式进行展出，把受众代入情景之中，深入地了解其背后蕴藏的文化意义，而不是刻板的将文物直接呈现在观众面前；第二阶段，通过展示展品，并选出9件国宝。这样不但能让喜欢古董的人群收看，并且年纪偏小的人群同样可以通过这些故事，深入了解中国上下五千年的历史和文化。另外，《国家宝藏》这档节目成功的原因还在于顺应潮流，随着社会的快节奏发展，中国传统文化对大部分人来说都只有碎片化的记忆，学习中国传统历史和文化是必要的，古董是中国文化和传统历史最好的见证，所以在各方面条件作用下，《国家宝藏》的成功是必然的。

3. 融合媒体传播渠道

《国家宝藏》传播的主要渠道有CCTV-3、腾讯视频、爱奇艺视频、优酷视频及B站。新浪微博、百度贴吧、豆瓣、知乎、微信公众号等内容社区则为受众互动交流提供了平台。其中，在微信公众号的菜单栏中专门设置了“国宝展示”“精彩回顾”“微电台”栏目，受众可以通过这三种渠道对文物进行观赏。众所周知，这些平台都是年轻人喜爱的社交媒体，多元化与极具交流性的传播渠道为节目提供了大批受众。

表1 《国家宝藏》第一季和第二季收视率①

<table>
<tr><th colspan="8">《国家宝藏》（第一季）首播收视情况</th></tr>
<tr><th rowspan="2">期数</th><th rowspan="2">播出日期</th><th colspan="3">CSM52 城收视情况</th><th colspan="3">CSM 全国网收视情况</th></tr>
<tr><th>排名</th><th>收视率（%）</th><th>市场份额（%）</th><th>排名</th><th>收视率（%）</th><th>市场份额（%）</th></tr>
<tr><td>第一期</td><td>2017-12-03</td><td>7</td><td>0.515</td><td>1.672</td><td>5</td><td>0.510</td><td>1.690</td></tr>
<tr><td>第二期</td><td>2017-12-10</td><td>7</td><td>0.588</td><td>1.941</td><td>5</td><td>0.480</td><td>1.580</td></tr>
<tr><td>第三期</td><td>2017-12-17</td><td>8</td><td>0.493</td><td>1.605</td><td>4</td><td>0.490</td><td>1.450</td></tr>
<tr><td>第四期</td><td>2017-12-24</td><td>10</td><td>0.447</td><td>1.479</td><td>3</td><td>0.450</td><td>1.530</td></tr>
<tr><td>第五期</td><td>2018-01-07</td><td>7</td><td>0.512</td><td>1.603</td><td>3</td><td>0.480</td><td>1.540</td></tr>
<tr><td>第六期</td><td>2018-01-14</td><td>9</td><td>0.456</td><td>1.493</td><td>13</td><td>0.440</td><td>1.440</td></tr>
<tr><td>第七期</td><td>2018-01-21</td><td>7</td><td>0.541</td><td>1.703</td><td>7</td><td>0.490</td><td>1.540</td></tr>
<tr><td>第八期</td><td>2018-01-28</td><td>15</td><td>0.604</td><td>1.845</td><td>7</td><td>0.490</td><td>1.490</td></tr>
<tr><td>第九期</td><td>2018-02-04</td><td>7</td><td>0.543</td><td>1.734</td><td>8</td><td>0.530</td><td>1.640</td></tr>
<tr><td>第十期</td><td>2018-02-11</td><td>7</td><td>0.497</td><td>1.619</td><td>7</td><td>0.450</td><td>1.470</td></tr>
<tr><th colspan="8">《国家宝藏》（第二季）首播收视情况</th></tr>
<tr><th rowspan="2">期数</th><th rowspan="2">播出日期</th><th colspan="3">CSM52 城收视情况</th><th colspan="3">CSM 全国网收视情况</th></tr>
<tr><th>排名</th><th>收视率（%）</th><th>市场份额（%）</th><th>排名</th><th>收视率（%）</th><th>市场份额（%）</th></tr>
<tr><td>第一期</td><td>2018-12-09</td><td>8</td><td>0.603</td><td>2.059</td><td>10</td><td>0.510</td><td>1.790</td></tr>
<tr><td>第二期</td><td>2018-12-16</td><td>9</td><td>0.468</td><td>1.657</td><td>22</td><td>0.430</td><td>1.560</td></tr>
<tr><td>第三期</td><td>2018-12-23</td><td>15</td><td>0.562</td><td>1.690</td><td>14</td><td>0.470</td><td>1.640</td></tr>
<tr><td>第四期</td><td>2018-12-30</td><td>15</td><td>0.387</td><td>1.298</td><td>21</td><td>0.430</td><td>1.430</td></tr>
<tr><td>第五期</td><td>2019-01-06</td><td>8</td><td>0.406</td><td>1.358</td><td>13</td><td>0.440</td><td>1.520</td></tr>
<tr><td>第六期</td><td>2019-01-13</td><td>6</td><td>0.509</td><td>1.758</td><td>15</td><td>0.440</td><td>1.540</td></tr>
<tr><td>第七期</td><td>2019-01-20</td><td>10</td><td>0.400</td><td>1.337</td><td>18</td><td>0.360</td><td>1.190</td></tr>
<tr><td>第八期</td><td>2019-01-27</td><td>12</td><td>0.378</td><td>1.299</td><td>22</td><td>0.370</td><td>1.280</td></tr>
</table>

① 数据来源：中国广视索福瑞媒介研究。

续表

第九期	2019-02-02	14	0.489	1.677	14	0.520	1.860
第十期	2019-02-09	12	0.368	1.472	20	0.350	1.740

从收视率情况来看，在周日19：30—24：00自办节目排名中，其总体收视率基本都排在前列。其中，从《国家宝藏》(第一季)的52城收视率情况来看，十期节目里只有第八期排名在十名之外，平均收视率是0.5196%，最高市场份额达到1.941%；从全国网收视率情况来看，十期节目里只有第六期排名在十名之外，平均收视率是0.481%，最高市场份额达到1.69%。节目第二季的52城收视率情况，十期里虽然排名最高的是第六名，但平均收视率是0.457%，最高市场份额达到2.059%；从全国网收视率情况来看，十期节目里虽然排名最高的是第十名，但平均收视率是0.432%，最高市场份额达到1.790%。以上数据说明了城市观众与全国观众都是比较喜欢这档节目的，全国观众和城市观众在文化消费行为上存在一些差异，值得节目制作方吸纳之后完善。

（二）电视节目的社会文化功能

1. 文化传承功能

文化类电视节目以文化为主要载体，形式丰富多样，有利于和观众建立联系，可以使传统文化的内涵精神得到继承和发展，《国家宝藏》电视节目的立意独特，方式新颖，让观众不再被动地接受知识输出，而是以一种更加积极主动的态度去接受传统文化，有利于增进民众对我国传统文化知识以及文化所蕴含的价值的了解，提升整体文化素养。青年人作为优秀文化传播中承上启下的重要群体，却在网络电视、网络聊天、打游戏中消费了大量时间与精力，对传统文化的认识不深，《国家宝藏》电视节目的创新，在“文化热”的思潮下，为大众尤其是青年人搭建了一个了解文化、记住文物、传承精神的平台，可以丰富人类精神世界，发挥出优秀传统文化的教育功能。

《国家宝藏》电视节目从主题上使受众产生共鸣。其“国宝”具有浓厚的大国文化色彩，使大众内心对传统文化的敬仰得到加强。从形式上引起受众的注意，通过通俗易懂的方式讲述好故事，以激发人们内心深处的情愫为落脚点，使大众能从中领略到传统文化所带来的内涵美，自觉地将优秀传统文化变成指导我们生活、工作的价值理念。文化是一个民族智慧与历史共同繁衍出的“伟大作品”，是一个民族经久不衰的力量源泉，可以说只有尊重和了解本民族的传统文化并不断地继承和发展优秀的民族文化，才能让一个民族永葆活力。

2. 文化教育功能

优秀的文化产品可以带来很多积极的影响，并具有一定的社会效应。文化类电视节目，其主要以宣传文化知识与教育为目的。传统文化节目把历史文化以故事的方式展现出来，并通过主持人以及嘉宾灵活生动的解说，使受众在观看的同时，主动地接收着其中的文化意蕴。其中，运用文化与现代艺术相结合的方式，形成强有力的感召力，利于引导受众；屏外互动模式，可以在观众之间形成一种文化讨论环境，加强受众对传统文化的学习。这种文化讨论，还能促进文化传播的有序发展。

在一档节目中，主持人与嘉宾自身所拥有的文化底蕴十分重要，这不仅能带动节目效果，并且能更为有效地引导受众去理解学习文化知识，因此，主持人以及嘉宾的文化气质形象会直接影响到整体节目的效果质量。《国家宝藏》电视节目中，主持人 001 号讲解员张国立树立了节目形象，为打造华夏名片发挥了重要的作用。节目中的演员作为文化的传播者，在文化电视节目中不能忽视传承文化精神的责任，需要时时刻刻树立文化自觉的意识，才能把文化自觉意识通过文化电视节目使受众认知并产生影响。《国家宝藏》开播以来，节目原创模式迅速火到了国外，这为其他国家展示中国文化发挥了极大的作用。这不仅是一种文化自信的发声，也是加强国际传播能力建设，增强国际话语权的体现，对传递中华文明历史和传承民族文化起到了关键作用。

四、基于创新文化类电视节目民族文化传播的建议

（一）强化舆论正向引导

新媒体背景下的舆论传播主要具有网民众多、受教育程度差异大，网民匿名性，媒体平台门槛低等特征，这就导致了两个舆论环境的产生。在大众看来，主流媒体一直是严肃且高冷的形象，语言官方，画面中规中矩，给人一种距离感，不利于信息的传播。在节目播出中，话题上热搜榜之后，应对大众关注的热点作出及时的回应，解答受众的关注点，舆论主体是否能及时地掌握话语权，对于引导舆论至关重要。主流媒体应切实加强舆论引导，发挥其特有优势，增强“四力”，实现有效的引导。

（二）严格把好传播关

节目在挑选嘉宾时，应选择与传统文化气质相符合或对文物有兴趣、了解的人；若仅追求注意力经济的驱力选用“流量明星”，不仅会在文化演绎及传递中产生尴尬，也会影响整个传播效果。也可不局限于公众人物范畴，积极选用文化底蕴丰富的且表达能力较强的普通人或专家学者，这也将给节目演绎过程增加亲切感。

（三）注重艺术的灵魂

艺术性是指反映人们社会生活和表达思想情感体现的美好程度。在电视节目中，语言的独特性和准确性是体现艺术性的基础，艺术技巧的多样性与艺术表现的民族特色，是打造民族文化节目的主要方法。在创新的基础上，应注重观众对文化知识的吸收，注重文化性与艺术性相结合，打造有亮点、有深度、有文化的作品，让观众能够轻松的观看并产生积极的影响。

（四）多元的节目创新主体

创新源于生活和实践。人与人之间的生活都是不尽相同的，每个人都

可以站在不同的角度来看待同一社会的时代变化，运用不同的逻辑方式来分析受众诉求。因此，在节目创新上，可以选用多行业的工作人员，聚合好的创意理念，结合创意的可操作性与前瞻性，设计出独特的创意流程，力求达到传播效果最大化。

目前，国家已有相关政策来支持文化类电视节目对民族文化的传播，笔者认为在国家政策的支持下，文化类电视节目不断创新，可以使各国人民更好地了解中国优秀传统文化，把中国形象全方位立体化构建，最大可能的呈现一个真实的中国给世界，努力消除由于不同文化背景导致的误会，从而讲好中国故事①。

---

① 任仲文主编. 讲好中国故事［M］. 北京：人民日报出版社，2017.

浅析九阡水语音系

杨承艺*

（贵州民族大学人文科技学院，贵州贵阳　550025）

摘　要： 本文运用田野调查所得的丰富的第一手语料，对九阡片区的水语进行音系系统分析，对声母、韵母和声调做了较为详细的描述研究，分析得出九阡水语有71个声母、55个韵母和8个声调，并总结出了九阡水语音系的特点，为三洞土语当中的次土语的语法研究提供一个案例，为水语语法研究提供新的素材。

关键词： 九阡；水语；声母；韵母；声调

一、引言

水族是中国56个民族之一，人口40多万（2010年全国第六次人口普查数据，水族男性213644人，女性198203人，总共411847人，占全国人口比例为0.0309%）。水族的大本营在贵州省，主要聚居在贵州省黔南布依族苗族自治州三都水族自治县，位于黔南州的东南部，是全国唯一的水

---

* 作者简介：杨承艺（1994—），男，水族，贵州民族大学人文科技学院讲师，研究方向：中国少数民族语言与汉语方言。

族自治县，地处月亮山、雷公山腹地，东邻榕江、雷山，南与荔波接壤，西界独山、都匀，北连丹寨，距离省城贵阳有230公里，全县面积2400平方公里。至2018年末，全县人口378190人，水族人口253537人，约占总比例的67%（数据来源：贵州省2018年三都水族自治县国民经济和社会发展统计公报）。除了三都，水族还散居于黔南州的独山、荔波、都匀、惠水、罗甸、平塘，黔东南的榕江、从江、黎平、凯里、剑河等地，广西的南丹、融水、三江、桂林、南宁、贵港等，云南的古敢乡。

水族有自己的语言——水语（水族人自称 $ʔai^{13}sui^{33}$ 或者 $zən^{13}sui^{33}$）。水语属于汉藏语系壮侗语族侗水语支的一种语言①。水语没有方言之分，只有土语之别，分为三洞、阳安和潘洞3种土语，各土语之间语言差异不大，相互之间交流完全没有问题。三洞土语主要流传于贵州的三洞、中和、水龙、塘州、廷牌、恒丰、周覃、九阡、荔波、榕江、从江、惠水、罗甸、丹寨、福泉、剑河、凯里，广西的桂林、南宁、贵港、融水、南丹、来宾、河池、三江，以及云南的古敢等地，覆盖面积最广，人口最多；阳安土语流传于阳安、阳乐、板良村以及独山县的林桥、董渺一带；潘洞土语主要流传于都匀市的王司、基场、阳和、奉合乡、老鸡场、小河口、鸡场脚、营脚等地。

水语分三洞、阳安和潘洞3个土语区，笔者的家乡九阡属于三洞土语区。水语内部一致性非常大，各土语的声韵调基本保持一致，同类的语音也大都相同或相近，相互对应整齐。下面列表介绍3种土语代表的语音特点。

表1 水语3种土语声韵调对比表

声韵调		土语		
		三洞土语	阳安土语	潘洞土语
声母	基本辅音声母	42	32	27
	腭化声母	19	15	14
	唇化声母	10	7	8

① 梁敏，张均如. 侗台语族概论［M］. 北京：中国社会科学出版社，1996.

续表

声韵调		土语		
		三洞土语	阳安土语	潘洞土语
韵母	单元音	7	6	12
	复元音	8	9	14
	韵尾	40	46	61
声调	舒声调	6	6	6
	促声调	2	2	2

水语是笔者的母语，本论文充分利用笔者作为母语人这一大优势，深入九阡片区进行田野调查，收集水语具有代表性的词汇资料。除此之外，笔者还收集到了一些句子、水族歌曲、水族故事作为语料支撑，为本论文提供了丰富的第一手资料。本文章主要是根据从属于三洞土语的九阡片区（九阡水语属于三洞土语当中的次土语）的田野调查资料整理的，简单地介绍了九阡片区的水语音系。调查对象以中老年人为主，调查了 4 个人，分别是杨友清（男，水族，83 岁，小学三年级文化），杨秀敏（男，水族，54 岁，初中文化），潘究（女，水族，52 岁，文盲），潘庆主（男，水族，18 岁，中职在读）。田野调查时间是 2020 年 8 月 1 日至 2020 年 8 月 26 日，调查地点是贵州省三都水族自治县九阡镇。

九阡水语声母 71 个，其中基本辅音声母 42 个，19 个腭化声母和 10 个唇化声母；韵母 55 个，只有和 a 相拼时分长短对立，有 -m、-n、-ŋ、-t、-p、-k 等 6 个塞音韵尾；声调有 8 个调类，其中 6 个舒声调（第一调到第六调），2 个促声调（第七调和第八调），第一调是低升调，调值一般计为 24；第二调是低降调，调值计作 31；第三调是低平调，调值计为 33；第四调是高降调，调值计为 42；第五调是高升调，调值计为 35；第六调是高平调，调值计为 55；第七调的短声读高平调，调值为 55，第七调的长声读高升调，调值为 35；第八调的短声调调值为 43，长声调调值为 43[①]。

① 张均如编著. 水语简志 [M]. 北京：民族出版社，1980.

一、声母

声母共有71个，其中包括42个基本辅音声母、19个腭化声母、10个唇化声母。(带有“＊”号的声母只出现在汉语借词中)

表2　声母表

发音方法			发音部位								
			双唇音	唇齿音	齿间音	舌尖前音	舌尖中音	舌面前音	舌面后音	小舌音	声门音
塞音	清	不送气	p pj				t tjtw		k kj kw	q	ʔ
			b bj								
		送气	p^h p^hj				tj t^hj t^hw		k^h k^hj k^hw	q^h	
	浊		^mb ^mbj				nd ^ndj ^ndw				
塞擦音	清	不送气				ts tsj tsw*		tɕ			
		送气				ts^h ts^hj * ts^hw*		$tɕ^h$			
	浊										
鼻音	清		ʔm m̥ mj̊				ʔn ʔnj n̥ nj̊	ʔȵ ȵ̊	ʔŋ ʔŋ w ŋ̊		
	浊		m mj				n nj	ȵ	ŋ		
边音							l、lj、lw				
擦音	清			f		s sw		ɕ	x		h
	浊			v		z zw			ʔɣ ɣ	ʁ	
半元音					ʔw ʔwj		j ʔj				

声母例词：

表 3　声例词

编号	声母	例词 1 音标	例词 1 意译	例词 2 音标	例词 2 意译
1	p	pu^{52}	父亲	pa^{33}	伯母
2	pj	pja^{52}	山羊	pja:p^{35}	瘪
3	p^{h}	p^{h}a:u^{55}	炮	p a^{55}	坏
4	p^{h}j	p^{h}ja^{33}	翻	p^{h}juŋ^{13}	水蒸气
5	^{m}b	^{m}ba^{33}	靠近	^{m}be^{13}	年
6	^{m}bj	^{m}bja^{13}	栽	^{m}bjeŋ^{35}	一样
7	b	bən^{13}	天气	bin^{33}	席子
8	bj	bja^{35}	无聊	bja:n^{33}	水獭
9	m	ma^{52}	马	mo^{52}	黄牛
10	mj	mja^{13}	手	mjen^{31}	棉被
11	ʔm	ʔma^{13}	菜	ʔmai^{35}	小气
12	m̥	m̥ u^{35}	猪	m̥ a^{13}	狗
13	mj	m̥ mj a:n^{33}	半新半旧		
14	f	fa^{31}	羊	fan^{31}	说
15	fj	fjən^{33}	裙子	fja^{33}	帕子
16	v	vi^{13}	火	va^{35}	写
17	vj	vjən^{33}	飞	vjan^{13}san^{31}	做梦
18	ʔw	ʔwa^{33}	笨蛋	ʔwan^{35}	埋怨
19	t	ta:u^{33}	碰	ta^{35}	中间
20	tj	tja:u^{35}	乌龟	tjak^{55}	剁
21	tw	twa^{33}	端节（水族年节，相当于汉族的春节）	twa^{52}	恐吓
22	t^{h}	t^{h}u^{13}	兔子	tha:n^{35}	炭
23	t^{h}j	t^{h}juŋ^{33}	捅	t^{h}jep^{55}	沿着
24	^{n}d	^{n}da^{13}	眼睛	^{n}da:u^{33}	蒸
25	^{n}dj	^{n}dja:k^{35}	蝗虫	^{n}djai^{33}	买

续表

编号	声母	例词 1 音标	例词 1 意译	例词 2 音标	例词 2 意译
26	^{n}dw	^{n}dwa:ŋ^{33}	水岸	^{n}dwa:ŋ^{13}	磨石架
27	d	da^{33}	硬	dai^{33}	得到
28	dj	dja^{33}	秧苗	djan^{13}	滑
29	dw	dwa^{13}	盐巴		
30	ŋ̊	ŋ̊ a^{33}	弓	ŋ̊ o^{33}	老鼠
31	ŋj̊	ŋj̊ ap^{55}	潜水	ŋj̊ a^{35}	胰脏
32	ʔn	ʔna^{13}	厚	ʔnaŋ^{13}	鼻子
33	ʔnj	ʔnja^{13}	河	ʔnjam^{35}	和
34	n	na:i^{55}	这	nu^{52}	第(妹)
35	nj	njan^{31}	月	njut^{43}	胡子
36	l	lən^{31}	后面	le^{13}	书
37	lj	ljan^{35}	辣	ljem^{52}	镰刀
38	lw	lwa^{13}	船	lwon^{31}	爬
39	ts	tsau^{55}	双	tsau^{33}	早
40	tsj	tsje^{13}	吃	tsja:ŋ^{52}	开
41	tsw	tswa:ŋ^{35}la:u^{52}	强壮		
42	ts^{h}	ts^{h}in^{33}	清(明)	ts^{h}a:i^{52}	材(料)
43	ts^{h}j	ts^{h}ja:ŋ^{52}	详(细)	ts^{h}jen^{52}	全(民)
44	ts^{h}w	ts^{h}wa:ŋ^{13}pa:n^{13}	创办	ts^{h}wa:ŋ^{33}fuŋ^{33}	窗子
45	s	sa:i^{33}	问	sa:n^{31}	夜里
46	sj	sjeu^{33}	少	sjək^{55}	喜鹊
47	sw	swa^{55}	耍(龙)	swa:ŋ^{33}	(裤)裆
48	z	za^{33}	轻	zən^{13}	人
49	ʨ	ʨan^{13}	斤	ʨa^{35}	嫁
50	ʨ^{h}	ʨ^{h}iu^{52}	球	ʨ^{h}in^{13}	手臂
51	ɕ	ɕət^{55}	七	ɕum^{13}	心

续表

编号	声母	例词 1 音标	例词 1 意译	例词 2 音标	例词 2 意译
52	ȵ	ȵa^{31}	你	ȵe^{31}	你
53	ʔȵ	ʔȵoŋ^{35}	虾	ʔȵi^{35}	答应
54	ȵ̊	ȵ̊u^{13}	臭	ȵ̊au^{55}	美(丑)
55	j	ja^{13}	茅草	jon^{31}	网
56	ʔj	ʔjem^{13}	阉	ʔjut^{55}	粽子
57	k	ka^{33}	等	ka^{52}	汉族(人)
58	kw	kwa:i^{35}	块	kwən^{31}	冒烟
59	kʰ	kʰak^{55}	勤快	kʰa:ŋ^{35}	刮风
60	kʰw	kʰwən^{13}	路	kʰwa^{55}	破产
61	ŋ̊	ŋai$^{13\circ}$	开	ŋ̊am^{33}	晕
62	ʔŋ	ʔŋa^{13}	芝麻	ʔŋa:ŋ^{33}	仰
63	ŋ	ŋo^{52}	五	ŋa:n^{35}	鹅
64	ʔŋw	ʔŋwa^{33}	猛抬头	ʔŋwat^{55}	点头
65	ɣ	ɣa:n^{13}	家	ɣa^{13}	二
66	ʔɣ	ʔɣa^{35}	田	ʔɣa:i^{33}	长
67	q	qa^{13}	腿	qoŋ^{35}	祖父
68	qʰ	qʰa^{13}	耳朵	qʰui^{33}	螺蛳
69	ʁ	ʁa^{13}	菌	ʁa:m^{33}	柱子
70	ʔ	ʔai^{13}	个(人)	ʔa:u^{13}	要
71	h	ha^{31}	药	ha:i^{13}	给

声母说明：

（1）从发音部位来看，有双唇音、唇齿音、齿间音、舌尖前音、舌尖中音、舌面前音、舌面后音、声门音和小舌音；从发音方法来看，有塞音、塞擦音、擦音、鼻音、边音和半元音。其中除了边音和半元音以外还分为清音和浊音。

（2）① 塞音（p、p^{h}、t、t^{h}、k、k^{h}）：发音时，发音部位形成闭塞，软腭上升，堵塞鼻腔的通路，气流冲破阻碍，迸裂而出，爆发成声。② 擦音（f、v、s、z、ɕ、ʑ、x、ɤ、h、ɦ）：发音时，发音部位接近，留下窄缝，软腭上升，堵塞鼻腔的通路，气流从窄缝中挤出，摩擦成声。③ 塞擦音（ts、ts^{h}）：发音时，发音部位先形成闭塞，软腭上升，堵塞鼻腔的通路，然后气流把阻塞部位冲开一条窄缝，从窄缝中挤出，摩擦成声。④ 鼻音（m̥、m、ʔm、n̥、n、ʔn、ȵ̊、ȵ、ʔȵ）：发音时，口腔中的发音部位完全闭塞，软腭下降，打开鼻腔通路，气流振动声带，从鼻腔通过发声。⑤ 边音（l、lj、lw）：发音时，舌尖与上齿龈接触，但舌头的两边仍留有空隙，同时软腭上升，阻塞鼻腔的通路，气流振动声带，从舌头的两边或一边通过。

（3）① 看声带是否振动，发音时声带振动的是带音，也叫浊音；声带不振动的是不带音，也叫清音。② 看气流的强弱，送气音：发送气音时，肺部（声门以下）呼出的气流比较强；不送气音：发不送气音时，肺部呼出的气流比较弱。

（4）p、t、ȶ、k、q、ʔ（不送气清擦音）；p^{h}、t^{h}、ȶ^{h}、k^{h}、q^{h}（送气清擦音）；^{m}b、^{n}d（带鼻冠音）；ʔb、ʔd（带紧喉音）；ts（不送气清塞擦音）；ts^{h}（送气清塞擦音）；m̥、n̥、ȵ̊、ŋ̊（清化鼻音）；m、n、ȵ、ŋ（单纯鼻音）；ʔm、ʔn、ʔȵ、ʔŋ（带先喉塞鼻音）；l（边音）；f、s、ɕ、h（清擦音）；v、z、j、γ、ʁ（浊擦音）；ʔj、ʔγ（带先喉塞音的浊擦音）；ʔw（带先喉塞音的半元音）。

（5）腭化声母（19 个）。Pj、p^{h}j、^{m}bj、ʔbj、mj、mj、fj、vj、tj、t^{h}j、dj、ʔdj、nj、nj、ʔnj、lj、tsj、ts^{h}j* 、sj。

（6）唇化声母（10 个）。tw、^{n}dw、ʔdw、tsw* 、tsw^{h}、sw、lw、kw、k^{h}w、ʔŋw。

（7）清化鼻音声母和带喉塞音声母是水语的特色。

（8）带有“* ”号的声母只出现在汉语借词当中。

二、韵母

韵母分为单韵母 7 个（a 的长音只有在有塞音韵尾时出现），双韵母 8 个，塞音韵尾韵母 40 个（m 韵尾、n 韵尾、ŋ 韵尾、p 韵尾、t 韵尾、k 韵尾）三大类，共有 55 个韵母。

表 4　韵母表

单元音韵母		i	e	a		o	u	ə *	ɿ *
双元音韵母				a:i	ai	oi	ui		
		iu	eu	a:u	au				
塞音韵尾韵母	m 韵尾	im	em	a:m	am	om	um		
	n 韵尾	in	en	a:n	an	on	un	ən	
	ŋ 韵尾	iŋ	eŋ	a:ŋ	aŋ	oŋ	uŋ	əŋ	
	p 韵尾	ip	ep	a:p	ap	op	up		
	t 韵尾	it	et	a:t	at	ot	ut	ət	
	k 韵尾	ik	ek	a:k	ak	ok	uk	ək	

韵母例词：

表 5　韵母表例词

编号	韵母	例词 1 音标	例词 1 意译	例词 2 音标	例词 2 意译
1	i	ti^{33}	小	ni^{52}	母亲
2	e	me^{31}	不	he^{52}	做
3	a	ma^{31}	舌头	sa^{35}	晒
4	o	q^{h}o^{13}	怕	mo^{52}	黄牛
5	u	ku^{13}	笑	lu^{35}	汤
6	ə*	pə^{31}	北	hə^{31}thaːu^{52}	核桃
7	ɿ*	tsɿ^{13}sɿ^{33}	自私	tsɿ^{13}ȶɿ^{55}	自己
8	a:i	naːi^{55}	这	saːi^{33}	问

续表

编号	韵母	例词 1 音标	例词 1 意译	例词 2 音标	例词 2 意译
9	ai	mai^{52}	树	tai^{31}	拿
10	oi	ʔoi^{33}	甘蔗	hoi^{13}	石灰
11	ui	kui^{31}	水牛	tui^{52}	碗
12	iu	ʔniu^{55}	尿	ɕiu^{55}	干
13	eu	meu^{52}	猫	ʔeu^{33}	折
14	aːu	naːu^{55}	烂	laːu^{52}	大
15	au	lau^{52}	赶	tsau^{55}	双
16	im	him^{33}	爪子	ȶim^{31}	钳子
17	em	tjem^{52}	晒席	ʔjem^{13}	阉
18	aːm	laːm^{31}	忘记	haːm^{13}	三
19	am	nam^{33}	水	ham^{33}	趴
20	om	mom^{55}	鱼	tom^{35}	滴
21	um	k um^{36}	土	mum^{35}	鱼
22	in	tin^{13}	脚	tin^{31}	石头
23	en	mjen^{52}	被子	ʔjen^{13}	香烟
24	aːn	naːn^{52}	肉	haːn^{33}	红
25	an	nan^{52}	虱子	fan^{31}	说
26	on	ton^{35}	猜	mon^{55}	猴子
27	un	hun^{33}	蚊帐	hun^{52}	送
28	ən	lən^{31}	后面	hən^{31}	地方
29	iŋ	ʔniŋ^{33}	靠	liŋ^{33}	晴
30	eŋ	teŋ^{35}	灯	seŋ^{35}	撑
31	aːŋ	naːŋ^{13}	笋	haːŋ^{52}	生
32	aŋ	maŋ^{55}	壮	faŋ^{13}	稗子
33	oŋ	qoŋ^{35}	祖父	loŋ^{35}	松散
34	uŋ	puŋ^{52}	池塘	huŋ^{33}	裤子
35	əŋ	səŋ^{13}	（一）升	^{n}djəŋ^{35}	（天）黑

续表

编号	韵母	例词 1 音标	例词 1 意译	例词 2 音标	例词 2 意译
36	ip	ɕip^{55}	歌	tip^{35}	缝
37	ep	ʔep^{35}	鸭子	qek^{35}	修(房子)
38	a:p	ȶa:p^{43}	甲	ha:p^{43}	接
39	ap	ŋap^{43}	关	hap^{35}	捉
40	op	sop^{35}	锄(地)	pop^{55}	花苞
41	up	ɕup^{43}	十	lup^{35}	陷
42	it	tit^{24}	弹(弹一下)	mit^{52}	刀
43	et	ȶet^{35}	结	ȶjet^{43}	赶集
44	a:t	p a:t^{35}	血	ha:t^{35}	搓
45	at	m at^{35}	跳蚤	ȵat^{43}	插
46	ot	sot	骂	kot^{43}	刮
47	ut	put^{35}	肺	hut^{35}	荸荠
48	ət	tət^{55}	屁	zət^{55}	星星
49	ik	tik^{43}	满	lik^{52}	力气
50	ek	pek^{35}	百	qek^{35}	隔开
51	a:k	la:k^{35}	绳子	ʔda:k^{35}	骨头
52	ak	mak^{43}	墨	tak^{35}	断
53	ok	hok^{35}	纺车	ljok^{43}	六
54	uk	ʔuk^{55}	出	nuk^{43}	花
55	ək	ljək^{43}	力气	sək^{35}	擦

声母说明：

（1）i、e、a、o、u、ə、ɿ 这 7 个单元音都是念长元音，只有 a 和塞音韵尾韵母搭配时才有长短对立，长元音在 a 后面加长音符号［:］做标记。其余元音无长短对立，但实际音值也有长的：i-、e-、o-都是长的，ə-都是念短音，u-的长短与韵尾有关联。

（2）单元音少，复合元音多。在单元音中 i 和 u 可以做韵头，也可以做韵尾。e、a、o、ə 这几个单元音只能做韵尾。舌尖前元音 ɿ 和央元音 ə 不与其他元音组合，除此之外，其他元音之间都可以组合。

（3）在塞音韵尾中-p 发完音时上下嘴唇轻轻合上，-t 发音时嘴唇往两边裂开，发音完迅速收回即可，-k 发音时上下嘴唇向前伸，发完音收回。

（4）在鼻音韵尾当中-m 发音时双唇轻轻合拢，发-n 时舌尖顶上硬腭，发-ŋ 时舌头平放往后缩，缩到舌根的位置。

（5）九阡土语以开音韵尾的不多，主要是以闭音当韵尾，鼻音韵尾和塞音韵尾是九阡水语音系的一大特点。

（6）ə、ɿ 两个音只出现在新借词中，ə 的发音部位在舌面前音、腭化音之后，部位偏高，如 $tjət^{35}$ 木柴。

三、声调

九阡水语的声调有 6 个舒声调和 2 个促声调，其中后面的 2 个促声调归为第七调和第八调 2 个调位，促声调有长短对立，分长短音。一般的表示方法是国际音标用阿拉伯数字 1、2、3、4、5、6、7、8 等来表示对应的调类 1、调类 2、调类 3、调类 4、调类 5、调类 6、调类 7 和调类 8。赖静如博士在她的论文中编出一套水语拼音，用英文字母 l、c、s、x、v、h 来表示 6 个舒声调，由于促声调第七调的短调的调值和第六调调值一样，故用 h 来表示，促声调第七调的长调和第五调调值相同，所以用 v 来表示。促声调第八调的短调调值是 43，长调调值是 42，因有长短之别，故用 t 来表示。目前水语拼音的推广没有得到大多数人的认同，所以大家常常还是习惯使用国际音标的标记方法来记录水语的声调，所以常使用 1、2、3、4、5、6、7、8 来表示调类，每个调类所对应的调值是：1-13，2-31，3-33，4-52，5-35，6-55，7（短）-55，7（长）-35，8（短）-43，8（长）-42，但是第八调的调值区别不大，不管是短调还是长调通常调值也会统一标记为 42 或 43。

表 6　声调表

调名	调类	调值	调型	例字词	
				例词 1	例词 2
舒声调	1	13		他 man^{13}	腿 qa^{24}
	2	31		红薯 man^{31}	丑 qa^{31}
	3	33		李子 man^{33}	硬 qa^{33}
	4	52		硕果累累 man^{52}	马 ma^{52}
	5	35		中间 ta^{35}	$ʔda^{35}$
	6	55		放 man^{55}	聊天 $pa:i^{55}$
促声调	7(短)	55		拥挤 hak^{55}	断 tak^{55}
	7(长)	35		口 $pa:k^{34}$	绳子 $la:k^{35}$
	8(短)	43		蜜蜂 luk^{43}	花朵 nuk^{43}
	8(长)	43		孩子 $la:k^{43}$	女孩 $bja:k^{43}$

声调说明：

（1）调类 7 和调类 8 只出现在塞音韵尾-p、-t、-k 之后。调类 7 的长调是高升调，调值为 35，短调是高平调，调值为 55。调类 8 的长调和短调在形式上有所区分，但是调值都是标记为 42 或 43。

（2）调类 1 的调值不像三洞土语升得那么高（三洞土语调类 1 的调值记为 24)，标记为 13。调类 4 的调值降的比三洞土语的低（三洞土语调类 4 的调值记为 42)，标记为 52。

（3）调类 1、调类 2、调类 3、调类 4、调类 5 和调类 6 是舒声调，调类 7 和调类 8 是促声调。舒声调对应中古汉语的平声、上声和去声，促声调对应的是中古汉语的入声，单调类对应阴声调，双调类对应阳声调。

（4）调类 1、调类 2 和调类 3 在九阡水语声调中出现的频率比较高，其他调类出现的频率比较低。

（5）从声调系统方面来看，九阡水语声调没有调类的分化、合并或者转化的现象，有很强的一致性。

（6）九阡水语词几乎都是单纯词，单纯词有叠音、同声同调或同韵同调，但是单纯词的复音词或是词组的连读没有发生变调的现象。

（7）舒声调第五调有先降后升的趋势，但调值 35 和调值 325 没有音位上的区别，故调值都记作 35。

四、音节结构

1. 音节结构特点

九阡水语音节与三洞土语基本相同，这里主要从声母、韵母和声调 3 个方面来讲音节结构特点：

（1）声母与韵母：唇化声母一般只能和 a 元音相拼，腭化声母不和 i 元音相拼。舌尖元音 ʅ 只能和舌尖音声母 ts、ts、s 相拼。带喉塞音+元音的音节，喉塞音逐渐向脱落方向发展和演变。

（2）韵母与声调：带塞音韵尾的单元音只出现在调类 7 和调类 8。

（3）声母与声调：出现在单数调居多的一般是送气声母、喉塞音、带先喉塞音、清化鼻音、鼻冠音以及浊擦声母当中的 z 和 ʁ，单纯声母一般出现在双数调居多。

2. 音节结构类型

九阡水语音节共有以下 7 种类型：

（1）元音：a^{33}“啊”（汉语借词，表示感叹），a^{31}“嗯”（表示肯定和认可），a^{35}“什么”（表示疑问）。o^{31}“好的”（表示答应），$ə^{33}$“嗯”（表示很不耐烦地答应）。

（2）喉塞音+单元音：$ʔu^{13}$“上面”，ʔẽ 螳螂，$ʔi^{55}$“愿意”。

（3）喉塞音+双元音：$ʔa:u^{13}$“要”，$ʔoi^{33}$“甘蔗”，$ʔau^{52}$“饭”。

（4）喉塞音+元音+辅音韵尾：$ʔin^{35}$“燕子”，$ʔa:p^{35}$“洗澡”，$ʔam^{35}$“背”。

（5）辅音+单元音：ni^{52}“妈妈”，ki^{33}“蟋蟀”，ku^{31}“锅耙”，fe^{31}“姐姐”，nu^{52}“弟弟，妹妹”。

（6）辅音+双元音：fai^{35}“阿姨”，kai^{55}“蛋”，$qa:i^{55}$“鸡”，tui^{52}“碗”。

（7）辅音+元音+辅音韵尾：ha:m^{13} “三”，ljok^{52} “六”，pa:t^{35} “八”。

五、九阡水语与三洞土语同汉义音节的对比

九阡水语的语音和三洞土语的语音在同一个汉义的词上有所差别，有的词叠音，有的词同声同韵，有的词同声同调，有的词同韵同调，有的声韵调完全不同，非常值得做对比分析，在一定程度上可以揭示两个地区的口语之间的差别。例如下表所示：

序号	九阡水语				三洞土语				汉义
	声母	韵母	声调	音节	声母	韵母	声调	音节	
1	m	o	52	mo^{52}	p	o	42	po^{42}	黄牛
2	w	a:ŋ	52	wa:ŋ^{52}	p	u	31	pu^{31}	南瓜
3	p	u	31	pu^{31}	w	a:ŋ	42	wa:ŋ^{42}	冬瓜
4	kw	a	13	kwa^{13}	dw	a	13	dwa^{13}	盐巴
5	p,l	u,a:u	5 2	pu^{52}la:u^{52}	l	uŋ	31	luŋ^{31}	大伯
6	ɣ	a:n	13	ɣa:n^{13}	ɣ	a:n	31	ɣa:n^{31}	家
7	ɣ	ai	13	ɣai^{13}	ɣ	ai	31	ɣai^{31}	梨子
8	ʔ	on	13	ʔon^{13}/on^{13}	ʔ	un	13	ʔun^{13}/un^{13}	扛
9	ɣ	a	13	ɣa^{13}	ɣ	a	31	ɣa^{31}	二
10	ɣ	um	33	ɣum^{33}	ɣ	um	42	ɣum^{42}	喝

九阡水语（三洞次土语）和三洞土语同汉义的音节差异如下说明所示：

（1）韵母相同，声母不同，声调的调类相同，调值不同。如：“黄牛”，九阡水语读作 mo^{52}，三洞土语读作 po^{42}。

（2）声母、韵母和声调三者读音和写法完全不同，甚至是两个汉义词语九阡水语和三洞土语的读音却恰恰相反。如：“南瓜”，九阡水语读作 wa:ŋ^{52}，三洞水语读作 pu^{31}。“冬瓜”九阡水语读作 pu^{31}，而三洞水语却读作 wa:ŋ^{42}。

（3）韵母和声调相同，声母不同。如：“盐巴”，九阡读作 kwa^{13}，三洞水语读作 dwa^{13}。

（4）汉义相同，九阡水语和三洞土语的音节单复结构不同。如：“大伯”，九阡水语读作 pu^{52}la：u^{52}，三洞土语读作 luŋ^{31}。

（5）声母和韵母相同，声调不同。如：“家”，九阡水语读作 ɣa：n^{13}，三洞土语读作 ɣa：n^{31}；“二”，九阡水语读作 ɣa^{13}，三洞土语读作 ɣa^{31}；“喝”，九阡水语读作 ɣum^{33}，三洞土语读作 ɣum^{42}。

（6）在喉塞音+单元音+鼻辅音韵尾中，两个土语都可以把喉塞音 ʔ 省略不写。如：“扛”，九阡水语可标记为 ʔon^{13}，也可以标记为 on^{13}；三洞土语可标记为 ʔun^{13}，也可以标记为 un^{13}。

六、结语

（1）九阡水语声母共有 71 个，其中包括 42 个基本辅音声母、19 个腭化声母、10 个唇化声母。清化鼻音 m̥、n̥ n，鼻冠音 ^{m}b 、^{n}d ，全浊音 d 是特色音。

（2）韵母分为单韵母 7 个（a 的长音只有在有塞音韵尾时出现），双韵母 8 个，塞音韵尾韵母 40 个（m 韵尾、n 韵尾、ŋ 韵尾、p 韵尾、t 韵尾、k 韵尾）三大类，共有 55 个韵母。塞音韵尾中分鼻音韵尾和塞音韵尾，都是还是上古汉语音遗存的痕迹，是水语与汉语有关联的有力证据所在。在鼻音韵尾-m、-n、-ŋ 当中，如今汉语里只保留有舌尖音-n 和舌根音-ŋ，已经没有了双唇音-m。汉语已经完全没有了塞音韵尾，但是在水语里，塞音韵尾-p、-t、-k 如今依然使用于日常生活的口语交际里，塞音韵尾-p、-t、-k 是九阡水语乃至整个水语的特色音。

（3）九阡水语共有 8 个调类，分别标记为“1、2、3、4、5、6、7、8”，调类还区分舒声调和促声调两类，调类 1 到调类 6 都是舒声调，没有长短对立，都发长音；调类 7 和调类 8 有舒声调和促声调，和元音 a 相拼时有长短对立，调类 7 的高平调调值记为 55，高升调记为 35；调类 8 的长声调和短声调都记作 43 或 42，都是中降调。9 个调值，调类 1 对应的调值是13，调类2对应的调值是31，调类3对应的调值是33，调类4对应的调值是52，调类5对应的调值是35，调类6对应的调值是55。

（4）由于九阡片区和三洞片区的地理环境、社会环境、经济发展水平等的不同，两个片区的水语在发音上存在大同小异。造成相同的汉语含义的词在九阡地区和三洞地区音节中的声母、韵母和声调上都有所异同。

参考文献

［1］梁敏，张均如．侗台语族概论［M］．北京：中国社会科学出版社，1996.

［2］张均如编著．水语简志［M］．北京：民族出版社，1980.

［3］石丽菊．中和水语个体量词研究［D］．昆明：云南师范大学，2019.

［4］麦耘．广西八步鹅塘“八都话”音系［J］．方言，2008（1）：18-33.

［5］杨璧菀，李林欣．贺州南乡苗话音系［J］．贺州学院学报，2006（2）：55-58，89.

［6］夏永良，姚福祥．三洞水语的音系［J］．贵州民族研究（季刊），1994（3）：142-148.

［7］王新青，刘曼．新疆吐鲁番汉语方言音系研究［J］．新疆广播电视大学学报，2020，48（2）：47-52.

论冉正万小说中人性的展现

——以《苍老的指甲和宵遁的猫：冉正万选集》为例

张议沙*

（贵州民族大学文学院，贵州贵阳　550025）

摘　要：贵州本土作家冉正万的作品多聚焦于对人性的思考和对平凡生命个体的书写。他用独特的视角审视黔北地区人们生活的百态，叙述着一个又一个关于“冉姓坝”人的故事。文章以选集《苍老的指甲和宵遁的猫》为主要研究对象，从人性善恶的自然性、人性发展过程中的影响因素以及人性发展变化中的悲剧等方面出发，探析冉正万小说中人性的展现。对该作品中人性的剖析，既加深了对冉正万笔下黔北农村地区人性趋善趋恶的理解，也为分析研究贵州作家作品中关于人性的研究提供了相应的视角。

关键词：冉正万；《苍老的指甲和宵遁的猫：冉正万选集》；人性的展现

古往今来，无论是国内还是国外，关于人性善恶的观点皆有层出不穷的观念与辩解，说法也各有千秋。儒家学者孟子的性善论和荀子的性恶论

---

* 张议沙（1996—），女，土家族，贵州民族大学文学院中国语言文学专业 2020 级硕士研究生。

观点不同，但他们都认为后天对于人的教化可以改变原有的固态模式，即会随着后天多种因素的引导和教育而变化。古希腊哲学家苏格拉底主张自律性的“性善论”，柏拉图从主张人性本善到后期发现人性贪婪和欲望而遭受打击，而亚里士多德则坚持“理性说”，可以说每个人对人性善恶的理解见仁见智。然而总的来说，从他们的理论中可以看出，人性的发展终会受到后期多重因素的影响。贵州作家冉正万在他的小说中，用贵州多民族文化下诸多与众不同的文学创作资源以及他自身的人生经历，记录了在充满浓郁的贵州风情的黔北地区生活背景下人性的发展变化 。本文即以他的作品《苍老的指甲和宵遁的猫：冉正万选集》为例，多方面多层次的剖析其小说中人性的展现。

一、论人性善恶的自然性

所谓自然性是指在自然环境中自然变化所引起的自然行为。“人的自然性是指人是感性和理性的统一体，这是一种事实上的界定。”① 由此可见，理性与感性和人的发展存在着密切的关系。在生活中，我们需要感性与理性的结合，共同组成一个完善的整体，而这个整体包含了人性的发展。人即具有感性的本质，又具有理性的本质，所以理性与感性在人性的发展过程中具有很大的影响意义。

（一）纯善人性背后的体现

冉正万把他笔下的每一个人都描写得淋漓尽致，赋予了每一个小人物鲜活的生命，无论他们是善还是恶。即使是恶，他也认为这些在他笔下的小人物是不易的，他可以理解，甚至是原谅。如在《时光是一张薄薄的纸》中，细平是一个孤儿，但他生活在有爱的群体之中——那些对他非常好的冉姓坝的村里人，即使是一种可怜、同情，但终归是一种纯朴的善意。加上把他视为己出、当作自己孩子的大伯娘以及把他当作亲兄弟的老

① 白海霞. 康德论人性的善恶［J］. 道德与文明，2014（01）：122-126.

八。包括细平死后冉姓坝人对细平女朋友李菡的一种来自内心深处的关怀和热情。冉姓坝的人没有因为细平是孤儿而对他另眼相待，或是抛弃他，更没有因为细平的死而改变对李菡的“差别对待”，表现的是对这个异乡人的心疼。这些自己本就生活艰难的人，也许反而更加懂得生活的不易，于是用他们那颗热乎乎的心给生活增添了甜。又如在《纸摩托》里，因为马忠生的死，“我”从北戴河回老家，只为了给马忠生——我那死去的堂哥送一辆纸摩托。即使在这个过程中演绎了一系列看起来滑稽可笑实质却让人触目惊心的故事。如与马家有仇的胡歪嘴，即使再恨，而且发过誓不再帮助马家，可最终还是替马忠生做了纸摩托。再如“我”的弟弟忠文无缘无故被马忠生的妻子泼了很多“脏水”，但当马家有难，他会不计前嫌的帮忙。这些来自灵魂深处的故事，归根结底还是体现了生活在社会底层边缘的小人物的不易与对他们的理解以及对这些平凡小人物纯朴人性的歌颂与赞美。冉正万在《苍老的指甲和宵遁的猫：冉正万选集》中所叙述的一切都很朴实，真实得让人觉得所有的事都发生在自己的生活里，这些微不足道、走在大街上都分不清谁是谁的人，用他们最理智而又感性的一面对他们生活的群体进行善意的诠释，这便是善的体现。

（二）愚昧陋习下对恶的谴责

有善必有恶。同样的，有对善的赞扬，那就有对恶的谴责。在非理性思维引导下的人往往会偏离道德的监督，从而沦落为有罪的“逃犯”。希伯来文明中基督教主张“原罪说”，即人离开伊甸园之后会偏离神性而堕落为罪人。通俗的说，也就是在失去一定“束缚”下的人性，往往会偏离正轨，贵州作家冉正万正是借用这种被“束缚”的人的所做所为，对一些愚昧的思想进行揭露。

贵州是一个多元文化的民族省份，一些传统的微习俗给人们的生活带来无尽的乐趣，让在这种独特文化下生活的人对这种愚昧陋习畏惧的同时又得到心灵的慰藉，冉正万正是通过对这些所谓“传统特色文化”的描写，来揭示和谴责种种荒诞无奇的陋习。《路神》里的文家文久良之所以雕刻路神，是因为盼子归来。即使他知道这样他的儿子并不会归来，但因为有“神”这一说法，也是为了自己内心得到安定，所以他选择自欺欺人，一直到最后只剩下他一个人的孤独。这无疑是一种悲哀。故事中的文久良，把所有希望寄托在神的身上，这无疑是一种不切实际的空想主义，就像冉正万说的：有些人做不到的事情，神也做不到。[①]《青草出发的地方》由于落花屯的人对冉姓坝最原始的一种带有“魔力”的草的破坏，导致冉姓坝人无法再正常生活，而冉姓坝人却把这错误归根于当晚守夜的一个瘸子身上，他们认为，是因为他脚的残疾，所以耽误了给冉姓坝人进行通风报信，才会导致最后没草吃的后果。于是迂腐地对残疾人进行赶尽杀绝，甚至是面对刚出生的婴儿。这正是冉正万所要表达的对这种愚昧行为的谴责与讽刺！

二、人性发展过程中的影响因素

（一）家庭环境对人性发展的“熏陶”

所谓的“近朱者赤，近墨者黑”，说明了环境对人有着潜移默化的作用。

家是我们栖息的地方，人处在家庭这个大环境中，从小受到家庭风气的渲染与熏陶，故家庭对人的教化与影响深远持久。《苍老的指甲与宵遁的猫》中，冉正万以直接性的叙述角度，用平淡质朴的语言对人性的发展进行写作，尤其是在家庭影响下的人性发展变化。《纸摩托》中，因为家庭的悲剧而导致了“我”堂哥马忠生的死。马忠生的妻子不仅蛮横无理，为了一些鸡毛蒜皮的小事就喋喋不休，闹得天翻地覆，而且还与左邻右舍吵得不愉快，与家里人也一样，为了一点小事就可以嚷嚷三五天。常年生活在这种聒噪、让人心烦意乱的家庭中的马忠生，最后选择了喝农药而死。即使他知道死也是白死，但与其这样艰难地活着，还不如一死百了，因为活着对马忠生来说，真的太难了。马忠生死后，连他的儿子建兵也对这个一直找不到精神寄托的家开始厌恶，从而才上演了用手掐住他母亲脖

① 冉正万．苍老的指甲和宵遁的猫：冉正万选集[M]．桂林：广西师范大学出版社，2017：81.

子这一段，可想而知，是有多不满才想置自己的母亲于死地！这个没有人情味儿的家庭对孩子的成长造成了巨大的影响，以至于他对这个世界很冷漠，他背上背着的“箭”，也不知道会对准谁，也许是一个无辜的人。这种家庭环境对人性的“熏陶”，导致了人性的扭曲，不免让人感到残忍与心疼，就像冉正万在《树上的眼睛》里所说的：“我从不觉得这里有多么美，但这里的一切让我很心疼。”① 话剧《雷雨》里的繁漪同样受家庭影响，饱受家庭折磨之苦。作者曹禺曾说：“我会原谅她，虽然她做了所谓‘罪大恶极’的事情——抛弃了神圣母亲的天责，我算不清我亲眼看见多少繁漪。”② 即使被扭曲了人性，但她依旧让人觉得可以去理解，因为变坏的不是她，而是她生存的这个家！

综上所述，一个坏的家庭环境足以让一个人变得扭曲，甚至是把人推向深渊，因为一个健全人格的发展需要一个正常的环境，尤其是家庭环境，就像一个不适宜的温度和一个不正确的母鸡永远孵化不出鸡宝宝一样。而冉正万借以体现了家庭环境对人性的影响，同时也表达了良好家庭氛围的重要性。

（二）根深蒂固的封建思想对人性发展的禁锢

一个人的所思所想会在潜意识里对行为进行约束，这种意识行为的约束在某一程度后会生根、发芽，从而衍生为对成长的禁锢。《苍老的指甲和宵遁的猫》中，冉正万借维护封建传统的旧道德、旧礼教等，以此来对带有浓厚的封建思想的农村典型人物进行描写。因为这种固有的思想，致使人们在人性发展方面受到了禁锢。《青草出发的地方》里为冉姓坝执行对残疾人的“屠杀”的硬面，正是为了维护旧传统的封建礼教，杀害了一些无辜的所谓有“残疾”的人。“什么是残疾，到哪种程度才算残疾，没

---

① 冉正万．苍老的指甲和宵遁的猫：冉正万选集［M］．桂林：广西师范大学出版社，2017：98.

② 王丽丽．从钱钟书与曹禺的文学作品看人性之善恶［J］．陕西学前师范学院学报，2018，34（03）：116-120.

有一定之规，全部由硬面说了算，这种全看硬面那双眼睛怎么看了。”① 身体“残疾”并不可怕，可怕的是思想的“残疾”与内心的“残疾”更恐怖。然而那些认为这是老祖宗定下的规矩，不能阻拦，而且还要一直传下去的思想腐朽的人，他们古板得不知道规矩是死的，而人是活的，以至于跳不出被封建思想禁锢了的思想圈子，且他们不知道，硬面的眼睛也会“残疾”。直到最后硬面自我寻死的一些办法，也是迂腐得可爱可笑可怜而又可恨！无论是硬面还是群众，他们一味地遵守所谓的规则，明知是错却从不敢突破，他们也无法突破，不敢突破，仿佛习惯了这种“哀其不幸，怒其不争”的生活，因为这些落后的思想在他们心中根深蒂固，难以动摇。

鲁迅短篇小说《祝福》中的祥林嫂同样是在吃人的封建统治下被封建思想所残害，无论是里面的柳妈还是鲁四老爷等其他冷酷无情的人。被这种思想所禁锢的那部分人，其实也是悲剧人物，因为失去了道德的监督，本能的被“牵着鼻子走”，于是随着这种思想蔓延，到最后习以为常，形成定局。

（三）社会的发展反作用于人性的发展

一个人的成长环境与所处的时代也有很大的关系，社会的发展往往会引领着人类思想的进步。冉正万用他的笔，从人的各方面的变化写到故土的变化以及社会的变化。从而直面这种剧烈变动下最普通人物的喜怒哀乐，还原真实的现实。《绍振国的隐性生活》里面的绍振国便是一个不幸者的代表。作为一个放炮工的他无依无靠，没朋友没亲戚，陪着他的只有那只猫。他没文化，但他渴望、甚至是假装自己是一个有文化的知识分子，在一次普法教育会上，他抓住说话时机，称犯人为“同志”。他没文化，却保持每天写日记的习惯。比如“1972. 7. 21. 音. ○○。1972. 8.

---

① 冉正万. 苍老的指甲和宵遁的猫：冉正万选集[M]. 桂林：广西师范大学出版社，2017：26-27.

22. 青天 ×○×”①。因为绍振国只有小学二年级的文化水平，所以他画这些圈圈和叉叉肯定只有自己能读懂。直到最后连绍振国到底是病死的还是饿死的，人们都无法知晓，只是人不在了，陪伴他的那只猫也走了，而这一切，正是当时教育的欠缺和社会的落后加剧了绍振国的悲哀。

《树上的眼睛》中的“我”的舅舅，因为在工地上被轧断了双腿，导致后半生生活既可爱又可笑。闲得无聊的时候他会在家门前的树上放一副放大镜，“监视”着村里发生的一切。无论别人做什么他都用无线喇叭对着村里大吼，像小孩子一样，可以说是幼稚！他用这种让人讨厌的方式引起人们的注意。慢慢地，随着政府对镇上的投资，一个辣椒厂在冉姓坝矗然而立，村里的很多人都在里面做工，包括“我”的表哥表嫂。随着社会的发展，冉姓坝也逐渐开始交通发达，人们过着还算繁荣的生活。不仅是辣椒厂，而且有人正在勘测地形，准备置办水泥厂、中药制药厂等。然而舅舅门前的那棵树被砍了，远处的山也变了样，连村里的人好像也不再是之前的人了。于是舅舅变“乖”了，无论是行为上还是思想上。对于冉姓坝的改变，他从极力反对到最后的妥协，与其说是妥协，还不如说是默认，也就是认可。因为随着社会的进步、改变，舅舅也在进步，也在改变。

相反的是，随着社会经济、科技等各方面的发展，在这个物欲横流的现实社会里，人性也会随着时代的发展而失去道德的束缚，所以开始变得丑陋。由李安导演执导的电影《少年派的奇幻漂流》里的主人公派，从小受家庭的影响纯朴善良，然而某天漂流到海上，当面临被逼到无法选择的绝境，为了能绝处逢生，从小乖巧正直的他，失去了道德上对自我的监督，于是便暴露了人性恶的本性。就像在现代这个物欲横流的社会，同样会受到多重诱惑，从而失去本心！所以，社会的发展终归在很多时候反作用于人性的发展，例如冉正万笔下的绍振国和“我”的舅舅。

---

① 冉正万．苍老的指甲和宵遁的猫：冉正万选集［M］．桂林：广西师范大学出版社，2017：179.

三、人性发展变化的悲剧性

（一）个体悲剧

在众多作品中，很多作家都擅长用对人物性格的塑造，或是对某一个体人性发展的变化进行叙述，从而控诉当时所处的环境。无论是余华的小说《活着》还是曹禺的话剧《雷雨》，作家都有体现个体在整个故事中的悲剧性，而在冉正万的笔下也有其对个体悲剧的叙述。《绍振国的隐性生活》中的绍振国便是其中之一。作为一个“存在感”极低的库工，活着时小心翼翼，孤苦无依，连生病都没人照顾。他极力地想要在生活中留下他的影子，默默无闻地在自己的岗位老实本分的做自己该做的事情，他听说指甲可以卖了换钱，在临死前都还在想着如何把指甲换成钱，与其说这是一种可怜，倒不如说这是绍正国对生的渴望。然而这也是他命运的悲剧，在这里，冉正万不动声色地向读者表述生活之外的另一种悲苦。很多人只有死后，才开始引起众人的注意，然而也有很多人，连死了都得不到周围人的关注。绍振国是后一种，他的失踪更是无人问津，直到有人无意间见到了绍振国的尸体，众人才知他已离开人世。更可悲的是，看客连他怎么死的都不知道，当然，也没有人关心。

《青草出发的地方》中的硬面也是悲剧人物，因为他是冉姓坝第一个从出生就开始吃粮食的人，所以他被任命掐死那些生下来带有残疾的孩子以及“清除”那些带有残疾的大人。他扼制了太多生命的延续，到最后自己想死的时候都找不到人帮忙，因为弄死别人简单，弄死自己却很不容易。他尝尽所有自杀方法，但都没能死去，在他看来，上吊不合“规矩”；用石头砸死自己，无奈头太硬，还没把自己砸死就没力气了；于是他想到了他这一百多年来处死的那些“残疾”的孩子的死法，像扭南瓜一般扭断脖子就行，可是他不知道怎样才能一次性扭断自己的脖子，所以当一个人连死都无法掌控，这才是真正的悲剧。生前，硬面是可悲的，因为他扼杀了许多无辜的生命，这种悲中，还有冉姓坝人对他的恨以及怕；死后，他更是可悲的，因为死相无比惨烈，并且是死了两次才死掉。所以硬面的悲是可爱、可笑、可怜、可恨的悲。除此之外，《纸摩托》中喝农药而死的马忠生以及被家庭环境残害的建斌都是小说中的悲剧者，我想这就是冉正万想在平凡的故事中所展现的个体悲剧。

（二）集体无意识悲剧

除了个体悲剧，在冉正万笔下还深度叙述了集体无意识悲剧。无论是《路神》里的文家还是《青草出发的地方》中没草吃的冉姓坝人，作者并没有直接写出某一个人或者某一件事的悲剧性，而是通过乌托邦式的虚构和荒诞无奇的所谓的传统来对事件发展的悲剧进行叙述。硬面和冉姓坝人在陋习下所犯的错以及文久良寄希望于神皆是集体无意识爆发的悲剧体现。

《路神》里的文家，祖上三代都是峡谷里为山民们雕刻神的雕刻匠，在当地人看来，神可以保佑他们平安，给他们带来好运，山民们都愿意请文久良雕刻神，所以在谢神节这天，文家请神来也送神走，包揽了全峡谷的神像。作为雕刻匠的文久良，因为儿子多年未归，于是也给自己的儿子雕了一尊路神，埋在三岔路口，希望路神给儿子报个信。他把所有希望都寄托在神的身上，可他请的路神并没有显灵，儿子终归未能回来。小说在这种人性和神性的交织中，体现了文久良一家的变化，看似文久良是对亲人的思念和虔诚的守护，实质体现了把希望寄托在神身上是对人性自身的迷失。然而我们又能理解这种捍卫的姿态，也许，这世界的某个角度，还存在第二甚至更多个文久良。

冉姓坝人在草被破坏之后依旧拒绝吃粮食，他们一致认为吃粮食是一种耻辱，于是才有了其中一个老先人的家人因为无奈之举吃了粮食之后先后被迫而死，这个老先人为了赎罪而在祖先坟上挖一个洞，把自己也埋了起来。另外，硬面作为一个悲剧人物，他负责“消灭”那些他以为是残疾的冉姓坝人，然而这里的人并没有阻止，而是“纵容”悲剧的发生！因为他们和硬面一样都认为导致这种后果的是当年那个报信不及时的瘸子，于是他们打心底痛恨残疾人，把个体之恨施加于全体之上，因为恨，所以才不会心软。和其他小说不一样的是，在这个故事中并没有叙述某一个主要人物，而是通过对冉姓坝人从“吃草”到“吃粮”这一转变所引发的对“残疾”或者“畸形”人的痛恨与责怪，导致他们自己都无法对“残疾”人进行辨认与界定，于是才有了残与不残全凭硬面那双眼睛这一说法，才有了冉姓坝人麻木的遵守这个所谓的“规定”，而冉正万正是利用这种集体无意识的典型群众心理现象，对人性发展的悲剧性在普通的故事中得以恰到好处的体现，所以集体无意识的悲剧才是冉正万所要表达的关于人性发展悲剧的关键。

四、人性发展变化后的转变

（一）因果报应中劝人向善

在《苍老的指甲和宵遁的猫：冉正万选集》这本书中，共有 10 篇故事，看似独立，其实每个故事之间都具有一定的关联性，比如最明显的因果报应。如在《一个黄昏的词语》这个故事中的辛酉与赵生，辛酉因为青年时在城里打工，某天躲在板车上休息晒太阳时，被一块“从天而降”的铝合金玻璃窗轧断双腿，从此从一个农民工变成一个患有残疾的讨饭者。而开车的赵生，赚了钱，在准备回家结婚的路上发生了交通事故，这让他想起了多年前他给别人封阳台时，玻璃窗掉下去砸到了一个年轻小伙子的腿上，他把这个小伙子送到医院后就逃离了那个城市。后来的几年里，他庆幸那个被砸的小伙子没有找他，而且还在心理安慰，也许见了面也认不出他吧。阴差阳错的，发生交通事故需要人帮忙推车的赵生恰巧遇见了想要坐车的辛酉，于是两人互相做了这笔“交易”。故事的最后，辛酉对开车的赵生说了句：我终于找到你了。即使故事到此便戛然而止，但很难让人知道，此刻的辛酉会不会对赵生变本加厉的进行报复。毕竟，让他失去双腿的人就在他面前！这个故事的真实性有那么一点让人怀疑，但是，我们的生活无时无刻不在发生变化，下一秒发生什么我们根本无从预知，万事皆有可能。世间一切皆有因果，种了什么因，就会有什么样的果。就像小说中开车的赵生一样，辛酉残疾的双腿是他种下的因，而在多年后巧遇辛酉即是他的果，即使这个果并没有说得很明白，但我们无法排除他会因此而命丧黄泉。

《纯生活》里，姑父一家得了一种到了一定年龄就会锯腿的遗传怪病。是因为当年的曾曾祖父养了一只会说话的小山魈，一直把这只山魈当女儿养。某一天祖父发现小山魈与另一只雄性山魈在树林里“约会挑逗嬉戏”，祖父非常吃醋，但当时并没有拆穿，而是悄悄地把它们约好“嬉戏”的地方破坏了，山魈感到了耻辱，于是选择了自杀，因为有时候受到的耻辱比失去生命更难受。于是，报应便到了姑父一家。“我”的姑父、大表哥，以及大表哥的儿子都会遭此一难。因为这是当年那只山魈对他们的惩罚，是一种报应。这些故事看似荒谬绝伦，实质是体现了世间的因果报应，然后劝导人向善。

（二）在救赎中寻找人性的回归

人活一世，除了他人的拯救，更在于自我的救赎。这种救赎，不仅是在行为上的一种行动，更是对自我心灵的慰藉。然而在人性发展这条充满变数的路上，更需要这种热情与爱。《苍老的指甲和宵遁的猫》中，冉正万在平常的故事叙述中道出了对自我救赎的过程。在故事《水电报》里，水电报与三大箱银子的失踪，阴差阳错之中梁大匀成了偷水电报和三箱银子的嫌疑人，连他自己都解释不清楚，到最后稀里糊涂地成了无产阶级专政的对象。墙倒众人推，谁都不愿意卷入这样的风暴中，连他的好朋友桑家政也一样，在最后审查的时候也含糊地默认梁大匀的盗窃罪！因为这次刻意的“失误”，桑家政的后半生在愧疚与自责当中度过。为了赎罪，他一直在找回当年丢失的水电报，甚至不顾生命危险在大水来临之际也在沿着河道挖水电报，只是为了替梁大匀洗清当年被冤枉的偷盗的罪名；为了忏悔，在梁大匀死后，桑家政让他的大儿子桑原给朱惜粮（梁大匀的妻子）当干儿子，因为朱惜粮他们无一儿半女。这是一种来自心灵深处的愧疚。连桑原也害怕他的父亲会带着这种愧疚一直到生命的尽头，甚至是入土后连灵魂也会感到不安。于是选择了竭尽所能对梁大匀一家进行补偿。

《纯生活》里姑父一人的罪，致使后几代人来赎罪。不同的是，姑父一家用了多种救赎方式，最终选择了以乐观的心态去面对苦难并且进行理性的救赎，从而在这种救赎中寻找人性的回归。优秀的作家会在文学作品中表现苦难，并探讨人在苦难困境中的出路问题。① 冉正万正是用这种直面现实生活的文字表达方式，在人性发展中寻求最好的救赎之路。

除了这些，我们还应该对自我进行救赎，在电影《肖申克的救赎》中，主人公安迪为了自由而逃狱，这是一场自我的救赎。他的故事告诉我们，要永远心怀希望，要坚持，永远不要被体制化，不要被束缚，因为真正的救赎，是来自心灵深处认定目标后而心甘情愿地去改变的救赎。

五、结语

作家应该在文本中对社会出路和人性发展进行思索，对人的美德进行颂扬，同时也对人性的阴暗面进行揭示，这个神圣的使命需要一个作家严肃地对待。② 而冉正万即是在他的小说中对人性的发展进行了深刻的思索，他的文字似乎有一种让读者感到置身于故事之中的魔力，真实得让人觉得自己就是故事的见证者、体验者。尽管故事中带有一部分虚构主义，但真正具有吸引力的故事往往是利用这种乌托邦式来靠近生活的真实性，从而叙述人性在生活中的展现。他的小说根本不是为了像许多现实主义小说家那样还原生活的真实，指望在一个出人意料的故事的讲述中赢得功德圆满，而是渴望在荒诞、吊诡和出其不意中呈现人类心灵的黑暗和幽深，呈现生命的深层真相。③ 在这种出人意料的故事中，展现了人类真实的人性，与此同时他又引领着人类进行心灵的救赎，从而寻找人性的回归。因为他写的不是别人，而是他自己的生活，就像我们读的不仅仅是他的文字，也

① 许彩兰. 罪与救赎——读冉正万短篇小说《纯生活》[J]. 求知导刊，2015（04）：156.

② 管新福. 作家的责任与文学的理由——论贵州新生代作家冉正万[J]. 文艺争鸣，2012（03）：122-124.

③ 周军. 乌托邦时代，一个村庄的悲剧镜像——论冉正万的《天眼》[J]. 雨花，2016（18）：54-59.

是在读我们自己的生活中的一部分！《苍老的指甲和宵遁的猫：冉正万选集》作为冉正万的作品选，没有用华丽的语言来讲述每个故事，而是在最平淡的语言叙述平淡而真实的故事中对人性的做了展现。

参考文献

[1] 白海霞. 康德论人性的善恶［J］. 道德与文明，2014（01）：122-126.

[2] 冉正万. 苍老的指甲和宵遁的猫：冉正万选集[M]. 桂林：广西师范大学出版社，2017：26-27，81，98，179.

[3] 王丽丽. 从钱钟书与曹禺的文学作品看人性之善恶［J］. 陕西学前师范学院报，2018，34（03）：116-120.

[4] 白落梅. 世间所有的相遇都是久别重逢[M]. 北京：华文出版社，2011：120.

[5] 许彩兰. 罪与救赎——读冉正万短篇小说《纯生活》［J］. 求知导刊，2015（04）：156.

[6] 管新福. 作家的责任与文学的理由——论贵州新生代作家冉正万［J］. 文艺争鸣，2012（03）：122-124.

[7] 周军. 乌托邦时代，一个村庄的悲剧镜像——论冉正万的《天眼》［J］. 雨花，2016（18）：54-59.

以效果为导向的大学英语阶段性教学探析

丁文杜鹃*

（贵州民族大学人文科技学院，贵州贵阳　550025）

摘　要：英语在当代社会发展中的地位越来越重要，国家、社会以及各个学校也开始越来越重视英语教育。大学英语应是一门能够传授给学生有用的英语知识和相关技能的学科，但由于学生学习方法、教师授课方式以及当前教育模式等各方面原因，导致大学英语的教学出现了学生学不懂、学不好的现象。大学作为学生步入社会的前一步，应该针对学生想要达到的效果、应用混合式的教学方法来展开阶段性教学。

关键词：大学英语；阶段性教学；混合式教学

一位九旬老人曾对年轻人提出忠告："如果不想当慢腾腾的乌龟，就要把英文学好。"英语作为全世界使用范围最广泛的一门语言，生活、学习、工作中随处都可以见到它的踪影。据统计，全世界有70%的电视节目

* 作者简介：丁文杜鹃（1992—），女，汉族，广西南宁人，贵州民族大学人文科技学院教师，硕士研究生。

是以英语形式播出的；人们用来交流感情、沟通工作的电子邮件，有75%也是以英文书写的；任何一个国际会议，也都是以英语作为会议工作语言。由此，我们可以预见英语在当今以及未来的社会发展中的重要地位。现阶段，我国提倡的教育模式也十分重视英语教学，绝大多数中国孩子在上小学期间就已经开始接触英语，对于一些更重视英语的家庭，父母会在孩子两三岁时就给孩子报名英语学习班，条件允许的家庭甚至自孩子出生起就与其进行双语交流来营造一个多元化的语言环境。在这样的大环境背景下，学生在进入大学之后普遍反映，自己的英语能力不升反降，部分学生还面临着大学四年都没有通过大学英语四级考试而拿不到学位证的风险，那么，学生大学期间所接受的英语教学模式是否存在不合理之处，是值得我们深思的。

一、大学英语教学现状

英语与我们的母语汉语属于两个完全不同的语系。汉语属于汉藏语系汉语语族，我们所使用的汉字属于表意文字，且汉语是有四个声调的有调语言；反观英语，它属于印欧语系日耳曼语族，26个字母组合形成的文字属于拼音文字，且它属于一种无调语言。单从这两门语言的分类来看，我们就能了解以汉语为日常语言的中国学生在学习英语的过程中会面临许多困难。《大学英语课程教学要求》虽明确要求要“培养学生的英语综合应用能力，特别是听说能力，同时增强其自主学习能力，提高综合文化素养”，但由于不同地区、不同学校所面对的是不一样的环境背景、学生背景，因此，大学英语现阶段的教学模式仍存在一定的问题。

（一）学生对英语的重视程度不足

在各种学科的学习中，一定比例的学生认为，语言类的基础学科的应用性并不高，例如，他们认为语文学科是“咬文嚼字”，写好作文就是学好语文，同理，学好英语就是要会做完形填空、阅读理解，因此，语言类学科也许可以被视为学生最不重视的学科类型。进入大学后，没有了高考压力，非英语专业的学生们对英语学习的兴趣大大降低，万事大“及”成为他们的学习目标。一些学生认为，英语对于自己在毕业进入社会后并不会起到太大的作用，只要自己不选择外资企业，接触英语的机会则是少之又少，在这样的思想前提下，学生们对待英语的学习态度就会越来越懈怠。

除此之外，学生进入大学后，学校是根据学生的高考总分来分配班级，并不会根据英语成绩的高低来分配，因此，最常见的情况就是一个班里的学生英语水平参差不齐。就我所教过的一个 68 人的班级来说，学生们高考英语成绩最低 16 分，最高 114 分，在如此大的分数差下，68 个学生的英语水平必然不会是不相上下的。在这样的课堂上，英语教师将会面对的是英语水平较高的学生早已听懂了有一定难度的语法点，而英语层次较低的学生连一些基础的单词拼写都会出错的尴尬状况。然而，每个学期的英语课程都有确定的教学安排，教师不能因为个别学生跟不上，而大幅度减慢教学进度，也不能因为小部分学生接受能力高而加快教学速度。久而久之，处于两个极端的学生们很容易产生厌烦心理，他们的学习积极性也会随之降低。

（二）教师的教学目的不清晰

古语有云：“德高为师，身正为范。”教师在学生的学习生涯中，不仅起着教授学生文化知识的作用，还应该引导学生塑造正确、成熟的品格与素质。大学英语作为一门基础必修课，所面对的主要是非英语专业的学生，这意味着这些学生中的很大一部分人的英语基础不高，而学校要求这门课程的考试通过率要达到一定水平，学生也需要完成大学英语四六级考试通过的任务，这在一定程度上影响了教师的教学目的，在授课过程中可能会出现只能教会学生“怎么做对”而无法教会学生“为什么这么做是对的”。

此外，大学英语面对的是全校所有非英语专业的学生，这也意味着这是一门教学基数非常大的课程，在教师数量有限的前提下，只能给每个英语教师分配一定数量的教学班级，才能够保证所有非英语专业的学生的大学英语课程能够安排妥当。以我校大学英语课程安排为例，一些经验丰富的老教师每周的课时量能够达到 24 课时，这意味着他们每周有 3—4 天全天都在上课。由于各高校会根据学生学习情况以及教材使用情况，不定期的调整教学安排或教材版本，高课时量的教师在大部分工作时间都被课程占满的前提下，还要抽出足够的时间备新课，那么留给他们用来进行科研、教学方式调整的时间和精力则少之又少。长期下来，一些教师可能会产生仅以完成教学安排为目标的消极情绪，在针对不同学生及时调整教学方式方面有所欠缺，最终造成师生之间步调不一致、达不到预期的教学效果。

（三）大学英语无法摆脱应试教育模式

在近几十年的教育发展中，我国的教学模式都是以应试教育为主，虽然随着时代的发展，素质教育也逐渐得到重视，但不同于国外高校，中国学生主要面对的仍是各式各样的考试。以爱丁堡大学生物科学学院的药物研发与转化生物专业为例，一个学年所涉及的 10 多门课程中，只有一门数学课程是以考试形式作为期末评分方式，其余课程均是以论文、小组成果发表的形式考查学生对本课程的掌握程度。反观国内大部分高校，绝大多数课程仍是以考试作为期末评判的主要标准。一般来说，每所高校各自设置的大学英语考试形式在几年内都不会有变动，以我校为例，近几年的大学英语期末考试形式和考试范围都固定不变，其中大一阶段期末考试包含词汇、阅读、翻译三部分，大二阶段则增加了写作部分。在如此固定的考试模式下，学生的复习方式亦是一成不变的，只要认真复习上课所学内容，在期末考试中就能获得一个满意的成绩。

随着时代的发展、教育模式的不断改进，当代推行的教育方式也开始逐渐重视启发学生的发散性思维，多方面的考查学生的主观性想法，培养学生的跨文化意识①，主要体现在许多科目的考试中会出现论述题

① 邓朝路. 高校英语教学中大学生跨文化意识的培养［J］. 高教学刊，2019（16）：177-179.

来让学生陈述自己的主观看法，在英语方面，则是多以口语、写作的方式出现。但由于学生们已习惯应对刻板的客观类题型，在对主观类问题进行回答时会出现表述能力相对较弱的情况，从而导致其最终成绩不理想。

二、大学英语阶段性教学模式

人的一生可以根据年龄和状态大致划分为几个阶段：天真无邪、无意识的婴幼儿时期；能够自主学习、有一定判断能力的青少年时期；勇于探索、勇于承担的人生成熟期。一个人在各个阶段，其集中力、体力、耐力等各方面素质都会有所改变。当下各个高校对于大学英语的课程安排，基本都集中在学生大一、大二两年完成，因此，我们应该仔细分析这两年中学生的各方面状态，根据分析结果来确定各个阶段的学生适合什么样的英语教学方式，参考分析混合式的英语学习模式的可行性①，做到因材施教，满足不同阶段学生的学习需求。此外，我们还应该认真探究英语对于学生在未来的发展中到底起着什么样的作用，以及学生想要达到怎样的英语学习目的，以此为导向来合理设置英语的教学模式。

（一）大一期间着重强化英语基础技能

高考，应该是绝大多数学生经历的最辛苦的时期，每天都要做大量的练习、熟背各科的理论点，一些学校重点班的学生为了努力考上理想的大学，每天的学习时间甚至可能长达15个小时。在这样的高压环境下，学生吸收积累大量新知识、巩固旧知识的能力非常强。人就犹如弹簧，压力越大，所积攒的力量也越大。当学生完成高考进入大学之后，学习压力必然会降低许多，大学四年，就如同一根弹簧逐渐弹出的过程，最初释放的弹力最大，而随着时间的流逝，这根弹簧所积蓄的弹力也会逐渐减小。因

① 吴丽娜. 大学英语混合式学习的元认知策略研究［J］. 读与写（教育学刊），2019（08）：12-13；聂森. 混合学习模式下大学生英语课堂学习投入度及影响因素研究［J］. 智库时代，2019（36）：218，224.

此，学生进入大学的第一年，必然是他们学习精力最旺盛的时期，我们则应该抓住这个时期来提高学生的英语素养。

由于我国是以应试教育模式为主，学生在学校所学的英语知识主要包括的是听（listening）、说（speaking）、读（reading）、写（writing）中的读和写，一些高考需要考听力的地区则会加上英语听力的训练。那么，学生这三方面的水平是能够达到基本要求的。因此，在学生大一期间进一步加强他们的听、读、写三方面的能力，是非常必要的。以我院为例，大学英语的期末考试方式是：大一期间对学生的听、说、读三方面的能力进行考查，大二期间则在此基础上加入写作能力的考查。这样一来，学生就有一年的写作训练空白期，在没有教师监督的前提下，只有少部分学生能够做到自主训练自己的写作能力，那么在学生进入大二时，要重新开始积累写作技能，一定程度上则会提高技能培养的难度。

那么该如何培养学生这四方面的英语基础技能呢？在课堂上，可以延续高中的一些教学模式，根据大学期间学生会面临的英语类考试（期末考试、大学英语四六级考试等），给学生定期进行阅读理解、写作方面的训练，不仅要让学生在做阅读题时能做对题，还应该让学生能够真正理解文章，写作的时候不仅仅是能写出熟背的所谓“模板”，而是能够真正地表达自己的看法。在听、说方面，大部分学生在进入大学前都怯于张口说英文，害怕自己发音不标准、有口音而被取笑，教师应鼓励学生多听、多说，进行一些简单的短对话练习，或是利用一些 VOA、BBC 等的慢速的听力材料来让他们进行听力练习，由此来强化学生这几个方面的英语基本技巧。

（二）大二期间着重拓展更高难度的技巧

在学生大一期间，倘若已经打好了坚实的英语基础，那么当他们进入大二时，则可以更简单、更快速地进行更高难度的英语能力的拓展。例如，学生在大一时已经逐渐熟悉慢速的听力练习，进入大二则可以加快听力材料的速度，或是利用他们感兴趣的元素，比如电影、英文歌等，融入多样化的英美作品①，还可以让学生在听的同时快速写下听到的内容，这样不仅可以锻炼听力能力，还能提高他们的英文书写准确度和速度，以及拓展他们的英语表述方式。在阅读方面，教师可以在学生们已经掌握、领会整篇阅读材料的基础上，再传授他们一些技巧性的内容，例如，如何快速地对题目的问题和选项做出准确的判断等。而在口语方面，则可以根据学生的兴趣来进行拓展，包括一些更地道的口语表达方式、更复杂的叙述形式，或是更口语化而非书面的交流方法。

在现今的许多高校中，一部分大学英语教师在他们的本科或研究生时期所学的专业方向并不是英语，这在大多数人看来是这些老师的弱势之处，但我认为，所学专业一直都是英语的教师虽然对英语这个领域的理解和领悟非常透彻，但他们的思维较容易局限于此，或是他们的教学方式也沿用了英语专业惯用的一些模式。相反，非英语专业的英语教师在读书期间所接受的教学模式可能不同于英语专业，那么在面对非英语专业的学生时，他们可能更容易理解这一类学生在学习英语的过程中所遇到的困难，也可以利用不同的教学方式，或将自己的专业经验融入教学之中来激发学生的学习兴趣。

（三）选修课与基础课堂相结合

由于有教学课时、教学进度等各方面的限制，在必修课堂上所教授的英语知识必然是不够全面的，并且不同学生对英语的兴趣点也各有不同，一些学生可能偏好进一步强化自己的阅读技巧，一些学生则可能更倾向于学习更流畅的交流能力。大学期间，学生们的课程安排相对高中时也没有那么紧张，自主安排的时间更加充足，因此，针对学生不同的学习需求，以及各英语教师所擅长的不同英语领域，我们可以开设不同类型、不同层次的英语选修课。例如，针对想要提高自己阅读能力的学生，可以设置“阅读基础强化”“高级阅读”“雅思阅读训练”“大学英语四六级阅读训练”等不同的课程；对于想要提高英语交流能力的学生，则可以为他们开

① 王钥．大学英语教学中融入英美文学作品的探索［J］．农家参谋，2019（16）：294.

设“商务英语交流”“日常英语交流”“旅游英语交流”等课程，或将交际与语言结合起来进行教学[①]，通过引入各类时下年轻人感兴趣的多媒体、互联网等元素，让他们在趣味中提高自己的交流技能。此外，也可开设一些趣味性的英语选修课，例如，学过法律的教师可以选择开设“欧美电影中的法律知识”“外国电影中的法学漏洞”，医药类专业的教师可以开设“快速理解医学类美剧”等课程。

三、结语

大学，是一群刚刚成年的青年人所要面对的第一个小社会，在这里，他们不仅需要学习新的知识，而且能够帮助他们在步入真正的社会时用最快的速度找到一份合适合心的工作，站稳脚跟，他们更应该学会的，是如何去应对社会在将来对他们发出的各式各样的挑战。

大学英语，作为一门语言学科，它所能给予学生的，不仅仅是一门语言的技巧，还应该帮助他们学会在学习、生活甚至未来的工作中能够运用多角度、多方面的思维去解决问题。随着社会的一步步发展，国际化的趋势越来越明确，英语作为一门通用的国际语言，在当今的生活中定然占有必不可少的地位。为了能够让当代中国大学生快速、熟练地掌握这门语言，应该根据他们的学习环境、学习习惯，认真找寻最适合他们学习英语的方法。采用阶段性教学的模式，抓住他们学习集中度最高的大一时期，帮助他们打好坚实的英语基础，再在进入大二时进一步提高他们在英语各方面的技巧，并通过选修课堂等让学生彻底摆脱对于英语只能“纸上谈兵”的尴尬状态，让学生能够真正了解这门语言，熟练地运用这门语言与他人进行流畅的交流，让英语成为真正有用的一项技能，帮助他们在未来更好、更多面地融入这个越来越国际化的社会。

---

① 宁筎. 交际教学中的形式教学——大学英语课堂观察报告［C］//沈阳市科学技术协会. 第十六届沈阳科学学术年会论文集（经管社科）. 中共沈阳市委，沈阳市人民政府、国际生产工程院，中国机械工程学会，2019：4.

参考文献

[1] 邓朝路. 高校英语教学中大学生跨文化意识的培养 [J]. 高教学刊, 2019 (16): 177-179.

[2] 吴丽娜. 大学英语混合式学习的元认知策略研究 [J]. 读与写 (教育教学刊), 2019 (08): 12-13.

[3] 聂淼. 混合学习模式下大学生英语课堂学习投入度及影响因素研究 [J]. 智库时代, 2019 (36): 218, 224.

[4] 王钥. 大学英语教学中融入英美文学作品的探索 [J]. 农家参谋, 2019 (16): 294.

[5] 宁箭. 交际教学中的形式教学——大学英语课堂观察报告 [C] //沈阳市科学技术协会. 第十六届沈阳科学学术年会论文集 (经管社科). 中共沈阳市委, 沈阳市人民政府, 国际生产工程院, 中国机械工程学会, 2019: 4.

独立学院教师绩效考核体系研究

——以 X 学院为例

杨 眉 禹华意*

（贵州民族大学人文科技学院，贵州贵阳 550025）

摘 要：近年来，国家高度重视高等教育事业，这对独立院校的发展来说是大好机会。独立学院经过十多年的发展，有力推动了我国高等教育事业的发展。文章基于 X 学院的基本情况，深入研究 X 学院教师考核体系存在绩效考核指标不够系统、不关注教师个人意愿能否实现，绩效考核过分重视年终考核、不关注日常考核、过分重视日常教学考核、不关注科学研究的考核，绩效考核中不公开考核程序、学生和教师尚未参与考核工作，绩效考核的反馈不够及时、考核结果尚未发挥激励的作用等四方面问题。为有效改进 X 学院的绩效考核体系，完善考核指标、考核内容、考核权重以及考核标准的全方位设计，结合实际，提出完善 X 学院教师绩效考核体系的对策以及这些对策实施的保障措施。作者期望本文的研究，为 X 学院教

---

* 作者简介：杨眉（1989—），女，汉族，贵州民族大学人文科技学院讲师，贵州大学硕士研究，研究方向：人力资源管理。

禹华意（1993—），女，苗族，贵州民族大学人文科技学院讲师，新南威尔士大学研究生，研究方向：财务管理。

师绩效考核体系的完善贡献自己的微薄之力，更期望为完善其他独立学院教师的绩效考核体系提供借鉴和参考。

关键词：绩效考核体系；独立学院；激励

高等教育的根本任务和目标是培养更优秀的人才。高校是培养人才的重要基地，是培养人才的重要力量，教师的素质决定着能否培养更多高质量的优秀人才。伴随高等教育改革的浪潮，名牌高校凭借自身高素质的教师、高质量的教学，承担培养人才的重任。高效教学质量的有效提高，需要高素质、高水平、更专业的优秀教师队伍，教师队伍更需要秉持“绩效考核理论”，改进和完善科学的绩效考核体系。

一、独立学院教师绩效考核文献研究梳理

国内学者加强了对高校教师绩效考核的研究力度，取得较快发展是在20世纪90年代。相比较国外而言，我国的高校教师绩效考核存在很多问题，如绩效考核指标不完善、绩效考核方式不成熟。通过知网中论文检索，关于“高校教师绩效考核”的相关研究，2014—2019年发表近800篇高校教师绩效考核的论文或专著。根据本文研究需要，作者整理了探索、研究国内高校教师绩效考核情况，国内高校教师绩效考核存在的问题及缺陷，优化国内高校教师绩效考核体系的建议和意见三个方面：

（一）探索、研究国内高校教师绩效考核情况

刘欣（2017）基于平衡计分卡（BSC）的方法，针对国内ABC财经学院的教师开展绩效考核工作，结合ABC财经学院实际，从四个方面明确绩效考核的关键指标，重新计算指标权重，进一步优化XY高校绩效考核体系。王海红（2017）运用关键绩效指标法（KPI）的方法，针对云南高校的教师绩效考核，从四个方面提出完善举措：第一，制定科学、合理的考试时间；第二，明确考核对象的具体考核指标体系；第三，成立专门的绩效考核组织；第四，加强绩效考核反馈机制。

（二）国内高校教师绩效考核存在的问题及缺陷

赵一（2018）针对高职院校教师绩效考核的研究表明，绩效考核设计方案最大的问题在于激励作用尚未发挥作用。绩效考核中激励作用尚未发挥作用的根源，是高职院校教师绩效考核尚未明确考核的目的、意义。绩效考核与扣工资挂钩，一定程度严重影响绩效考核的效果。白月红（2018）分析了聘用制下独立学院教师绩效考核的问题，发现还存在考核指标的设计不适应学校的发展、绩效考核的主体不够多元、没有对绩效考核的结果进行反馈等，这些问题的存在，使得独立学院教师的工作积极性得不到有效的发挥。陈霈（2020）指出，独立学院是一种新型的高等教育机构，其相比普通的高等教育机构还存在一些特别之处，因此，在教师绩效考核方面也有着自身的独特性，但目前学院在教师绩效考核方面还存在考核指标设计不尽合理、考核模式不够先进、考核结果缺乏价值等问题，需要采取切实可行的措施加以解决。

（三）优化国内高校教师绩效考核体系的建议和意见

卢秀（2016）关于优化国内高校教师绩效考核体系的研究，明确教师绩效考核的基本原则、实现路径、考核方法、保障措施，不断优化国内高校教师绩效考核体系。何志红（2018）在《G高校专任教师基于新公共服务理论的绩效考评研究》基础上，建议绩效考评需要重视工作的合理性、全面性，绩效考核内容从德、能、勤、绩、廉五个层面设置，保证绩效考核方法的规范和科学，绩效考核要实现“三公”原则，即公正、公开、公平，建立考核的数量和质量、教学与科研、行政权力和学术权力之间的合理关系，有效提升绩效考核效果。

二、X学院教师绩效考核体系存在的问题

根据研究需要，设计“X学院教师绩效考核满意度调查问卷”，发放给X学院的有关领导、负责绩效考核的人员、各院系的专业教师。依据调

查问卷反馈的结果，再通过访谈法就调查问卷反馈结果中的“不太满意”和“不满意”做进一步提问，整理、分析访谈结果，凭借访谈分析法和问卷调查法，总结 X 学院教师绩效考核体系存在以下四方面问题：

（一）不够全面的绩效考核指标，个人目标实现被轻视

X 学院的教师完成岗位任务、履行岗位职责，需要绩效考核体系的促进。较好的绩效考核体系能够有力促进教师创造性地开展各项教学和科研工作，进一步推动学校各项工作的顺利开展。但是，绩效考核体系尚未有力促进教师个人的发展，教师个人的发展目标并未实现。第一，X 学院属于自负盈亏、财务独立的私立学院，至今未得到国家财政和教育部门的相关资金、政策扶持。因此，X 学院按照财务规定严格控制成本支出，采取提高人力资源单位产出的措施，即在支付教师工资不变的情况下，合理增加收费收入，实现每位教师创造更多收益的目标。第二，X 学院属于民办院校，在国家统招提前批次、第一批次录取完成后，开展 X 学院的招生工作。X 学院的生源高考分数普遍低于同层次的公办高校。X 学院教师需要付出更多的精力完成授课任务，针对基础较差、学习态度不够端正的学生，教师不仅需要耐心，而且需要花费更多的时间、精力做学生的思想工作，培养学生积极学习的端正态度。X 学院教师绩效考核是结果论，只关注教师是否完成各项教学内容，实现计划目标；往往忽视教师的教学过程、改变学生学习态度的过程以及采取的创新教学方法、完成教学任务的举措，绩效考核不够科学、全面、客观、公正，不能真正反映教师的工作成效。第三，各个专业基于专业特色、学科基础、教学专业性、师生占比等条件的不同，教师采取的授课方式和方法完全不同。X 学院尚未针对不同的专业、不同的教师开展有区别性的绩效考核，目前，X 学院教师绩效考核体系针对所有专业的所有教师，考核内容、指标权重、考核方式完全一样。因此，X 学院教师绩效考核指标不够全面，考核效果不够客观、公正。

（二）重定期轻平时的绩效考核指标，轻科研重教学

X 学院的教师绩效考核每年开展一次，一般在每年的 12 月 25 日—1 月 10 日开展全年的绩效考核工作。由于考核指标大多关注全年的完成成效，轻视教师的日常考核。日常考核指标比较简单，如出勤情况、授课课时、学生管理情况等，这些考核指标任务所有教师都能完成，可以说，日常考核不能区分教师的平时工作成效。缺少针对教师完整教学工作、记录科研推进工作的过程考核，并且教师的绩效考核过程缺乏有效监督。

无论高校、学院是以“研究型”为主、“教学型”为主，还是“研究教学并重型”为主，基于高校、学院的基本职能，X 学院同样承担科研任务，并且科研任务压力较大。通过访谈发现，X 学院教师的绩效考核只关注教学、忽视科研，如教师绩效考核指标中“教学成果”考核分值有 20 分，“科研成果”考核分值只有 5 分；并且定量考核教学，对于科研的定量考核尚无。不平衡的教学和科研，教师评定“称职”的标准主要依据“教学量”，学院忽视科研成果、科研经费投入较少。

（三）不透明的绩效考核过程，沟通参与较少

X 学院的教师绩效考核工作，完全按照《20XX 年 X 学院的教师绩效考核方案》落实。被考核的教师只能被动参与，参与绩效考核的人员主要是 X 学院的人事部门人员、行政人员，采取 X 学院的各个二级学院将本系或本专业的考核结果汇总上报人事部门，人事部门审核后汇总考核结果上报 X 学院常委会，最终考核结果由 X 学院常委会决定，因此，X 学院的领导对考核结果具有决定权。由此可见，教师日常考核最客观、公正的评价群体——教师和学生——是日常课堂教学的授课者和受益者，没有参与考核当中。

X 学院每学期期末，由教务处组织针对授课教师开展日常考核工作，考核采取授课结束后针对所有被授课的学生发放考核问卷，满分 100 分，让学生客观、公正的为授课教师评分。但是，X 学院的教师全年绩效考核工作并未体现教师日常考核情况，归根结底，X 学院的领导对考核结果具

有决定权，导致考核结果不公开、不透明。教师日常考核最客观、公正的评价群体——教师和学生，不能参与考核工作，甚至不能与考核人员沟通、协调、反应考核工作情况，教师只能被考核，静静等候考核结果，因此，X 学院的绩效考核未能激发教师工作的创新性、积极性。

（四）存在缺陷的考核反馈机制，激励不明显的考核结果

绩效考核工作最重要的、最关键的环节是反馈绩效考核结果。反馈绩效考核结果，一方面，对于绩效考核发现的教师的不足，提出改进建议，有利于教师今后改进、提升自我素养；另一方面，对于绩效考核发现教师的优点，提出奖励措施，鼓励教师继续发扬，引导其他教师向其学习。将 X 学院教师绩效考核的初步结果与领导、专家、教师、学生四个方面沟通协调，再通过问卷调查、访谈查找影响工作绩效的主要因素，进一步提升教师的业务能力和素质，改进教学方式、方法，进而提升工作绩效。改进和优化考核工作需要一定程度的激励，考核没有反馈、没有奖惩机制，考核工作毫无意义。当前，X 学院针对教师的最终绩效考核结果只有学院常委会的领导知道，被考核的教师对考核过程基本不清楚，只能知道一个最终考核分数。由此可见，不及时反馈考核过程和结果，久而久之，由于反馈方式的不合理，教师丧失了对绩效考核过多的积极期待，根本不能对教师产生激励作用。另外，X 学院根据教师绩效考核结果采取“奖惩”。第一，X 学院将被考核人员总数的前 5%评定为优秀档次，给予每人 3000 元的现金奖励，优秀档次不涨工资、不影响晋升，相对于综合大学而言，奖励力度不够大。由于现金奖励由二级学院自行解决，个别二级学院尚未真正兑现优秀教师 3000 元的现金奖励，绩效考核毫无意义，教师对绩效考核工作漠不关心，考核奖励尚未对教师产生激励的作用。第二，X 学院绩效考核评定结果规定优秀比例是 5%，对于“合格”和“不合格”的比例没有限制，因此，X 学院绩效考核只关心优秀人员，对于其他被考核人员基本界定为“合格”档次。如此考核，考核结果没有激励和惩罚措施，大多数教师感觉考核与已无关，绩效考核工作流于形式、毫无意义。

三、X学院绩效考核体系的完善

基于上文研究和分析，笔者通过调查问卷发现X学院教师绩效考核体系存在的问题，从指标设计、权重判断、考核方法和结果反馈四个方面，完善X学院教师绩效评价的方案。

（一）考核指标设计原则

绩效考核的主要内容是考核指标，考核指标制定需要坚持“三性”原则，即“科学性、公正性、可操作性”，决定了考核工作能否顺利实施。教师绩效考核是一项综合性、全面性、复杂性的工作，各个高校绩效考核指标体系略有差异，因此，课程安排、重点学科、教师配备不同，导致教师的绩效考核既要考虑一般性，更要考虑特殊性。科学性、公正性、可操作性的绩效考核，在完成学校总体目标任务的同时，希望有利于促进教师积极工作、创新工作。与其他高校教师对比分析，X学院的教师任务具有一定的特殊性，不仅仅负责教学工作，而且负责学生的德育、生活工作，这些工作难以用具体指标量化考核，需要制定定量与定性相结合的绩效考核指标开展绩效考核工作。

（二）考核方法选择

目标管理法（MBO）：依据X学院的办学理念，教师、学生的实际情况，为实现学院的目标任务，同时完成教师个人的发展愿景，作者结合实际运用目标管理法（MBO）重新完善X学院教师的绩效考核指标。根据各个专业、各个老师的职责，更加细分考核指标的内容，由过去考核指标的“系统性”转变为“细分性”，将绩效考核指标细化，有利于今后工作的更好完成，实现X学院的整体工作任务。

层次分析法（AHP）：将X学院针对教师绩效考核疑难的、复杂的、模糊的问题，特别是那些不能量化的问题，运用层次分析法提出简单的解决办法。由于X学院任教教师的特殊性、复杂性，很多教学工作考核难以量化，将难以量化的考核指标考虑定性考核，基于 AHP 理论建立合理的绩效考核体系。

（三）明确绩效考核指标内容

针对 X 学院教师开展绩效考核工作，制定明确的绩效考核指标。针对 X 学院的领导、专业教师、人事工作人员开展问卷调查、访谈工作，结合 X 学院教师的特殊性，协调学院的目标任务与个人的发展目标，运用目标管理法设计绩效考核指标。指标具体分为两个层级，一级指标分为德、能、勤、绩四个方面，具体表现为政治立场、工作积极性、职业素养、授课态度、授课工作量、授课质量、授课效果以及科研成果。各二级学院需要根据一级指标，结合各个专业、院系的实际，制定细化二级指标，本文选取 X 学院的 Y 二级学院设计教师绩效考核二级指标，如表 1 所示。

（四）教师绩效考核体系指标

由于 X 学院目前的教师绩效考核指标设计不够合理，建议修改为以下的教师绩效考核指标体系，为今后的绩效考核工作奠定良好基础，如表 1 所示。

表 1　X 学院教师绩效考评指标

指标类型	指标设计
政治立场	1. 政治立场坚定，坚决拥护党的领导。
	2. 以宪法、法律为准绳，积极参加各种政治学习，遵守学院的规章制度。
工作态度	1. 听从领导安排，勤勤恳恳、自愿接受、主动申请教学任务，未有拖延、拒绝工作任务的情况。
	2. 教学过程中按时上下课，无一次迟到、早退现象，按时参加学院、院外组织的教学研讨工作。

续表

指标类型	指标设计
职业素养	1. 具有强烈的事业心，勇于担当、认真踏实、任劳任怨、勤勤恳恳。
	2. 以学生为根本，研究学生心理，坚持培养高素质、全方面发展的学生。
	3. 素质优良、专业过硬、团结友爱、真诚工作。
授课态度	1. 教学严谨，能够独立设计教学计划、方案。
	2. 深入了解每位同学，掌握他们的学习状况和生活情况，对所任课程的内容比较熟悉，有系统的教学方法。
	3. 能够胜任岗位职责，严格遵守授课规定，不存在停课、增课、减课的情况。
	4. 教学任课学期内没有教学事故，学生无投诉现象。
授课工作量	1. 全面完成学期授课量（公开课至少 72 学时，专业课至少 144 学时）。
	2. 按照本人擅长专业领域，承担的专业课课程不低于一门。
	3. 文科教师授课需要完成不少于 6 次的作业安排以及作业修正工作；理科教师授课需要完成不少于 12 次的作业安排以及作业修正工作。
	4. 严格遵守学院的规章制度，每学期完成听课至少 12 次，并作详细记录、认真完成听课总结。
授课质量 授课效果	1. 能够全面、详细总结教学改革的方法，全面具体的总结教学中好的经验、好的做法。
	2. 独立制作授课 PPT，运用多媒体教学，利用现代技术手段，开展教学工作。
	3. 授课能够理论联系实际，重点内容明确突出，难点知识浅显易懂。
	4. 创新授课方式、方法，激发学生学习乐趣。
	5. 授课结束根据学生实际学习情况，完成命题、考试、批卷、试卷分析等工作，按时将学生成绩、考试情况报告上报学院，并做到准确无误。
	6. 秉承"贯彻学院的育人理念，培养全面性、素质过硬的优秀人才"的宗旨，将理论与实践充分结合，完成理论考试、实践应用操作。

续表

指标类型	指标设计
科研成果	1. 至少一项厅级以上研究课题，本人主持或参与。
	2. 至少一项院级以上研究课题，本人主持或参与。
	3. 至少编写一本教材或著作，担任副主编或参与编写。
	4. 在权威刊物上，公开发表文章至少一篇。

四、保障 X 学院教师绩效考核体系有效实施的措施

（一）明确教师绩效考核目标，个人发展与学院目标结合

坚持“科学性、公正性、可操作性”的原则，涉及授课教师的课堂表现、科学研发过程、研究成果、授课学生的评价成果等方面，实现教师绩效考核的目标。加大绩效考核奖惩的工作力度，积极鼓励、奖励获得优秀档次的被考核人员，进一步促进教师授课的积极性，研发的创新性。X 学院的人力资源管理至关重要，关乎教师绩效考核的成效，以及能否实现 X 学院的教学目标，培养更多建设社会主义的优秀人才。教师绩效考核需要抓好以下工作：一方面，绩效考核既需要考虑学院的发展规划，又要考虑教师的个人发展，实现教师的积极参与促进学院教学目标；另一方面，从设计指标、开展考核、考核反馈、结果应用等环节开展教师绩效考核，与学院的长远目标要高度契合，通过考核促进教师将个人的短期目标转变为与学院共同发展的长远目标。

（二）完善教师绩效考核体系，进行科学合理的分类考核

绩效考核体系并非一成不变，尤其制定教师的绩效考核指标，要充分考虑定性考核指标和定量考核指标的平衡关系，既要注重质的本质差别，又要重视量的考核合理性。需要运用多维性的考核方法，即层次分析法这种决策方法，将绩效考核中不能量化的指标明确量化，将宏观层面注重性质的指标划分为不同层次的结构能力，实现决策方案排序。X 学院根据实

际，基于专家评定、综合分析的基础上，应用层次分析法建立教师绩效考核的一级指标，为保证考核工作的合理和公平，保证每位教师的工作量和工作内容尽量一致，分类进行考核。基于X学院的培养人才理念，坚持“灵活办学、培养应用型人才”的原则，建立“特色+应用”的新型人才培养方式，各学科深入浅出相互融合。

（三）积极发挥教师的主体地位，发挥学生参与考核的作用

有关教师的绩效考核研究，领导的鼓舞、行业内专家的好评、同行同事的鼓励，远不及考核结果的自我激励作用。美国在高校教师绩效考核中，高度重视教师的主体地位，如教师的自我评价占据考核指标的绝大部分。考虑大学教师的特殊性，各个专业差别较大，通过自我评价更能激励教师充分发挥自我价值。客观、公正的绩效考核结果，得到教师的自我认可，教师会正视自身的问题，激励自己积极改进不足、发扬优势。此外，X学院的领导对考核结果具有决定权，导致考核结果不公开、不透明，教师和学生不能参与考核工作，甚至不能与考核人员沟通、协调、反映考核工作情况，教师只能被考核，学生则被排除在了考核的范围之外，导致最后的考核结果有失偏颇。对此，X学院应加强对学生评教的重视，让学生参与到教师考核的队伍中来，毕竟教学活动的主体是学生，他们的反馈意见更真实、更客观。针对授课教师开展日常考核工作，X学院的教师应采取授课结束后针对所有被授课的学生发放考核问卷，让学生客观、公正的为授课教师评分。让学生成为教师日常考核工作的主体，更客观、公正的激发教师工作的创新性、积极性。

（四）定期与平时考核相结合，增强绩效考核的弹性

纵观X学院的教师绩效考核的现状可以发现，学院针对教师的绩效考核主要集中在期中和期末阶段，采取的是定期考核的方式，这样的考核会使得部分教师存在临时抱佛脚的情况，让最后的考核结果与真实情况存在偏差，而且这样的考核也缺乏弹性。很多教师在期中或期末阶段忙着学生的备考，无暇关心自己的绩效考核。对此，在考核的过程中，需要做到定

期与平时相结合，做到对教师的随时考核，使其可以在平时的工作中更加注重细节和实际，而不是为了应付考核形式来装样子，对教师的随时考核方便更好地激励教师。在平时的考核中，发挥学生评教的积极作用，让学生与考核人员沟通、协调、反映考核工作情况。在具体的日常考核中，教师会结合各个专业的特色、学科基础、教学专业性、师生占比等条件，采取灵活的授课方式和方法。对此，X 学院需要针对不同的专业、不同的教师开展有区别性的绩效考核，确保绩效考核指标的全面、客观、公正。

（五）教师绩效考核奖惩结合，关注教师长远发展

X 学院属于民办院校，生源的高考分数普遍低于同层次的公办高校。X 学院教师需要付出更多的精力完成授课任务，针对基础较差、学习态度不够端正的学生，教师不仅需要耐心，而且需要花费更多的时间、精力做学生的思想工作，培养学生积极学习的端正态度。X 学院教师绩效考核要注重奖惩制度，适当提升教师的薪酬标准，丰富其福利项目和奖励形式，做到奖罚严明，促进教师工作积极性的提升。

参考文献

[1] 刘欣. 基于平衡计分卡的民办 H 学院绩效考核研究 [D]. 沈阳：沈阳工业大学，2017.

[2] 王海红. KPI 在云南 K 高校教师绩效考核中的应用研究 [D]. 昆明：昆明理工大学，2017.

[3] 庞承辉. 高校教师绩效管理评价体系研究 [J]. 中国科教创新导刊，2010 (11)：47，49.

[4] 卢秀. SG 学院教师绩效考核体系优化研究 [D]. 南昌：南昌大学，2016.

[5] 何志红. 基于新公共服务理论的 G 高校专任教师绩效考评研究 [D]. 成都：西南交通大学，2018.

[6] 杨同乐. 基于发展性的高校教师评价体系的研究 [D]. 北京：

中国地质大学，2018.

[7] 张洪英，陈红. 高校教师绩效考核的评价方法［J］. 统计与决策，2014（02）：78-80.

[8] 陶丽荼. 浅析中美高校教师评价体系的异同［J］. 课程教育研究，2016（27）：5-6.

[9] 王海涛，武凤群. 我国高校教师绩效评价研究热点与发展探析［J］. 国家教育行政学院学报，2016（11）：45-52.

[10] 王晓甜，贾勇. 中外高校科研绩效评价比较分析［J］. 产业与科技论坛，2016，15（15）：220-221.

[11] 李珊. 高校教师绩效考核现状及其应对策略［J］. 文学教育（下），2017（08）：111.

[12] 白月红. 聘用制下独立学院教师绩效考核研究［J］. 西部素质教育，2018，4（17）：100.

[13] 陈霈. 关于独立学院教师绩效考核的思考与探索［J］. 中外企业家，2020（14）：119.

浅析“公文写作与处理”课程建设的价值取向*

杨　郑　董存婷**

（贵州民族大学人文科技学院，贵州贵阳　550025）

摘　要：教学资源整合、课程建设标准制定、专业课程设置、教学活动开展、教学评估以及反思，这是课程建设有关的一系列环环相扣的过程，其中课程建设价值取向成为一根线，将这些环节贯穿起来，使得分散的物质、非物质资源都得到串联整合，实现了课程建设的科学性。因此，课程建设价值取向是站在理性思维视角来针对课程建设展开概括和解释，对后者具有明确的指导作用。公文写作与处理作为一门课程，其因为公文具有的实用性而具有独特的理论支持，因为公文具有的工具性而拥有独特价值内涵，因为公文内部特性而形成了其特有的格式以及诉求。这就要求该课程设计者必须从学理层面对其建设价值取向展开讨论和思考。

关键词：“公文写作与处理”；课程；价值取向

---

* 本文系2019年贵州民族大学人文科技学院科研基金资助项目“关于‘公文写作与处理’课程建设在独立学院中实际建设状况的探索”（编号：19rwjs004）的阶段性成果。

** 杨郑（1989—）男，仡佬族，贵州大方人，贵州民族大学人文科技学院招生科副科长，讲师，本科。

董存婷（1984—）女，汉族，山东梁山人，贵州民族大学人文科技学院学生资助管理中心综合科科长，讲师，本科。

一、课程建设的当下价值

（一）专业性和实用性的高度和谐

该课程的专业性主要表现在两个方面：第一，专业课程必须要有其独特内涵以及外延。一般这类课程主要涉及公共管理、文秘、司法、经济、行政等领域。这些领域都涉及具体工作以及职位的职、责、权分配，并且和其有关内容的修辞以及写作处理流程等，既要围绕职、责、权来具体形成相应的内容，还要具有其规定的语言特点。反过来说，通过公文写作以及公文处理的文件我们就可以找到单位的职、责、权的具体分配以及彼此间存在的关联机制。因此，公文写作与处理必须融入公共管理、文秘、司法以及经济等专业理论，要保证逻辑思维、言辞的标准化。所以，除了课程本身影响公文写作与处理课程建设价值取向，同时有关各类专业理论内容等和公文写作与处理课程二者间的关系、实现人才培养目标的“课程贡献率”等对其有着相应的影响①。第二，在党政机关、企事业单位和社会团体里，都需要公文写作者具有相应的专业水平，要有岗位综合素养。我们现在可以不必谈论党政机关、企事业单位和社会团体当中那些秘书，只是就高校有关人才在公文写作的专业性培育方面，就足以确定公文写作与处理这一课程建设的价值取向。因为了解高校对于此类人才的培养，就等同于使得党政机关、企事业单位和社会团体可以获得符合标准的人才。

目前，在该类课程建设价值取向的确认当中，应将专业性、实用性作为标准，并且兼顾二者统一和谐，是因为不管是法定公文、事务公文还是专用公文，都有其十分严格的格式规定、行为要求，而且在语言运用上都有其非常清晰的用语形式。所以除了要求学生能够学好公文写作的专业性之外，最主要的是需要实现其实践操作，能够使得其实理结合，增加相应的工作经验，让其体会到公文写作与处理方面的规范化以及模式化特点。

---

① 杨郑，张皓云.《公文写作与处理》课程教学模式创新研究［J］. 国际公关，2020（09）：114-115.

另外需要注意的是，鉴于公文写作具有规范化、模式化特点，需要在具体的课程建设当中，考虑利用一种相对较容易理解的形式让学生可以掌握公文写作当中的规律性，实现这种规范化的可复制性，这样提高教学效率，能够为社会培养更多此类人才①。

（二）目的性和价值性的高度和谐

公文属于一种特别性信息载体，其主要目标是传递行政思维以及行政行为，除了具有这一特殊属性外，表明公文具有达成目标的思维，公文写作者必须根据公务实情、发展态势最终形成具有价值的内在指向性信息。这就必须考虑实际，不可偏离事实。我们认为，公文写作与处理这一活动具有的目的性、价值性的演变，是随着政府公务活动目的和价值的演变而演变的。即公文写作与处理必须和政府具体工作关联起来。所以，政府秘书的工作相对被动，受实际工作左右，故此需要写作人必须拥有强大的职业素养，能够对党和国家政策了如指掌，不然就会导致公文写作与处理教学以及相关研究等失去存在的根本理由②。

为了使公文写作目的性和价值性有效关联起来，让公文拥有坚实的存在基础，需要从两个层面去做，实现二者关联：第一，在教学目的维度观察，不仅使得学生在公文写作与处理方面拥有基本知识，还需要在课堂当中实际操作，让其拥有实际的操作经验，而且能够对公文背后党和国家的政策目的性、价值性有所了解，这样使得其写成的公文有理有据，让其语义修辞符合标准。第二，在相关研究维度来说，教师和学生在对公文教与学展开对接当中，对公文写作与处理规范明确之外，更需要跳出该类课程设定的范围，站在更高的宏观的政府角度，来对公文的背景、缘由、目标等形成分析，这样可以使得培养出来的人才能够对党和国家的政策发展走向做出预测，该预测的方法以及经验，本身就是该类课程建设价值取向的

---

① 杨敏．探究如何提高公文的写作技巧［J］．智库时代，2020（10）：225-226．

② 陈芳．高职应用文写作翻转课堂中的公文写作模式应用探究［J］．中国多媒体与网络教学学报（中旬刊），2020（02）：146-147．

根本目的以及意义所在①。

（三）理论性和实践性的高度和谐

现阶段公文有关的精品课、共享课、视频公开课，包括名校名师慕课以及教师利用的微课等作为新时代课程建设手段，使得公文写作与处理的课程建设团队以及科研队伍拥有了更多的研究工具以及研究对象，且在这些领域都要一定的建树。例如：第一，因为精品课、共享课建设推进，使得公文写作有关的论著越来越多，而且还出现了公文评改等新的研究领域，同时公文写作教学以及研究队伍规模也逐渐扩张。这些成果都可以让公文研习者拥有发展动力，在具体工作中来对公文写作与处理思维正确与否形成检验，最终使得现代公文写作与处理体系拥有更为全面以及创新的实践基础。

公文写作教育方面存在一个矛盾之处，那就是其实践拥有前导性特点，而理论方面却相对滞后，造成了理论滞后于实践，这对于该专业的教师队伍以及研究人员必须要对公文写作与处理有关的理论系统展开研究，并进行对应建设，确保该课程系统拥有相对稳定的基础。比如要对公文写作与处理和政治学、经济学、法学、文学、历史学、哲学、心理学等的关系予以界定，这样使得该学科内涵变得更明确，同时学科外延也能成体系；然后从性质、层次两个维度来对该学科存在状态展开具体定位；该课程教学、有关内容的研究和建构，需要通过历时态和共时态两种视角分别来展开；对该课程来说，可以从本土化公共管理的视角来对其建设问题研究的价值所在展开分析。总的来说，建设以及完善该课程理论体系，必须要尊重理论的科学性、严谨性，使得其在公文写作与处理课程实践过程中发挥出解释、引领以及指导作用，能够使得课程开展过程中理论和实践更好结合②。

---

① 付传，林爽，李思然，冀亚娇．行政公文写作与处理课程精细化建设思路探析［J］．黑龙江科学，2020，11（03）：22-24.

② 黄平．公文写作实践教学模式的建构与实施策略［J］．教育现代化，2019，6（21）：148-151.

二、课程建设中面临的挑战

（一）翻转课堂改变传统教研格局

传统教和学的概念在翻转课堂之下得到了突破，很多教学环节被视频播放、座谈研讨所代替，需要师生紧密配合能够在课上对课下遇到的问题展开讨论分析，最终使得理论和实践结合，提升学生的学习质量。在这样的进程当中，教师改变以往讲授者的身份定位，成为课堂上的组织者；学生也改变过去被动学习的角色，成为学习的真正主人。诚然，我们不可否认翻转课堂存在很多短板，例如：融入教学技术会将学生的理性冲淡、时间不好掌握造成教学计划难以完成、学生准备不足导致课堂缺乏趣味性、课下观看视频会因为内容不全导致歧义、不能有效合理评价学生课前准备水平。不过作为一种创新性授课形式，对于公文写作与处理课程建设团队来说，其有着存在的理由以及利用价值①。

如果说翻转课堂创新了该类课程的教学方法，这就需要该课程的建设团队认真对翻转课堂具有的短板展开研究，力求这些问题得到解决。不然，该类授课方式会导致该类课程授课质量受到影响。什么事情都有两面性，当年新兴的多媒体教学也颇受争议，然而随着时间推移现如今其已经成为课堂教学常态被人们所接受。不过多媒体教学当中的电子 PPT 存在的彼此抄袭仍然困扰着教育研究者们。那么为了使得翻转课堂避免多媒体教学的这种尴尬境地，就必须要对翻转课堂当中的关键地方展开研究，解决这些已经发现的问题，使得其健康持续发展。

（二）海量数据挑战教师信息素养

现如今各行各业都实现了“互联网+”发展模式，大数据分析也融入各领域，发挥了难以替代的作用，二者使得不同学科也能很好融合。这也

---

① 谢晓军．翻转课堂教学模式在公文写作与处理课程教学中的应用探索［J］．西部素质教育，2019，5（04）：116-117.

使得公文写作与处理这一学科的教研活动需要与时俱进，要从基本的公文格式、行文规范这种程序化的研究当中跳脱出来，对公文未来内容变化的可能性以及公文这一工具的未来发展趋势进行展望。能够通过大数据手段来采集大量的政府信息，对其进行分析整合，整理出这些公务信息里存在的潜在规律，或者和学生一同来解决公文实践当中出现的一些问题，一同形成针对性策略。这触及该课程较为深奥的领域，或者说这一问题有待于公文教育领域有关同仁一同来投入其中①。

正因为这样，需要我们能够对党和国家领导人讲话、做出的工作报告、领导人展开的研讨等汇集而成的信息流予以认真分析思考，从而更好地把握党和国家政策发展脉搏；需要我们对政府系统当中的机关以及职能部门出台的各类公文进行研究，对其中潜藏的职、责、权的运转机制予以明晰；站在国外相关媒体角度，来结合这些媒体评价内容，来挖掘其国家和政府政策特点，以及了解他们对我国政策的看法。可以说公文从业者必须要有多层面多角度视角，使得自己拥有综合信息素养。故此，并非摆出几个病文让学生挑挑毛病就算完成准备工作，必须要利用大数据技术来挖掘公文信息之下潜藏的深层内容，并能够使得其明确地摆在学生面前，或者将所发现的内容融入研究当中。整个过程是阐述公文是什么、为什么出现这样的问题，怎么会导致这样的问题，这样才会使得公文写作与处理的逻辑性变得更加清晰明确，提高学生理解力②。

不然，就会导致该课程出现强硬拼凑，不系统不科学。例如以通报这一文种为例，一般教学都是对通报文种展开定义，对其含义、特点、种类以及写法等一一展开介绍。若是其中存在数据分析，就能使这类课程变得丰满。2018 年 12 月，针对草海国家级自然保护区生态环境问题突出问题，中共贵州省委、贵州省人民政府发出了通报，对于该通报作为教学素材的话，一般来说对其格式、层次结构、问责等展开梳理之外，不会有更多的讨论内容。而若是融入大数据分析，将该自然保护区生态建设的历史数据

① 华婷．对高校公文写作课程实践教学的思考［J］．长春大学学报，2017，27（06）：107-110，115.

② 张冠英．公文写作教学与指导得失谈［J］．应用写作，2016（06）：41-43.

融入进来，同时结合党的十八大报告当中体现出的生态环保精神，进行深层次挖掘，就会使得学生们理解该通报具有的深层内涵以及其中涉及的严峻性。不可否认这样数据采集、加工处理过程十分繁复，其中数据客观性必须要遵从不可违背，这对于任课教师来说也形成了考验，需要其拥有一定的信息素养。当然，将大数据融入课堂，这本身已经是目前所有课程的特点，若是大数据的综合利用也不过关的话，就会导致公文类课程停留在原地。

（三）交叉研究敦促课程转型升级

公文的作用是什么？是保证大到国家政策方针落地、中到地方政府公务安排、小到企事业单位工作开展，其在这些过程里承担的都是信息传递以及指导作用。例如政策的制定和执行，其中就涉及信息资源管理，更和法律伦理以及用语修辞等有着直接关联，还需要考虑到经济文化因素等。这样来说若是只是站在某一个专业角度来研究公文写作，就显得非常狭隘，属于管中窥豹，不得大体。破除这一阻碍，就需要使得公文写作与处理课程和多门学科建立关联形成交叉。但目前最大的问题是，该课程还缺乏能够熟练掌握数个理论的专家型的任教教师，这必然导致该课不能有效突破传统教学难点，不能和其他学科融合，结果导致教学总是在某一些领域纵深不断加深，而宽度不足①。

所以，将目前该课程有关研究成果整合起来，使得其凭借互联网和大数据可以实现传递和共享，这是该课程建设所需，更是这一课程和时代融合，实现和其他学科交融的最为简洁的办法。不过我们要注意一个问题，就是该课程建设当中的课程标准，必须要与所有主体共建和确认，如此才能保证有效的信息在其指导下得到汇集和利用。

---

① 李彬．公文写作教学的新变化——解析《党政机关公文处理工作条例》［J］．辽宁行政学院学报，2016（05）：75-78.

三、课程建设的实现路径

（一）建设主体向多元化发展

这里指的主体包括该课程有关的学生、教师以及教研队伍。就算是前文所述的各种授课形式存在，在高校学生听课率、到课率也不能得到具体保证。所以，从学生这一主体来看，可能就会导致课程不能很好开展，能利用到的学生大部分都集中在学历较高的硕士以及博士研究生。但是站在实际贡献率观察，大部分这类人才资源都是分布在一部分章节的编写。所以，之前该课程建设主要还是以授课教师队伍为主。

而课程建设主体多元化意味着将高校、政府、企事业等单位融入进来。这些主体属于公文应用部门，有必要将他们的从业要求反馈给高校，使得建设标准得以具体化。总的来说，需要各方面以期谋求该课程建设内容、方法上的丰富，能够促进高校课程和社会需求对接，提升应用效率①。从高校该课程体系建设主体角度来观察，需要对该课程本身具有的理论性、价值性建设进行高度关注，最终目的是构建高适用性的公文写作教学理论体系，使得其可以融入社会各领域当中；而政府机关单位、企事业单位可以和高校联合，提供相应的实习岗位，使得教师、学生可以在具体的实际环境里展开教学对接，使得各方面主体可以形成信息共享以及经验交流，使得公文写作与处理有关领域处在多元主体的共同关注之下，减少理论和实践错位的情况。比如公文的文稿撰拟、公文评改、公文管理、用语修辞、公文语言等等，这些都需要各方主体交流予以明确。

（二）建设内容从内部课程资源整合向市场为主导转变

目前有关公文类课程的精品课、共享课等都对互联网有所依赖，不过这些资源尚存在滞后性，落后于市场需求标准。所以现在该类课程建设有

---

① 陈苏梅. 新《条例》实施背景下的公文写作教学改革［J］. 现代语文（教学研究版），2015（03）：22-24.

必要放大视野，需要扩大课程资源范围，需要对接市场需求主体，实现供需交互。另外除了前两种教学方式之外，包括慕课在内的在线开放课程平台都是将某一时间节点的教育成果上传形成推送。从建设内容观察，大部分都是课程教学，属于课程资源，交互使用向市场化转变的操作还不足。因此，我们还需要打造一个综合平台，可以实现云教材、在线课程、学习平台、公文论坛等多元化架构，从而使得该课程建设的内容层面能够突破之前的瓶颈，实现进一步发展。

目前有一部分共享课能够达到在线学习以及讨论，还有在线配题以及在线测试等功能。但是我们认真观察国家精品资源共享课建设主管单位发出的消息，能看得到还存在重视申报而轻视维护、重视初期而轻视后期的问题。这导致线上交流讨论等都成为过场。并非该课程建设主体例如学生、教师等不使用，而是该平台建设单位提供的资源太少，资源类型不多，不能对接不同主体的需求。而慕课能够有效解决这些问题，不过慕课存在章节短小、内容碎片化严重的情况，这样不利于系统学习。所以，需要积极地和超星、微软等企业联系，达成产学合作，一同来开发此课程教材，推出云班课、云在线，从而确保理论和实践对接，这是使得传统问题得到解决的关键。

（三）建设方法从自主向多元联盟过渡

虽然都是公文写作与处理课程，但是会因为学校不同、专业差异等导致每个学校的人才培养方案都有自己的特点，体现在课程性质、学时、课程内容等具有差异性。所以，在具体课程建设实践过程中，大部分都是本校该专业教师以及教研团队来负责建设工作。这种单独自主建设有其优势，那便是能够使得本校本专业人才培养存在的问题获得动态解决①。不过，其中也有很大的短板存在，那就是能否将该课程建设价值取向真正地融入课程设置以及课程学习当中？能否将课程建设最新成果加以利用，减少不必要的投入？

---

① 苏曦凌，陈雨微. 公文写作教学模式创新与公共管理专业学生职业技能提升［J］. 淮北职业技术学院学报，2014，13（06）：45-47.

能否将前沿的课程建设方法融入进来，确保教学事半功倍？就这些问题，在目前校际联盟、校企以及其他联盟的时代之下，该课程建设已经开始从学校自主建设向多主体参与转变，形成了典型的团队联盟公关形式。这些新兴建设模式能够有效解决三个问题：第一，以联盟形式使得课程建设价值向实际转化，能够丰富理论系统使得公文写作与处理课程拥有理论指引以及理论解释；第二，通过这种联盟可以使得最新研究成果融入进来，避免自我摸索造成的时间成本、经济成本增加，提升相关教学以及科研质量；第三，通过这种联盟形式使得课程建设当中的重点和难点问题获得更好地解决，使得课程体系更科学紧密，也能使得课程体系发展拥有智库支持。

（四）建设评价从校内评价向校内外综合评价转化

课程建设首先需要解决的问题是，教师教什么？学生学什么？即解决教学目的和学习目的的问题。因此，该课程建设评价上，需要对其形成特有的指标体系，每一门专业课都有对应的能力指标，利用这种指标系统来对学生综合能力进行检测。

指标系统建设之时，需要建设团队能够明确公文拟稿、写作、修改、修辞、文字表达能力、发文办理、收文办理等有关的指标，凭借这些指标来制定职业规范，让学生公文写作能力以及公文规范能力得到提升，同时使学生拥有研究精神，能够对具体问题展开攻关。这些都是能够从后续评价当中来让具体目标获得明确的。而在校内评价当中，可以将师师评价、师生评价、教师自评等融入进来。

另外，因为高校拥有开放的共享课程以及云教材等，读者读了课程组有关公文写作的知识以后，可以在平台留言发表改进建议以及对应的一些意见等，这样的开放式的评价环节能够使得课程组及时发现课程体系、教材内容等问题，并对应形成解决方案。其对于平台持续发展、公文有关知识体系的完善都有着积极作用。校外评价也能使得校内课程获得推广，相应的研究成果得到利用，使得课程影响力获得提升。

参考文献

［1］杨郑，张皓云.《公文写作与处理》课程教学模式创新研究［J］. 国际公关，2020（09）：114-115.

［2］杨敏. 探究如何提高公文的写作技巧［J］. 智库时代，2020（10）：225-226.

［3］陈芳. 高职应用文写作翻转课堂中的公文写作模式应用探究［J］. 中国多媒体与网络教学学报（中旬刊），2020（02）：146-147.

［4］付传，林爽，李思然，冀亚娇. 行政公文写作与处理课程精细化建设思路探析［J］. 黑龙江科学，2020，11（03）：22-24.

［5］黄平. 公文写作实践教学模式的建构与实施策略［J］. 教育现代化，2019，6（21）：148-151.

［6］谢晓军. 翻转课堂教学模式在公文写作与处理课程教学中的应用探索［J］. 西部素质教育，2019，5（04）：116-117.

［7］华婷. 对高校公文写作课程实践教学的思考［J］. 长春大学学报，2017，27（06）：107-110，115.

［8］张冠英. 公文写作教学与指导得失谈［J］. 应用写作，2016（06）：41-43.

［9］李彬. 公文写作教学的新变化——解析《党政机关公文处理工作条例》［J］. 辽宁行政学院学报，2016（05）：75-78.

［10］陈苏梅. 新《条例》实施背景下的公文写作教学改革［J］. 现代语文（教学研究版），2015（03）：22-24.

［11］苏曦凌，陈雨微. 公文写作教学模式创新与公共管理专业学生职业技能提升［J］. 淮北职业技术学院学报，2014，13（06）：45-47.

贵州民办高校民族文化进校园的发展现状研究*

——以贵州民族大学人文科技学院为例

童　珊**

（贵州民族大学，贵州贵阳　550025）

摘　要：民族文化作为传统文化的重要组成部分，在推进民族民间文化教育课程体系建设中占有重要的地位。贵州省作为率先提出“民族文化进校园”的省份之一，对于“民族文化教育”的发展有不可忽视的话语权。民族文化进校园这项举措，是国家文化事业和民族团结发展的需要，不仅有民族文化的传承之意，也有民族文化教育之意。在研究贵州省民办高校民族文化进校园的发展现状中，选取了贵州民族大学人文科技学院为例来进行探讨。本文通过实地调查、文献收集和访谈的研究方法，对贵州民族大学人文科技学院民族文化进校园面临的难点进行了探讨，并提出了相应的发展对策。

关键词：贵州；民办高校；民族文化进校园

---

* 基金项目：本文系 2018 年度全国民族教育科研课题重大课题“乡村振兴战略下的民族地区教育扶贫与传统村落保护研究”（课题编号：ZXZD18005）的阶段性研究成果。

** 作者简介：童珊（1995—），女，汉族，贵州民族大学 2019 级社会学专业硕士研究生。

一、绪论

贵州是一个多民族聚居的省份。在民族文化方面，贵州拥有苗族、布依族、彝族、土家族等17个世居少数民族，是一个民族历史文化资源非常丰富的省份。在非物质文化遗产方面，截至第四批（2014年）国家级“非遗”名录的公布，贵州省共有140个“非遗”项目，同样也是一个“非遗”大省。关于贵州省推行民族文化教育的研究，吕文秀（1983）便关注到少数民族文化在我国教育体制中的缺乏，进而提出有关部门需要加强对少数民族文化的重视以及国家要出台政策扶持少数民族文化在教育中的发展建议；杨秀斌（1985）也谈到了要大力发展民族文化教育，并分析了阻碍民族文化教育发展的主要原因。由此可见，贵州省很早便开始重视民族文化教育。

而贵州省民族文化教育改革的通知，最早出现在2002年贵州省民间委员会颁布的《关于在全省各级各类学校开展民族民间文化教育的实施意见》，提出将民族民间文化列入文化保护的行列中，同时在全国范围内率先出台了“民族文化进校园”政策，积极探索着民族文化进校园的传承路径。

二、民族文化进校园文献梳理

根据关键词“民族文化　进校园”在知网进行检索，共计得出143条结果，其中学术期刊74篇，学位论文13篇，其他56篇。总结研究的主要内容，分为：民族文化课程以及教材的研究、民族民间文化进校园实践路径的研究、民族民间文化融入教育课程体系的研究三个方面。

对于民族文化进校园的研究，目前形成了以下理论成果：1）在民族文化进校园的研究中，文化种类涵盖较为广泛，且在民族民间文化课程中均有涉及，极具代表性；2）在民族文化进校园课程中，课程普及度高，涵盖了小学、初中、高中以及大学各个阶段，形成了完整的传承体系；

3）关于民族文化进校园的研究在逐年增加，学术界从各个方面论述了民族文化进入校园、进入课堂的可行性建议，为民族文化课程建设发挥着重要的参考作用，但尚未形成系统的理论成果。

三、民族文化进校园的发展现状

（一）基本情况

贵州民族大学人文科技学院自成立以来积极将民族文化引进校园，将“竹竿舞、芦笙舞、民族舞”引入体育以及艺术等专业课堂。学校设有教育部民族教育发展中心“民族民间文化教育传承创新重点研究基地（高等院校）”，国家民委人文社科重点研究基地——南方少数民族非物质文化遗产研究基地、中国社会科学院法学研究所法治国情调研基地、中国少数民族哲学与社会思想史学会研究基地、中国少数民族文学学会研究基地、中国民俗学会基地等①。为积极拓展民族文化进校园路径，2016 年度，苗绣作为第一个教学实验班，正式进入了学校课程。为此，特邀了台江县苗绣传承人李春英来进行指导，普及苗绣的文化内涵以及基本技能。苗绣课程的开展，使民族文化进校园活动取得了极大的反响和肯定。为了让民族文化形成完整、规范、有序的课程教学，民族民间文化教育传承创新重点研究基地也主持了系列民族文化讲座，少数民族文化研修项目座谈会，主办苗绣、剪纸、蜡染、布艺、水书 5 个研习班，为学生以及老师学习和了解传统民族民间文化提供了有效途径。此外，“非遗”陈列馆、民族文化社团等民族文化传承机构，也展示了学校良好的民族文化氛围。在第五届“互联网+”全国大学生创新创业大赛中，该校名为“银凤钗头”的项目荣获了一等奖。此举更是肯定了将民族文化引进校园、引入课堂的正确抉择②。

---

① 贵州民族大学人文科技学院概况［EB/OL］. http://www. gzmdrw. cn/rw/welcome/1210150091002842.

② 贵州民族大学人文科技学院概况［EB/OL］. http://www. gzmdrw. cn/rw/welcome/1210150091002842.

（二）民族文化进校园的实践现状

贵州民族大学人文科技学院成立至今已有19载，是较早将民族文化教育引进的院校之一，其根据学生生源地特点，开展了系列少数民族传统文化活动和课程，如：苗族协会、彝族协会；剪纸、蜡染等选修课。此外，建立民族民间文化教育传承创新重点研究基地，举办研习班，开设“非遗”陈列馆，定期举办民族文化创意大赛等都集中传承着少数民族文化。

1. 民族手工艺进入课堂

在民族文化进校园活动中，民族手工艺占比着举足轻重的地位。现今社会的发展被高速运转的机器所支配着，社会呈现的是一个高速发展的时代。民族手工艺展示着一个时代人民群众的生产生活方式，是民众智慧的体现。

在民族民间文化教育传承创新重点研究基地的活动中心，开设的民族蜡染选修课中，来自“非遗”传承人的老师教授着从原料的选择（染料，原布），到选择图案、画图、扎染等每一个步骤，再到蜡染成品的制作、刺绣、制衣等各个环节，都展现着民族工艺中劳动人民的集体智慧。而剪纸工艺，从画图到最后的装订成品，每个步骤都展现着手工艺人的巧夺天工，这也培养着学生的实践能力。当今社会，机器已经逐渐取代手工艺，传统的民族手工艺面临着被淘汰、失传的可能。为了避免这种情况的出现，开展民族手工艺进课堂的教学从某些角度来说也是一个挽救民族手工艺的途径。

2. 创办民族文化社团

秉承着发展少数民族文化，学校鼓励少数民族学生进行丰富多彩的民族活动，推进民族文化进校园。民族活动不仅展示了丰富多彩的民族文化，还对学生的思想起着德育作用，更是团结各族人民的重要途径。因受到广泛师生的积极推崇，该校创办了“苗族协会”和“彝族协会”两个少数民族文化社团，举办民族文化宣讲活动。另外，也组织相关的座谈会，了解节日渊源，节日习俗，生活习惯，民族特色等。恰逢少数民族节日期间，社团也会举办相应的民族文化活动，如“过苗年”“过彝年”，邀请学校师生一起参加，感受不同民族的文化风情、节日习俗，体验少数民族生活。

针对学生对中国传统文化认识淡薄、缺乏感情等现状，学校也积极开展传承和保护中国传统节日文化的活动，成立汉服社团，组织学生过传统节日，举办清明诗歌会，包粽子，既增加了体验活动的趣味性，也培养了学生的实践能力。通过节日溯源，引导学生了解传统节日的文化背景，拓展节日文化的实际意义，也有利于培养学生的爱国主义情怀。

3. 设立“非遗”陈列馆

民族文化的传承，离不开载体的支撑，人和实物展示都是重要的载体。学校设立了“非遗”陈列馆，在进行课程开设的同时，也能辅助学生了解民族文化背后的文化内涵，做到课上集中讲解，课下统一展示。“非遗”陈列馆集中展示了各类“非遗”展品，同时配备了教师对每一件展品进行讲解，包含展品的名称、制作工艺、文化内涵、象征意义等。让学生体验到了线上教学，线下实际参观的课程体验，更直观地了解到了民族文化在生活中的应用，丰富了民族文化在生活中的积累。

文化传承过程中，文化影响力是尤为重要的。只有让更多的人了解民族文化，认识民族文化，将民族文化直接的展示在随处可见的生活中，才能引导人民群众加入保护和传承民族文化的队伍里，才能更好地消除误区，真正地将民族文化展示于世界之林。

4. 定期举办民族文化创意大赛

在开展的民族文化进校园的活动中，除了把活动转变成课程开设之外，学校也积极创新传承方式，更好地将“产学研”结合到一起，做到学有所用。对此，民族民间文化教育传承创新重点研究基地联合学校以及民族文化社团，定期举办民族文化创意大赛。通过自由组合的方式，以个人或团体的名义参赛。主要有剪纸系列、文创产品设计系列、刺绣系列、其他系列四个主题，自由发挥，作品不限形式，展示出民族性、创意性以及实用性即可。参赛者通过对民族文化的收集、整理、创作、展示，提高了对优秀传统民族文化继承的意识，也加强了对民族文化的弘扬。在作品展示中可以看出，参赛者都能准确地将民族文化元素融入产品设计，展示出不同民族的文化内涵，以及生活状态，无形中提升着产品的艺术价值，展示着设计者的情感寄托。

民族文化创意大赛作为创新民族文化的传承方式，把“产学研”融合为一体。在大赛结束后，根据作品的可操作性，同步开展了文创产品的批量生产，以商品的形式进行售卖。大赛后期的成果转换，不仅是肯定了一份文创产品所涵盖的民族文化意义，更是真正的学以致用。同时，学校推进的民族文化进校园活动，对全国大学生创业创新大赛也有着深远影响。2019 年度的全国大学生创业创新大赛，该校的“银凤钗头”项目以“非遗”为出发点，将银饰制作与市场需求结合起来，在银饰制品上加入民族文化元素，不仅体现了民族文化与现代审美的完美契合，更体现了民族文化博大精深、包容万物的特点。

四、民族文化进校园面临的问题所在

民族文化进校园作为传承保护少数民族文化以及非物质文化遗产的创新保护方式，二者互为表里，同袍同泽。民族文化进校园是一个长时间联动的过程，就该校的民族文化进校园情况来看，存在以下几个方面的问题：

（一）教学内容较为单一

作为一所区别于义务教育阶段的高校，不应该局限于各专业培养目标规定的教学内容，还应该考虑学生多样化的兴趣和爱好。在推进民族文化进校园活动的开展中，开设有苗绣、剪纸、蜡染、布艺、水书五个研习班，满足了一定数量的学生需求。但也需要考虑是否满足了所有学生的需求？这一情况还需要更详细的调查。就目前的情况来说，民族文化进校园的活动种类选择还是较少，内容也不尽丰富。因此，在选择什么类型的民族文化内容进入校园，学校还需要有更加详细的战略思考。

（二）教师力量相对薄弱且专业性不高

针对目前开设的民族文化进校园活动，在固有的五个研习班里面，师资力量并没有得到保障，这也是众多民族文化进校园活动中所面临的共同问题。该校教师中，少数民族教师的占比相对于一般院校较大，但是长期的“汉化”过程让教师对少数民族的文化知识逐渐丢失，不了解自己本民族的文化，也不会说少数民族语言。专业水平直接影响学生对民族文化知识的接收程度，以往教学中出现的“南水北调”“东拼西凑”是不能在民族文化进校园活动中出现的。通过访谈可知，该校开设的五门少数民族文化课程中，除专门聘请的“非遗”传承人教学外，还配备了专职教师，但都是外聘和退休返聘。而且，二者授课参差不齐。如：“非遗”传承人主要针对技艺的传授，而专职教师则是对于课程文化的传授，二者的教学内容并不能集中在一位教师身上体现。二者之间如一位有突发情况，其课程便会被搁置，实践与理论便不能和谐配合在一起。

（三）未形成具体的考核机制

虽然民族文化进校园活动由政府牵头，学校主导来开展，但实际上很大一部分是学校占有主导权。教育体制上实行“一纲一制”，但是城乡差距，民族差异无疑是不能“一视同仁”的。民族文化需要传承发展，学校教育文化同样也需要学习，民族文化进校园活动刚好平衡了二者之间的关系。学校开设民族文化课程的同时，如果只顾输出而忽视了学生学以致用的效率，那无疑是事倍功半的。对学校开展的民族文化进校园活动调查中发现，对于开展的民族文化课程中，没有明确的教学大纲，也没有明确的考核标准，仅仅是作为一门兴趣课程来选修，因此在面临素质教育诸多的现实困难和“硬”性指标的同时，忽略了民族文化这个“软”指标的考核。

四、民族文化进校园的建设路径

对于“文化”一词的解释，在《现代汉语大词典》（第7版）一书中解释为：“人类在社会历史实践过程中创造的物质财富和精神财富的总和。”对于“民族文化”笔者认为同样也可以概括为：“某一民族在长期共同生产生活实践中产生和创造出来的能够体现本民族特点的物质和精神财富的总和。”一个民族的存在，一定有区别于其他民族的不同点，如：民族服饰、节日习俗、仪式庆典等，而这些体现自我民族的特点都集中反映着本民族的价值观念、文化内涵、思想道德、人文风貌等。鉴于以上对该校民族文化进校园活动中出现的问题，文章认为可以从以下几个方面来完善：

（一）灵活教学，丰富教学内容

在课程设置上，可用问卷调查的方式来考虑学生的兴趣以及需求，灵活开设不同类型的民族文化课程。在民族文化进校园的活动中，学生作为主体，课程设置也应该满足不同需求的学生，无论是自身专业和民族文化有关联，还是自身是少数民族对于民族文化有传承之意，或是自身对于民族文化的喜欢，都要折中考虑这些可能性。学校和家庭是对学生有着决定性影响的场所，对学生的人生观、价值观、生命观形成有着重要的形塑作用。学校将民族文化引进校园，是本着传承和保护之意，同时也是发扬传统文化之意。文化对人有决定性影响，在开设民族文化课程的同时，应该随机应变，以丰富多彩的教学形式和教学内容来授课。不拘泥于学校课堂，也应该组织学生走出校门，走进田野，走到实践。

（二）壮大队伍，提高教师专业水平和技术水平

民族文化进校园活动本着传承民族民间文化的理念，学校作为素质教育的实行机构，并未培养专业的民族文化教师。而民族文化进校园活动对于教师的专业度要求又高，考虑到教师队伍人数不足势必影响民族文化课

程的开展。因此，可从民族类专业院校引进教师，壮大队伍。除此之外，提高教师的文化水平和技术水平也是首要的。对此，笔者认为，可以将“非遗”传承人引进课堂，为学校师生讲授“非遗”知识和民族文化知识，不仅可以提高教师的专业水平，也对民族文化进校园的理论研究具有重要意义。另外，学校也可以组织专职教师的培训，将专业的民族文化教师以及民间文化人引入学堂，进行交流学习，促进民族文化教师专业技能的提高。

（三）政策扶持，加大资金投入

无论是课程的开设，还是教师队伍的建设，都离不开政策引导和资金的投入。这一系列的不完善，是无法形成完善的绩效考核机制的问题所在。因此，一方面需要政府出台相应的文件及政策对民族文化进校园进行扶持，用统一的、法制化的手段推进民族文化进校园活动的全面开展，保障民族文化进校园活动的顺利开展。另一方面，政策的出台需要资金的投入才能实施，资金是保证民族文化进校园活动正常进行的关键。除了政府拨款和校方支出，还可以通过“产学研”相结合的方式，与企业、公司合作，保证民族文化活动的顺利开展。

六、小结

在推动和弘扬民族文化的过程中，学校作为传播文化的场所，对民族文化的继承和发展有必不可少的作用。随着国家对中华优秀传统文化的重视和大力弘扬，民族文化教育必定能够得到重视，这对于少数民族学生居多的学校，就如同久旱逢甘霖一般，必定因此契机更加注重民族文化进校园的建设。推进民族文化进校园，不仅是传承和弘扬继少数民族文化，更是传承民间文化知识。通过学校教育的途径，让不同地区、不同民族的人们架起沟通的桥梁，做到了解彼此，团结各族人民。

参考文献

[1] 杨秀斌. 也谈发展民族文化教育应予重视的问题——兼评吕文秀同志《发展民族文化教育应予重视的一个问题》[J]. 贵州民族研究, 1985 (01): 111-115.

[2] 吕文秀. 发展民族文化教育应予重视的一个问题 [J]. 贵州民族研究, 1983 (02): 40-43.

[3] 刘春, 李剑, 毛志邦, 吴吉. 土家族文化及民族文化进校园现状调查——以酉阳、沿河为例 [J]. 读与写 (教育教学刊), 2019, 16 (08): 117-119, 4.

[4] 莫彬彬. 三江侗族自治县"民族文化进校园"现状研究 [D]. 南宁: 广西民族大学, 2015.

[5] 谭华. 恩施州"民族文化进校园"活动的调查研究 [D]. 恩施: 湖北民族学院, 2012.

[6] 陈晨. 在学校教育中民族文化传承与保护政策研究——以贵州省"民族民间文化进校园政策"为个案 [D]. 北京: 中央民族大学, 2012.

[7] 吴晓蓉, 王培. 从文化位育之道看贵州省民族文化进校园 [J]. 湖南师范大学教育科学学报, 2011, 10 (04): 29-33.

[8] 吴晓蓉, 张诗亚. 贵州省民族文化进校园的教育人类学考察 [J]. 民族教育研究, 2011, 22 (03): 10-14.

[9] 王国强, 万书岚. 民族文化进校园 特色发展育新人——湖北省建始县长梁民族小学"丝弦锣鼓进校园"活动纪实 [J]. 中国民族教育, 2011 (05): 17-19.

[10] 杨丽萍. 民族文化进校园的实践与反思——基于广西武鸣县民族教育情况的调查和研究 [J]. 民族教育研究, 2011, 22 (02): 107-111.

[11] 杨丽萍. "民族文化进校园"的多维阐释与民族文化传承研究 [J]. 广西师范大学学报 (哲学社会科学版), 2011, 47 (02): 109-113.

[12] 王培. 贵州省榕江县"民族文化进校园"实施现状调查研究

[D]. 重庆：西南大学，2010.

[13] 梁晋芳. 民族文化进校园的课堂志研究——以车民小学为例[D]. 重庆：西南大学，2010.

[14] 严庆，李彬. 民族文化与民族教育互动发展的助推工程——对贵州省民族文化进校园活动的思考 [J]. 贵州民族研究，2007 (04)：152-158.

"考研热"现象的社会学分析

曾凯琴*

（贵州民族大学社会学与公共管理学院，贵州贵阳 550025）

摘　要：对于目前的考研形势，笔者采取问卷调查的方式对贵州民族大学的大四学生和硕士一年级学生进行抽样调查，对"考研热"现象进行社会学分析，并提出"考研热"现象下存在的问题及社会政策，对大学生考研进行有效的教育引导和政策干预，提升我国大学生对考研的正确认识。

关键词：大学生；考研动机；社会学

伴随着高等教育的发展进入了大众化的阶段，本科已不再满足人们求学的需求，研究生成为推动我国经济社会发展与进步的重要推动力量。近年来，我国对于研究生的培育和培养需求也在大幅度地增长，报考硕士学位研究生的人数得到了大幅度的增加。2015—2020 年考研报考人数飞速上升，2020 年达到新高，全国硕士研究生报考人数从 165 万升至 341 万人，增幅超过 106%。考研的结果直接涉及任何一位考生的切身利益，因此，

---

* 作者简介：曾凯琴（1997—），女，汉族，贵州民族大学在读硕士，研究方向：社会治理与社会政策。

从社会学的角度分析当前新形势下高校学生选择考研的主要因素，理清广大学生参加考研的主要动力和直接的影响、次要的因素，对于高等院校正确引导和通过考研为整个国家和社会输送一批合格的应用型研究生和人才发展具有重要的意义，是高等教育和考研工作者生活中值得深入研究和思考的一个重要问题。

本文对目前贵州民族大学正在备考的本科生及其硕士一年级学生的考研动机及其特点进行了调查研究分析，对其共同的因素及其特点问题进行了总结，试图找出他们的考研动机和特点，从理性选择理论视角分析影响他们备考和选择的共同因素及存在的问题。

一、有关“考研热”的研究现状分析

以中国知网为数据来源，对于2000年6月到2020年6月，有关“考研热”为主题的文献进行检索。在检索到的这些文献中，潘佳雁最早通过发放问卷利用数据分析，得出考研动机主要由自我实现、生活方式、求知进取、兴趣爱好四大因素组成①。还有一部分学者通过直接采用潘佳雁编制的问卷，通过分析发现“考研热”可以从个人、学校、家庭和社会四个方面进行分析②。丁彤通过对上海市奉贤区大学城进行抽样调查，研究发现性别、父母、家庭收入水平和家乡所在地、本科学校四个方面对大学生考研选择产生显著影响③。也有学者从招聘者的角度分析考研对于大学生的效用④。胡玲、张妮通过对近几年考研现状和动因进行深入分析并通过数据比较分析大学生更倾向于报考985高校以及位于经济发达地区高校的

① 潘佳雁. 当代青年考研动机因素结构研究［J］. 中国健康心理学杂志，2000，8（04）：388-392.

② 孟佳，顾昭明. 山西省大学生考研动机的调查研究［J］. 中国健康心理学杂志，2011，19（07）：828-829.

③ 丁彤. 影响大学生考研选择的客观因素研究——基于上海市521个样本的实证分析［J］. 高等教育研究学报，2016，39（02）：30-37.

④ 肖雪，马心怡，李娜，吴慧敏，陈沛阳. 考研于不同专业大学生的价值与适配性实证研究——以武汉高校为例［J］. 现代商贸工业，2019，40（16）：65-68.

动因[①]。刘海波、董莉通过对考研大学生心理健康状况及"考研热"产生原因分析，找到解决问题的对策[②]。

有的学者从经济学和社会学的角度对"考研热"这一现象进行分析；熊倪娟、赵东辉、施祖麟从人力资本投资行为的经济学角度分析得出考研不仅有利可图，而且投资回报率也相当可观[③]；高玉梅对"考研热"现象从考研市场的供求关系以及固定名额视角下考研的流动性进行分析[④]；郑朝霞从理性选择理论的视角分析了考研热动因[⑤]。

我国的学者关于"考研热"的研究集中在对于"考研热"形成的原因进行分析，分析问题的角度较为片面，现有文献对于客观因素的研究范围较狭窄，仅把客观因素限定为性别、学校性质、生源地区，很少涉及家庭经济水平、父母学历和职业、学校类别、民族、宗教等客观因素。

二、研究方法及过程

本调查共发放问卷660份，考研顺利的学生580名，随机选取的考研失利学生80名，回收有效问卷640份，问卷回收率为97%。本文数据均采用SPSS16.0和Excel软件进行统计分析。

（一）样本的分布

本次调查样本的基本情况如表1。

---

① 胡玲，张妮．大学生"考研热"的现状与动因分析［J］．大学教育，2020（07）：163-167.

② 刘海波，董莉．考研大学生心理健康状况分析及对策研究［J］．锦州医科大学学报（社会科学版），2019，17（02）：54-56.

③ 熊倪娟，赵东辉，施祖麟．经济人的理性选择与社会人的流动渠道——对"考研热"的经济学与社会学分析［J］．清华大学教育研究，2005，26（02）：47-54.

④ 高玉梅．大学毕业生"考研热"的经济学分析［J］．中国青年研究，2012（06）：88-91.

⑤ 郑朝霞．理性选择理论视角下大学生"考研热"分析［J］．大庆社会科学，2016（04）：152-153.

表 1　样本分布情况

	性别		考取地		考取专业	
	男	女	本校	外校	本专业	跨专业
人数	466	174	361	279	502	138
占百分比（%）	72.8	27.2	56.4	43.6	78.4	21.6

注：文中的表格都是根据实地调研数据得来。

（二）考研动机总体情况

1. *考研时间*

关于何时决定考研的这一问题，调查结果如表 2，结果显示，有近一半的学生在大三时期决定考研，可以看出大三是分水岭，在这一时期，大学生们面临对未来的抉择。

表 2　决定考研时间的分布情况

	大一	大二	大三	大四	大学之前
人数	42	128	310	140	20
占百分比（%）	6.6	20.0	48.5	21.9	3.1

2. *考研动机*

考研动机调查结果如表 3，结果显示，35.6%的学生选择考研是为了“提高自己的知识储备”，这一部分的学生对自身能力具有较高的要求，有着较为端正和积极的考研动机；29.2%的学生选择考研是为了“提升就业机会”，考研动机较为功利，只是为了找个好工作；有 10.3%的学生选择考研是受到周围人的影响，也就是说他们选择考研是出于顺从家庭或身边人的压力和期望；有 8.8%的学生选择考研是因为还没有准备好就业，想要继续校园生活；8.4%的学生选择考研是由于对目前所学学科不感兴趣，期望通过考研能够顺利选择自己喜欢的学校和专业，但是跨专业考研难度较大，因而考研可能还会产生更多的问题；还有 5.5%的学生考研目的不明确。

表 3　考研动机的分布情况

	为了提升就业机会	提高自己的知识储备	换一个自己喜欢的专业	受到周围人的影响	继续过校园生活	大家都考我就考	其他
人数	187	228	54	66	56	35	14
占百分比（%）	29.2	35.6	8.4	10.3	8.8	5.5	2.2

3. *考研学校和专业的选择*

在考研学校和专业的选择主要是受哪些因素的影响这一问题上，调查结果如表4。调查结果分析显示，有36.4%的学生在考研专业的选择上是根据该专业在国内的排名来决定的。此外，学校及导师的知名度、考取专业的难易程度、考取学校的地理位置和人文环境以及本科学校的影响等诸多因素都对考研期间学校的选择产生重要的影响。通过我们的调查发现，在对所要就读和考取的学校的排名和选择上，有超过11%的考研学生认为受到了本科就读学校潜移默化的影响。

表 4　考研学校和专业的选择分布情况

	学校的知名程度	考取专业的排名	导师的知名程度	考取专业的难易程度	考取学校的地理位置和人文环境	家庭因素的影响	本科学校的影响	其他
人数	103	260	72	82	81	23	83	11
占比（%）	14.4	36.4	10.1	11.5	11.3	3.2	11.6	1.5

三、"考研热"的社会学分析

科尔曼的理性选择理论为大学生团体的"考研热"现象提供了一个独

特的视角，对大学生考研进行了独特的分析和把握。社会学的理性选择理论主张合理性，提倡尽最大的努力去获得最大的利益。科尔曼的理性选择理论建立于个人行为具有目的性这一基础，它关注的是行动者，因为所有行动者都被认为是有目的的，也是有价值偏好和功利性的，但理性选择理论本身并没有关注这些偏好和它们的来源，而是着重关注行动者的选择体系所构成的客观行动的事实①。

（一）对于行动者的分析

从行动者的角度来看，考研群体是“考研热”的行动者，作为大学生他们在选择考研这一方面，有着自己的理性判断。从上面的数据可以看出，他们选择考研是一种理性选择，作为行动者他们的目的是为了缓解就业压力、借助高学历实现向上流动的个人目标，这也是“考研热”这一现象产生的主要原因。从表面来看，他们追求的是研究生学历，但其实深层次的原因是研究生所象征的高知形象。研究生毕业后的基本工资比本科生多1000元以上，同时，研究生在读期间还可以获得相应的国家补助，成绩卓越者还可获得奖学金及其他收入。可以看出，从行动者的角度分析，大学生选择考研是理性选择，虽然过程中花费一定的时间和金钱，但最终获得的收益也是明显大于成本的。

（二）社会价值规范分析

在我国，“金榜题名时”是四大喜事之一，因此重视学历的观念对每个人都有很大的影响，所以大学生寄希望于参加研究生考试，以获得较高的学历，从而在事业上大展宏图，这一观念在一定程度上影响了毕业生的选择。此外，研究生具有更高的社会地位，并且具有更高的社会威望，这些因素都成了吸引大学生考研的重要因素之一。从理性选择角度看，尽管个体都是行动目标的实施者，但仍存在“社会理性”，即从社会价值规范

---

① 詹姆斯·S. 科尔曼. 社会理论的基础［M］. 邓方，译. 北京：社会科学文献出版社，1999：13-20.

的角度考量自己的选择。很明显，当代大学生除了对学历的基础需求之外，还有更高的追求。社会理性选择具有多样化，它往往促使大学生们在漫长的考研复习过程中最终寻求的不是“最优”，而是“满意、合理”。由于个人实力、资源价值、对资源信息的控制分布以及后果不同，这种“满意”和“合理”也不完全确定。

从单位行为层次上看，选择考研是一种理性选择。也许，这种选择对行动者自身也存在着不利的一面，例如与他们的职业理念有一些偏差，过程中付出很多，但是判断一个选择是否理性，主要是行动者是否得到最大效益，这种效益即包括经济、精神和社会层面上的，因而大学生群体“考研热”的行为从以上两个方面来看是一种理性的选择。

四、“考研热”现象中存在的问题

我国的研究生教育是为了培养高级人才，考研队伍越来越庞大无疑为人才选拔提供了更多的选择，但一些新的问题也随之出现。

（一）考研动机功利

对于部分选择考研的大学生来说，考研并不是为了学术研究，而是把考研当作通往成功的路径。在调查中显示，有 29.2%的大学生选择考研就是为了更好地就业。同时，对于这些目标明确的人来说，他们并不在乎研究生生涯能够学到什么，备考的过程也是为了考试而考试，依靠死记硬背等方法和手段，忽视了对综合能力的培养和提高。目前我国考研的发展趋势虽然很火热，但是我国的学术研究却很冷清，考研的人数和考研录取名额的快速增长并不能帮助巩固和提高目前我国的研究生职业教育的综合学术水平和层次。

（二）大学生学业规划教育有待加强

“考研热”现象最直接的后果和影响就是极大地加剧了学生之间的竞争压力。在调查中显示，有 48.5%的大学生是在大三期间决定考研并实施考研计划，提前参战，摒弃了所有与考研计划无关的事情，整天忙于为以后的考研做好充分准备，甚至还有26.5%的学生在大一大二期间就已经把考研作为本科学习的主要方向。但是这些学生在专注考研的同时，也可能忽视了本科知识的全面学习和掌握，甚至还导致这些学生对于与自身考研无关或是相关性较低的本科课程放任不管，这一现象影响到了学校对本科生的正常教学，也严重地影响到了本科专业基础知识的综合应用能力水平的培养和提高。除此以外，据笔者了解，部分大学生在准备考研期间犹如高考一般专心投入，为了能够日夜兼顾，偷偷在校外租房，虽然照常交付住宿费但是人却不在学校内，这也增加了学校住宿管理的难度。

（三）研究生教育的质量不断下降

近年来，研究生的教育质量出现明显的下降，主要由以下两个方面导致：一是随着近年来我国考研人数的逐年增加，各个高校都开始积极地进行了研究生的扩招，而相应的对研究生专业培养教学的条件、管理制度以及师资相关的力量没有能够及时地跟上我国研究生专业扩招的步伐和专业培养机构发展的脚步，甚至有的研究生专业一个导师名下有20多名硕士生和博士生，导师任务过多，无法对研究生加强指导；二是大多数选择考研的高校学生是为了硕士学位而考研，把能否获得研究生学历当成顺利就业的一把钥匙和重要的敲门砖，他们没有明确的认识和端正的考研目的。在今后的研究生学习阶段，缺乏清晰的研究生学习和日后的职业规划，忽略了研究生专业素质和专业技能的培养。

五、对于“考研热”现象下的社会政策分析

大学生选择考研主要原因是为了日后的高薪等，这些因素直接影响了大学生的人生价值观。对此，应该从以下几个层面对大学生考研进行有效的教育引导和政策干预，提升我国大学生对考研的正确认识。

（一）政府要从政策上为大学生就业创造条件

从宏观层面来看，政府首先要进一步加强就业市场调控，营造平等竞争的就业环境。具体来说，首先，各省级相关教育行政部门和高校应当紧密地联合组织起来，齐抓共管，规范良好的用人市场环境，积极地推动高校毕业生高质量地充分就业。政府主管部门应多与有关部门加强联合，下决心、出实招，加强市场监管，着力于创造平等的教育和就业市场环境。同时，出台了相应的法律和政策，限制了基层高校和用人单位大量拔高和使用各类专业人才。其次，适度地扩大高校招生办学的专业自主权。将普通高等学校的招生纳入专业市场竞争的体系，优胜劣汰，由其市场自主权来直接决定招生专业的发展和去留，灵活地调整招生专业的设置和扩大高校招生的规模，形成一个契合于市场经济发展需要的高校招生专业结构和培养人才的体系。最后，严格地审核学校的培养升级、专业开设的软硬件条件。各地省教育行政主管部门认为应积极鼓励普通高等学校办出自己的特色，限制对学校的盲目培养和升级。

（二）高校制定针对性、多变性人才培养方案

首先，高校对大学生的培养应该注重现代化学科建设，储备雄厚的师资力量①。走一条适合自己的职业教育办学之路，突出其办学的特色，把提高教学质量放在首位，而不是盲目的追求人才培养技能升级，求"大"、求"全"、"办综合性大学"。其次，学校应坚持面向市场发展需求、加强与校企之间的合作、回应教育行业长远的发展，开展产教深度融合，优化人才培养的方案和教材的改革。最后，学校一定要在政策上严格执行"宽进严出"，必要时对不合格的教师和学生也要采取"回炉"的政策，严把现代化教育的质量关。

（三）用人单位要抛弃"唯学历"论的思想

具有长远发展战略眼光的企业，要从关注员工的长远生存和发展的角

---

① 张耀庭. 提高不同层次学生学习能力的理论与思考［J］. 教学与管理，2014（6）：76-78.

度出发，把尊重员工作为企业理想和价值观融入运用到整个企业的长远发展中，善于“识才”“用才”。企业用人单位在进行人才录用招聘的工作过程中，应该本着公平公正的人才招聘原则，使用人管理单位在招聘中能够培养和吸收一批真正有才干的年轻人，要更加注重培养大学生的专业综合能力和素质，而不能以高学历人才作为唯一的人才招聘条件和标准，用人单位还是应该让员工明白学历并不等于一切。而真正的引进人才只是第一步，更重要的还是需要对人才的管理。企业要进一步建立健全的企业内部人才管理机制，形成独具特色的优秀企业文化、企业精神和魅力，使得员工与自己的企业同生存、共荣辱、谋发展。同时，还需要公司建立健全的人才选拔测评的机制，从其专业知识、人际交往的能力、适应能力、团队协作的能力以及员工的创新创造的能力等方面进行全方位地考查员工，把合适的专业人才都安排在合适的工作位置，真正重要的问题是如何做到人尽其才，使其自身发展能力成为一个企业的“源头活水”。

对于在激烈的市场竞争环境中的优秀大学生而言，要想真正脱颖而出，就要全方位地提升他们个人的职业素养，跳出盲目或者跟风的市场竞争怪圈，真正在市场中发挥所长。培养优秀人才的内在价值，不仅仅在于其学历等外在的条件和要素，而且还在于他们是否具备能够为单位、为集体、为学校的事业发展贡献自己应有的思想智慧和精神力量。“天生我材必有用”，每个优秀的青年人都应该充分认识自己的优劣势，真正正确找准自己的职业成长点和职业位置，发挥自己的自身优势和专业特长，才是真正的职业生存之道。

参考文献

［1］中华人民共和国教育部. 教育部对十三届全国人大一次会议第7979号建议的答复［EB/OL］.（2018-9-19）. http://www.moe.gov.cn/jyb_xxgk/xxgk_jyta/jyta_zgs/201812/t20181226_364907.html

［2］杜朝东，蒋智钢，张贝宁. 大学生专业学习需求的调查研究［J］. 卫生职业教育，2018，36（22）：127-129.

［3］张耀庭. 提高不同层次学生学习能力的理论与思考［J］. 教学与管理，2014（6）：76-78.

［4］张耀庭. 大学生“考研热”现象的分析与思考［J］. 学理论，2018（12）：190-191.

［5］赵婀娜. 考研热也需冷思考［N］. 人民日报，2018-08-27(005).

［6］张帅杰，尚猛，段淇泷，温想. 大学生考研前焦虑程度分析与调控策略［J］. 科技经济导刊，2019，27（24）：158.

［7］孙祥林，白雪萍，魏玉涛. 考研热，怎么看［J］. 中国大学生就业，2019（14）：4-6.

［8］丛康林，李西灿，董超，常小燕. 大学生考研影响因素调查分析［J］. 产业与科技论坛，2019，18（13）：139-140.

［9］丁彤. 影响大学生考研选择的客观因素研究——基于上海市521个样本的实证分析［J］. 高等教育研究学报，2016，39（02）：30-37.

［10］肖雪，马心怡，李娜，吴慧敏，陈沛阳. 考研于不同专业大学生的价值与适配性实证研究——以武汉高校为例［J］. 现代商贸工业，2019（16）：65-68.

［11］刘海波，董莉. 考研大学生心理健康状况分析及对策研究［J］. 锦州医科大学学报（社会科学版），2019，17（02）：54-56.

［12 高玉梅. 大学毕业生“考研热”的经济学分析［J］. 中国青年研究，2012（06）：88-91.

［13］郑朝霞. 理性选择理论视角下大学生“考研热”分析［J］. 大庆社会科学，2016（04）：152-153.

民族传统村落精准扶贫实践的调查与分析

——基于贵州省侗寨YD村的实地考察

王　斌　严进进　赵孝扬*

（贵州民族大学人文科技学院，贵州贵阳　550025；
贵州工业职业技术学院，贵州贵阳　550025）

摘　要：贵州作为少数民族大省，生态富裕、文化富裕、经济发展滞后是其主要的特点。自精准扶贫工作开展以来，贵州作为国家重点扶持的省份之一，在近五年的时间里贵州的经济得到了前所未有的提高，贫困地区、贫困人口逐步实现脱贫。然而，通过对贵州民族传统村落精准扶贫工作现状进行深入调查和研究发现，在民族传统村落精准扶贫工作贯彻落实的过程中，出现了诸多问题。如干群关系紧张、产业结构不合理、缺乏人才等情况。基于此，通过分析民族传统村落在精准扶贫工作中出现的扶贫问

---

* 作者简介：王斌（1994—），男，穿青人，贵州织金人，贵州民族大学人文科技学院讲师。研究方向：民族经济与社会文化。

严进进（1994—），女，仡佬族，贵州道真人，贵州工业职业技术学院教师。研究方向：民族经济与区域发展。

赵孝扬（1996—），女，布依族，贵州贵阳人，贵州民族大学人文科技学院讲师。研究方向：对外汉语教学与民族地区跨文化交际能力培养。

题，结合民族传统村落的经济、文化、教育、生态等多方面的内容，提出切实可行的解决路径，为民族传统村落的振兴工作提供经验借鉴。
关键词：贵州；民族传统村落；精准扶贫

"精准扶贫"口号的提出最早是在2013年11月3日，习近平总书记在湖南湘西花垣县排碧乡十八洞村考察时表示："扶贫要实事求是，因地制宜。要精准扶贫，切忌喊口号，也不要定好高骛远的目标。"[①] 2014年1月，中共中央办公厅完成精准扶贫工作模式的顶层设计，使得"精准扶贫"思想得以落到实地。自习近平总书记提出"精准扶贫"概念以来，相关领域的专家学者、各级地方政府等都对此展开了积极的研究和探讨，并发表了相关的见解或学术成果。

知网检索，关于"精准扶贫"研究的学术论文达万余条，这些学术论文中不乏对顶层设计的研究，如汪三贵、郭子豪在《论中国精准扶贫》一文中提出，我国精准扶贫较之前期的扶贫工作更有现实意义，但是由于我国的贫困人口大部分为农村人口，在实际情况中很难对农户的收入进行可靠的统计，这也导致"精准"识别出现困难，村一级主要依靠民主评议的方式来进行精准识别，这样一来，就会存在精准扶贫对象中有一半的是非贫困户，而在未得到扶持的农户中有一半的是贫困户，精准识别出现严重的误差，对此作者提出要创新精准扶贫的工作机制，改革贫困标准的制定方法是第一步，其次是完善精准扶贫的考核机制，同时地方政府要探索和建立贫困户的收益机制。莫光辉《精准扶贫：中国扶贫开发模式的内生变革与治理突破》对比精准扶贫与传统扶贫的特点和效果，分析我国扶贫开发模式的内生变革和治理突破，并针对精准扶贫模式的困境提出了解决困境的方法，对我国精准扶贫工作具有重要意义。部分学者从精准扶贫的视角出发，分析了不同社会因素对精准扶贫工作产生的影响。刘名菊《精准扶贫视野下返乡农民工创业援助与农村脱贫路径研究》强调了农民工在精准扶贫中的作用，引导农民工返乡创业，对地方的精准扶贫有很强的现实

---

① 参见中国共产党新闻网，http：//cpc. people. com. cn/，习近平赴湘西调研扶贫攻坚。

意义，作者认为农民工较之一般的农民文化水平较高，同时受到外界文化的熏陶，可以为地方创业带来先进的技术，并且农民工已经成为农村地区扶贫攻坚的主力军，但是由于农民工的水平和能力有限，在扶贫攻坚中要加强创业主义的素质培养。黄炜等人在《精准扶贫视域下乡村旅游产业发展动力因素实证研究——以武陵山片区为例》一文中，认为乡村旅游是带动地方发展的重要途径，作者以武陵山片区为研究对象，认为在精准扶贫背景下的乡村旅游仍存在诸多问题，通过对该片区乡村旅游的具体分析，提出相应的解决路径。综合目前学术界对精准扶贫相关问题的研究来看，大都对各地精准扶贫的工作进行了肯定，但是仍然存在很多亟待解决的问题，尤其是针对少数民族传统村落精准扶贫工作的关注度还不够，没有提出综合性的可行性的精准扶贫方案，精准扶贫工作及相关研究任重道远。基于此，笔者通过对贵州民族传统村寨 YD 村精准扶贫工作的实地考察，试图通过找出该村在精准扶贫过程出现的问题，并分析其解决的路径，为其他民族传统村寨的精准扶贫工作提供有益的参考意见。

一、侗寨 YD 村发展现状分析

（一）资源禀赋

YD 村位处清水江左岸，海拔 800 多米，是一个典型的侗族传统村落，文化、生态和农业是当地的三大宝。其民族风情浓郁，民族文化多姿多彩。有着自己独特的民族建筑、服饰以及民俗风情。YD 村同时是一个自然行政村，距县城 40 公里，村寨坐落于山间盆地上，自然环境保持较好，周围古木成林，青山环绕，林海“数古铁色，不知其年，叶落数尺，俯履无地”。其薪炭林储蓄量十分丰富，居全乡之首。这里还是各种野生动物的栖息天堂，最具盛名的是野生猴群和锦鸡，放眼望去，原始森林与山间云雾相映成趣，胜似人间仙境。

（二）人口发展现状

根据当地政府的数据统计，2013 年当地人口总数为 1925 人，2014 年为1946人，2015年为2016人，2016年为2026人，2017年为2038人，从近五年的人口数据我们可以看出，当地人口总数呈现出递增趋势，除2014—2015年增长速度相对较大外，其他年份的幅度呈缓慢增长趋势。据2017年YD村人口数据统计数据可知，人口总数为2038人（其中女923人，男1115人，常住人口1558人，外出务工人口480人）。YD村人口比例中呈现出男多女少的现状，由于受到传统观念的影响，当地大部分父母都希望有一男一女，但是更多的希望寄托在男性身上。村里的人口素质较低，多为初中及以下文化水平，在爷爷一辈中多为文盲，大部分女性没有外出的经历。很多老人或中年妇女不会说也听不懂汉话，只能用侗话交流，有过外出经历的基本能用汉话交流，其内部人员皆用侗话，但是新一代的年轻人听不懂侗歌。家庭多是五人及以上的主干家庭，三代同堂，寨中60岁及以上人口为395人，占总人口的14%，老龄化现象较为严重。大约五分之一的劳动力都选择外出务工，现在村里大部分为留守的老人、妇女和儿童。

（三）生计方式

YD村海拔高，山多平地少，旱地大多以块状分布，散布于寨子四周，水田主要集中在上下两坝，田地多旱地少，所以形成稻—鱼—鸭复合系统。其主要粮食作物为水稻，旱地兼种有玉米、黄瓜、红薯、土豆等作物，主要的经济作物为薏仁米，基本上每家都有一块自留地，用来种植日常食用的各种蔬菜。养殖以猪、牛为主要品种，兼养常见的鸡、鸭、鹅等家禽。总体而言人均耕地少，尽管将每一寸土地充分利用起来能满足日常生活所需，但是没有直接的经济收入，日常的开支（特别是送礼）仍有很大的缺口，只能寻找其他的生计方式来补贴家用。YD村主要的生计方式大概可分为三类：一是自给自足的农业，二是外出务工，三是店铺商业。村里从事一种生计方式的人家不多。多数从事至少两种生计方式，一般都为外出务工和农业两种生计的结合，少数人家以务农和开商铺或者开商铺和打工经济为主。当地传统的农业种植早已满足不了日益增长的生活需要，故而村中大多数劳动力都会选择外出务工来补贴家用，家里能劳动的老人和妇女只能选择耕种家中田地的小部分来维持生计，这导致农户家中无人耕种的土地或是荒废，或是被租赁，或是无偿借给别人种或者用来种植树苗。

（四）扶贫工作

自精准扶贫开展以来，YD 村地方政府秉持精准扶贫宗旨，扶贫工作有序的开展起来，最明显的变化就是村民的房子变漂亮了，网络通了，菜鸟驿站也开起来了，网上购物成为年轻人的日常。村中也开了大超市，饭馆也越来越多。但是村中的人却越来越少，修了房子却没有人住，那些修房子的负了债，无力偿还，只能外出打工，没有修房子的想修房子，所以也外出打工，剩下的人中有一半是没有劳动力的。政府还通过发放生产资料和鼓励经济作物的方式鼓励生产，如发放鱼苗、猪崽，鼓励种植地方经济作物薏仁米等。在产业扶贫上，主要通过引进市场经济作物，如烤烟、茶业、大红椒、大红薯、大棚菌等作物，这些经济作物的种植持续时间一般不超过两年，目前当地政府还在不断尝试种植新的经济作物，由于政府的项目无法满足农民的需求，只有极少数的农户或个人会参与到这些项目当中。

二、侗寨 YD 村精准扶贫过程中存在的问题

（一）干群关系紧张

干群关系可以直接反映出地方政府在地方的工作中的工作效益，干群关系紧张说明政府的工作没有得到百姓的认可。农民的利益得到保障时，干群关系就比较和谐，农民的利益若是得不到保障，干群关系也会逐渐紧张，建立良好的干群关系政府的工作就成功了一半。在民族地区开展扶贫工作要遵循当地人的意愿，根据当地的实际情况制定发展规划。YD 村属于典型的贫困村，贫困人口多，政府扶贫工作量大，与各农户之间的关系处理成为精准扶贫路上最棘手的问题。地方政府对扶贫对象的选定以及扶贫方法的选择会直接影响其与当地百姓的关系。目前 YD 村干群关系紧张

的问题，其因由主要有二：

1. 政府定位出现偏差

“贫困户”是政府帮扶的对象，是直接的“受益者”，但是这些精准扶贫的对象在政府的扶贫下并没有太大的改变。针对当地的种养殖情况，政府利用扶贫专项资金，为贫困户发放鱼苗、猪崽等生产资料，但是很多农户并没有因此对政府心怀感激，更甚者有的农户存在反感情绪。由于地处集市中心，购买商品非常方便，肉和蔬菜以及其他的生活用品都是随时供应。所以传统的养殖成了一项费力又不讨好的事情，农户养牲畜耗时长，还需投入大量的生产资料和劳动力，市场不景气，所以养殖牲畜是一个不仅不赚钱还会赔本的生意，在政府鼓励养殖前，当地农户基本已经放弃了这一项营生。而且政府只负责了前期的发放，却不管后期的销售，这让当地百姓很是苦恼，当地农户常常埋怨“政府只知道让我们种，不帮我们卖啊”。政府鼓励种植经济作物薏仁米，在市场的吸引和政府的引导下，当地一些有胆识的年轻人，带头成立了薏仁米合作社，成立之初只有 10 人，通过其内部成员每人出资 6000 元作为启动资金，面对资金的缺口，以个人名义贷款购买加工机器，成立之初没有可耕种的土地，就自己内部捐田捐土，或者去租赁其他农户的撂荒土地，其种植规模达 10 多万斤，但苦于没有市场，每年剩余库存高达 6 万多斤，积压严重，其他农户更是如此。农户响应政府号召，农作物种出来了，收成也还不错，可是卖不出去，政府没有相应的对策，农户的利益得不到保障，时间一长，对政府失去了信心，导致干群关系紧张。对于当地自主创业的农民和项目，政府也没有去关心和支持，完全靠农民自己组织，自己出资，自己出力来运行。地方政府将国家下拨的资金用在了其它项目上，而这些项目实际上开展的情况都不理想。当地百姓没有看到经济收益，也没有享受到政府的福利待遇。

村中大部分的公共设施都是由当地百姓自己集资出力修建的，而政府扮演的却是参与者或者旁观者角色。据当地村民杨某介绍，政府几乎没有主导过诸如桥梁、亭台楼阁等公共设施的建设。当地的一座风雨桥和歌楼是由他牵头，带领村里的人集资、出力修建而成的，政府并没有给予过多的关注。由于当地在公共设施的建设上都会立碑铭记历史，在这些公共设施的功德碑上很难看到某某政府这样的字样。正是由于政府这样的行为在当地的百姓心中没有树立一个好的政府形象。

2. 村民素质相对较低，思想意识不到位

村民作为干群关系中的主角之一，对干群关系的好坏有着直接的影响。在 YD 村，造成干群关系紧张的局面，很大一部分原因来自当地的村民。第一，村民的文化水平普遍不高，对国家政策的认识不够，无法正确看待自己与贫困户之间的贫富差距。精准扶贫工作对扶贫对象的选择有着特定性，不能惠及村中每一个农户，这势必会造成在扶贫对象之外的农户对政府的工作产生抵触情绪，同时会影响当地村民与村民之间的关系。第二，宗族观念强，导致村集体意识弱，村民对村寨未来的发展没有规划，对待家乡的发展大部分人持观望的态度，害怕自己承担失败的风险，看不到家乡的发展前景，所以纷纷外出打工，哪里有钱挣就去哪里。第三，积极性不高，在参与地方政府的计划或者项目时，更多的是被政府发放的奖励金吸引，并没有真正认可政府的行为。而在政府鼓励种植获得可观收成之后，由于商品滞销，浪费严重，而农户却坐等政府来解救他们于水火，当地农户缺乏积极主动的意识。第四，主人翁意识不强，作为文化传承者的村民来说，由于受到外来文化的影响，当地人对自己的民族文化产生不自信，穿着汉服、说汉话、修砖房，导致自己的传统文化面临无人继承的局面，在日常的生活中“可视”的民族文化已经消失不见，只能在盛大节日中才能重现，对本民族文化认识不到位，无法利用自己的文化优势带动地方的发展。

（二）产业结构不合理

1. 农业产业

调整产业结构，优化产业发展，发展生态农业，打造特色产品是当前 YD 村产业发展的一个方向所在。在 YD 村产业的发展上当地政府的重心一直放在引进外来物种上，如大红椒、大红薯、大棚菌等，每年在这方面投入了大量的资金，鼓励当地农民大量种植这些作物，但最终的结果是产品大都卖不出去，因为这些产品属于小农经营，没有竞争力，销售渠道也不通畅，加上地处山区，交通的制约更为突出，综合成本大大提高，一来二去，村民没有看到实际的收获，也就逐渐丧失了信心。

发展生态农业，充分利用其气候和生态优势，发展本地的特色农业，是 YD 村经济发展的关键。YD 村以水稻种植和薏仁米种植为主，水稻种植主要是满足日常所需，薏仁米作为经济作物，是地方政府鼓励生产的地方作物之一。YD 村现在仍然沿袭着传统的薏仁米种植方法，加上当地特有的地理和气候环境，所种的薏仁米质量与外界的产品相比具有明显的优势，当地政府也看到了这个商机，利用政策的扶持鼓励村民种植，然而，还是由于没有市场的推广和销路，村民慢慢地丧失了信心，种植的规模也一点一点地缩小。但是当地政府似乎并没有注意到这一点，将主要的精力放在其他新品种的种植上，导致两者都没有获得可观的经济效益和社会效益。

2. 文化与生态资源产业

YD 村文化底蕴浓厚，有着诸多自己的民族特色，当地政府也利用当地节日的优势将 YD 村打造为一村一节的旅游村，但是由于基础设施不完善、计划不成熟、资金不足等原因，该项计划仍然处于起步阶段，并没有为当地的发展带来太大的改变。节日旅游太过单一，并没有融入当地的文化内涵，更没有将当地的特色产业融入其中，没有形成系统的旅游产业，而且节日周期短，只是昙花一现的文化展演，知名度不高，带不来客流量，也留不住游客。优良的自然生态环境也是 YD 村的一大宝贝，当地人也有利用自然生态打造生态旅游的想法，但是没有具体的实施计划，没有政府的支持和资金的投入，至今仍然处于空想状态。可持续的产业发展必须依托当地的文化生态和自然生态，但当前 YD 村的困境就在于，文化和生态两个宝贝在 YD 村都没有得到很好的利用和发展。

（三）缺乏劳动力和人才

“扶贫先扶志”，YD 村的大部分村民却“志”不在此。由于自身的发展能力弱，地方经济发展不起来，农民看不到希望，导致大部分的人才和劳动力外流，远赴他乡寻找生计，村里出现“空心”化。留下的大部分是留守老人、留守妇女、留守儿童。老幼妇孺成为YD村驻守的主力军，农业产业、传统文化无人继承。人才是地方经济发展的重要保障，缺乏人才，再好的理想和计划也不能变为现实，绝大多数的年轻人面对回乡创业这个问题，其态度都是不看好的。

“扶贫先扶智”，人力是地方发展的力量源泉，人才是发展的关键。在地方发展中，劳动力固然是开展项目的基础，但真正起关键作用的还是一些懂技术、懂管理、懂市场的人才，只有技术上的更新才能在现有的生产资料上取得更高的收益。YD村传统的耕种技术就是一个很好的例子，刀耕火种与现代农耕相去甚远，没有专业的人才和设备，无法完成产品的自我加工，只能出售原材料，盈利空间不大，无法及时了解市场需求，找不到销售渠道，导致商品滞销，浪费严重。没有人才和劳动力的支撑，地方的经济、文化自然发展不起来。扶贫的对象都走了，怎么能扶起来，如何富起来?

三、侗寨YD村精准扶贫中解决问题的路径分析

（一）合理利用“熟人”社会，建立良好的干群关系

干群关系紧张、劳动力外流、地方发展滞后与村民自身有很大的关系。建立一种良好的干群关系，就要保障农民的利益。要保障农民利益，就要知道农民需要什么，这才是解决问题的关键。民族传统村寨的农民较之其他地区，由于受地域限制，与外界的交流少，更具特殊性，地方政府要从当地农民的特殊心理和特殊的需求出发，解决当地农民当期最迫切、最需要解决的问题。在精准帮扶中要考虑当地的实际、每个农户的具体情况进行特殊扶贫，同时针对非贫困户的农户也要给予帮助和扶持。YD村是一个熟人社会，更是一个“私人”社会，宗族观念强，皆是房族为单位的小社会组织，更多的是小集体的利益，以村为单位的集体利益弱，这就导致村民的社会力量分散，无法形成可供政府统一分配的集体劳动力。同时没有认识到自身的主人公身份，没有树立集体的观念，在村寨这个集体

中缺乏奉献精神，在精准扶贫中大部分村民没有享受到政府的补贴或者帮助，将自己设定为“受害者”，与政府保持距离。对此政府应该加强对当地村民自治的教育，充当引导的角色，培养当地村民的主人公意识，尤其是对房族房长，要与他们达成共识，建立友好的合作关系，通过各房长来对各房族的村民进行引导和教育，打破传统宗族观念的束缚，各房族与各房族之间通力合作，由此建立良好的干群关系，共同打造自己的美丽的乡村，实现村集体的共同发展。

（二）鼓励支持创业，解决农民的就业问题

就业一直是最大的民生工程，解决村民的就地就业问题，是解决 YD 村劳动力不足的关键。当地政府部门要“对症下药”，对当地自主创业的农民给予技术上的指导和资金上的扶持，对于有能力创业没有创业的农民要给予鼓励和支持，以此来吸引更多的农民自主创业。同时在村的发展中，政府应该为村民建立自己的创业项目和资金链，来保证农民有自己的创业渠道和创业资金，解决农民创业要担风险的后顾之忧。同时以成功的创业经验来留住劳动力和人才，吸引更多外出务工人员，回乡创业。长远的发展规划是必不可少的，这决定了一个地区未来发展的走向，人才之所以留不住，是因为看不到一个好的发展前景。鼓励农民充分发挥自己的优势，如擅长种植、养殖、民族手工艺等，都可以作为创业的门路，为 YD 村的村民创造更多的就业机会，外出务工的劳动力自然会回流。针对目前村里专门从事种植、养殖的农户以及传统工艺的作坊，政府应该给予资金上的扶持，帮助农户扩大规模，解决商品的销售问题，增强农户留乡创业的信心和决心。通过鼓励农民创业，解决农民择业难，就业难的尴尬局面，将劳动力和人才留下来，实现自我服务。政府通过这样的方式也可以重新赢得村民的信任，与村民建立良好的干群关系，为下一步工作奠定群众基础。

（三）因地制宜，调整产业结构

贵州是少数民族大省，也是国家精准扶贫重点扶持的省份之一。较之

其他农村地区，贵州农村地区的发展更有难度。复杂的地形、陡峭的地势成为贵州地区发展的阻碍，同时这些阻碍可能会成为发展的契机。将劣势转化为发展的优势，打造特色的民族产业，既要注重传统文化的传承，也要对其进行创新；既要注重文化的原真性，也要利用文化特色来打造民族文化产品，用民族自己的文化资源、生态优势来发展民族自己的产业。乡土社会的发展不能是直接复制发展模式，也不能简单的标新立异，需要因地制宜、趋利避害发展特色产业。传统的农作物品种、独具特色的民族文化、优良的生态环境是 YD 村赖以发展的三大宝贝，YD 村的经济发展、产业结构要从这三个方面做文章，进行产业结构的调整。

1. 农业+特色产品+旅游

农业是 YD 村的传统产业，具有非常大的发展潜力。除了稻—鱼—鸭的复合种养殖系统外，还有薏仁米和其他的蔬菜瓜果类以及家禽。在农业产业发展上只需要在规模上进行调整，技术上进行改进，建立自己的加工厂和产业链，解决市场销售的问题，就可以获得可观的经济收益，不用承担高投入低产出、高速度低质量、高消耗低收益的风险。利用农业品种的优势发展本地的特色产品，打造自己的品牌，走高端农产品的路线。基于以上的基础，还可以发展观光农业，吸引城市游客体验农家生活，刺激游客对特色农产品的消费。

2. 生态+旅游

“绿水青山就是金山银山。” YD 村土地总面积共 16000 余亩（约 1066.67 公顷），其中林地就接近 16000 亩（约 1066.67 公顷），村寨中随处可见参天的古木，原始森林环境保持较好，野生动物种类繁多，是生态旅游的圣地。原生态的自然环境为 YD 村发展生态旅游奠定了良好的基础，只需要完善基础设施，做好生态保护机制，就可以实现绿水青山变为金山银山，金山银山即绿水青山。通过走生态旅游扶贫的新路子，带领当地农民创造“美丽经济”。

3. 文化+旅游

乡村既是传统文化的发源地，也是传统文化的归宿。YD 村作为传统的民族村寨，民族文化是其最独特、最宝贵，最具竞争力的财富。当地政府推广的一村一节已初具规模，但是节日旅游不足以带动村寨的发展，应融入更多的民族文化元素，建立完善的文化旅游发展模式，在文化旅游中充分展示民族文化的特色，将当地的民族文化特色发挥到极致。

农业是传统农耕村落的经济支柱，走文化、生态的产业道路才是 YD 村实现可持续发展的长久之计。通过发展高效农业吸引外出人口返乡创业，继承农业种植和传承传统文化，利用当地的生态和文化优势，打造“农业+生态+文化”旅游产业，农业观光、生态旅游、文化旅游的共同发展将 YD 村打造成一年四季皆旺季的民族传统旅游村寨。

（三）提高人口素质，培养“地方性知识”人才

提高人口素质，增强村民对本民族文化的自信心，在尊重民族文化内核的基础上对其加以创新和改造，使民族文化真正能够为地方发展发挥作用。YD 村整体人口素质偏低，自身发展能力弱，随着外出务工人数增多，村中逐渐“空心”化，文化传承后继无人。而民族文化浓厚，有自己的特色农作物，拥有着良好的生态环境和浓厚的民族文化又是其优势所在，最关键的是没有可用的人才将自己的民族优势与时代发展的潮流结合起来。目前 YD 村出现两种极端，一种是完全没有与外界有过交流，只会说侗话，民族文化传承较好的村民；另一种则是与外界有着频繁的接触，完全适应外界的文化，对本民族文化有抵触心理的村民。两者都属于人口素质较低，无法认识本民族文化存在的意义和价值，对此政府应该加强对当地百姓的素质教育，提高当地人的文化水平，加强与外界的交流，让其正确认识外界的事物、认识本民族文化存在的意义和价值。同时努力培养一批懂本民族文化、懂手工艺的技术型人才，充分挖掘民族文化和地方特色，利用先进的、科学的方式，以自己的地域和文化优势带动地方的发展。

四、结语

精准扶贫针对的是真正贫困的个人或家庭，通过对贫困对象精准的帮扶，扫清导致其贫困的各种问题，最终达到可持续脱贫的目的。民族传统

村寨地理环境特殊、文化底蕴深厚、传统的社会观念强，为地方政府的精准扶贫工作增加了难度。对此，地方政府要根据民族地区的特殊的自然和人文因素以及当地农民的诉求来对精准帮扶工作作出调整，因户和因人采取具体的应对手段消除导致贫困的内因和外因。在民族传统村寨，干群关系紧张是导致地方精准扶贫工作进展缓慢的重要原因，产业结构不合理、缺乏劳动力和地方性人才是民族传统村寨发展中存在的主要问题。民族传统村寨要实现可持续的发展，实现真正的脱贫，需要依托自身特色，扶贫工作必须坚持以政府为主导，以农民为主体；以地方产业为基础，发展特色产业；以绿色经济为主线，走可持续发展之路。政府要找准定位，及时调整战略部署，和农民建立良好的干群关系，将农民纳入地方发展的体系之内，通过实现农民内部创业、就业，留住劳动力和人才，保障农业产业和文化的传承和创新，利用好农业、文化、生态等宝贝，打造出属于农民自己的可持续发展道路。

参考文献

［1］汪三贵，郭子豪．论中国的精准扶贫［J］．贵州社会科学，2015（5）：147-150.

［2］莫光辉．精准扶贫：中国扶贫开发模式的内生变革与治理突破［J］．中国特色社会主义研究，2016（2）：73-77，94.

［3］刘名菊．精准扶贫视野下返乡农民工创业援助与农村脱贫路径研究［J］．农业经济，2018（03）：73-75.

［4］黄炜，孟霏，肖淑靓．精准扶贫视域下乡村旅游产业发展动力因素实证研究——以武陵山片区为例［J］．中央民族大学学报（哲学社会科学版），2017，44（05）：57-68.

［5］詹姆斯·C．斯科特．国家的视角——那些试图改善人类状况的项目是何如失败的［M］．王晓毅，译．北京：社会科学文献出版社，2004：6.

［6］克利福德·吉尔兹．地方性知识：阐释人类学论文集［M］．王

海龙，张家瑄，译. 北京：中央编译出版社，2000：20-80.

[7] 杨庭硕. 相际经营原理——跨民族经济活动的理论与实践 [M]. 贵阳：贵州民族出版社，1995：31-223.

[8] 郑瑞强，王英. 精准扶贫政策初探 [J]. 财政研究，2016 (2)：17-24.

[9] 吴亚荣. 精准扶贫视野下农村地区思想扶贫的路径探析 [J]. 社科纵横，2017，32 (09)：83-85.

[10] 宋才发，兰晓峰. 民族地区精准脱贫方略及法治路径探讨 [J]. 广西民族研究，2017 (04)：152-157.

[11] 严进进. 乡村振兴视域下贵州民族传统村寨发展问题研究——以侗寨彦洞为对象 [D]. 贵阳：贵州大学，2019.

图书馆读者占座的原因分析及对策研究

詹小芳　张　英*

（贵州民族大学人文科技学院，贵州贵阳　550025）

摘　要：高校图书馆作为高校建设和发展的三大支柱之一，是学生的第二课堂和教师科学研究的重要场所。图书馆馆藏资源丰富，环境清幽，学习氛围浓厚，是读者课余时间青睐的学习场所。但由于图书馆空间有限，可以摆放的桌、椅不多，这个极少的数量远远不能满足学生的使用需求。在这个“僧多粥少”的情形下便滋生了占座现象，这一不文明现象不仅影响图书馆的管理秩序，还在一定程度上打击了学生的学习积极性。对此，本文首先阐述了读者占座行为的表现及带来的危害，其次对占座原因进行了分析，最后对占座问题提出了解决对策。

关键词：图书馆；占座；不文明现象

---

* 作者简介：詹小芳（1985—），女，汉族，贵州民族大学人文科技学院教师，助理馆员。

张英（1989—），女，汉族，贵州民族大学人文科技学院教师，硕士研究生，研究方向：教师教育，高等教育学理论。

一、图书馆占座现象的实证观察

图书馆占座是指读者提前到自习区将个人物品放置在座位上，不经常使用座位或是阻碍他人使用。有可能一人占一个，也有可能一人多占。通常出现以下的现象：

（1）清晨图书馆门一开，很多读者便直奔各电梯口赶往各楼层自习室，往光线明亮或靠近电源的座位上放上书、笔记本电脑或其他物品，有的学生占一个座位，有的占两到三个位置，有的占一张六人桌，那些被占座者三三两两地到来，但是有些座位却很久无人使用，有时直到下午或晚上才见到人。当有需求的读者想要坐下时，均被邻桌的人告知有人坐。

（2）中午和晚上吃饭时间段，大多数读者都会离开图书馆，但自习区照样堆满书籍、资料等物品。

（3）晚上离馆时间临近时，读者陆续走出图书馆，部分物品仍然滞留在座位上。

二、读者占座行为的表现及危害

占座的种类繁多，有以下几种形式：

首先，从占座的人员来看，有个人占座，也有多人相互帮忙占座①；其次，从占座的物品来看，有用个人私有物品占座，如有书包、笔记本电脑、水杯、坐垫、靠枕、衣物等；还有将幽默、调侃的留言条粘在桌子上或椅子上，以宣示主权；也有利用馆藏图书占座，在巡库时，会时常发现某些读者拿贴有索书号的图书占座，若需要看馆藏图书是合情合理的，但确是用来占座的，就让人觉得很无理，这不仅导致馆藏图书失去原本的阅览价值，还让借书的读者找不到该种图书；最后，从占座的时间来看，一

① 任湘，夏艳珺，周艳红. 馆员视角下的高校图书馆占座问题研究［J］. 科技情报开发与经济，2011，21（20）：5-8.

天中任何时间段都有人在占座。大家都将大量的时间用在图书馆学习，这本身是一件好事，说明同学们都酷爱学习，学习积极性很高。但过度占座也会导致一些不良现象发生：

（一）抢占座位会直接导致学习精力打折扣

通常请帮忙占座的同学或许是同班同宿舍的同学，或许是志同道合的朋友，大家坐在一起，话题较多，容易聊个不停，要么窃窃私语，并时不时地发出笑声，要么高谈阔论。吵闹喧哗声会打破安静的学习环境，不仅干扰了别人，也影响自己无法安心学习。

（二）占座会导致座位得不到合理使用，降低座位资源的利用率

占座位最典型的特征是占[①]，常常是有物品但无人使用，让真正有需求的同学找不到地方自习而影响心情。每当图书馆管理人员去处理的时候，占座者总有各种借口，“上厕所去了”“去接水去了”“去外面接打电话去了”“去书库找书去了”“去走廊外面背单词去了”，但是却很长时间不见人。占座在一定程度上不仅增加了学生之间发生矛盾的概率，还打击了学生的学习兴趣。大学生还处于青春冲动期、心智不成熟时期和争强好胜的阶段，如不能及时发现事态并进行化解，易造成同学间出现激烈的语言攻击，甚至会上升到肢体冲突或者群体性事件。这些闲置的空座位并未得到充分的合理使用，直接导致座位资源使用率的降低。

（三）占座容易导致个人物品丢失

图书馆自习区人来人往，人流量大，易出现偷窃行为，盗窃者趁别人不在座位的时候，将别人的东西据为己有。丢失东西的同学常常会表现出生气、愤怒的情绪跑来告诉图书馆管理人员，管理人员一调监控，二安抚学生，最后没有找回物品便将所有的责任都推给图书馆。虽然图书馆一再

① 苗瑾然．图书管理员视角下的高校图书馆占座问题与对策研究［J］．价值工程，2016（33）：227-229.

强调和提示请保管好自己的贵重物品，并提醒学生个人物品丢失，后果自负，但是有些学生不管不顾，依然我行我素，继续占座，导致丢失现象时有发生。

（四）占座容易滋生“有偿代占”和“卖座”现象

占座会出现“有偿代占”的现象，换句话说就是替别人占座，并按照占一个座位收几元钱来获取一定的酬劳。

另外，还有在研修室申请了座位的学生，该生由于自身原因中途退出，就有可能将他的座位卖给别的同学使用，无形中也促成了卖座交易的产生。因为读者人数众多，图书管理员不一定每一个读者的面貌都记得清清楚楚，所以有可能出现上述情况也不曾被发现。

某些读者做人做事喜欢占便宜，喜欢谋不义之财，首先考虑的不是同学、朋友情和师生谊，而是有没有便宜可占，公然将图书馆座位当成等价物交换，也就是说，在图书馆座位供不应求的情况下，某些心术不正的读者看准了这一有利可图的机会，便从中赚取不当得利，这样一种被利欲熏昏头脑的恶劣行为，无形中加剧了图书馆座位资源的紧张，此等行为图书馆坚决抵制。

（五）占座行为会加深读者与管理员之间的矛盾

一方面，各种占座现象，致使图书馆管理秩序混乱，从而加大图书馆管理员的工作压力。我校图书馆由大学城校区图书馆和花溪校区图书馆组成，工作人员一共有 8 个，并维持新、老校区图书馆工作的正常运行。工作人员除了做自己手上的工作任务外，还要时时去巡库巡自习室。在人员紧张的情况下，这种压力更加明显，很多同学的行为就像打游击战一样，可以说管理员来他们就走，而管理员一走，他们就又来。在耗费大量的心力人力情况下并没有让禁止占座的现象收到太大的效果，从而使管理员感到身心俱疲，也增加了学生与管理员之间的矛盾，这种矛盾的产生违背了图书馆服务职能的宗旨。

另一方面，因大量的占座物品被管理员收走并堆在一个房间，许多学生寻回自己的个人物品时，容易造成物品被翻乱，致使别的学生个人物品丢失，这也进一步增加了学生与管理员之间的矛盾。

三、读者占座的原因分析

（一）部分读者自身思想观念有误

第一，以自我为中心，利己心理。先到先得的方式“简单粗暴”，貌似公平合理，副作用也是显而易见的。在科技快速发展的趋势下，就业形势严峻促使各种考证热，很多学生都想身怀多个技能，选择考各种证书来为自己增加未来就业的砝码。高校大学生读者虽然总体上素质比较高，但是在“一座难求”的情况下，占座现象几乎天天上演，有的是人走书在；有的是看到他人都在占座，一方面会觉得个人利益被损害，或是出于无奈或由于从众心理，而效仿他人占座；另一方面，学生在没有座位可占的情况下，会去找图书管理员投诉，管理员若不及时处理，就会让更多学生默认占座是合情合理的，便加入占座队伍中，从而助长占座群体的扩大化，让占座行为愈演愈烈。

第二，缺乏公共意识。读者来图书馆借书、阅览、自习等这些服务完全是免费的，每个读者都能公平共享使用图书馆资源。但一些大学生公共意识淡薄，图书馆座位常常被当作自己的私有物品而占为己有，先占先得，一人多占①。这些行为既不利己，也不利人。

第三，和图书管理员玩捉迷藏心理。对大多数学生来讲，在对图书馆大力治理占座问题上表示支持。但少数读者是上有政策，下有对策，和管理人员捉迷藏。有些读者常常将私人物品藏在书库里面，放置在书架上或书架顶上，有的藏在某个偏僻的角落，采取以上取巧方法就是为了离馆时不带走个人物品，多数理由要么是宿舍离得远，书太多太重，不想背来背去，要么是吃完饭、上完课就回来。这样的读者在方便自己的同时却给图书馆书库的环境造成一定的混乱，而影响其他阅读者的心情。

---

① 吴东媚. 高校图书馆占座问题的思考［J］. 沿海企业与科技，2010（04）：151-153.

当代很多大学生出生于独生子女家庭，家庭经济条件较好，其成长环境容易受到利己主义和个人主义的影响，容易养成以自我为中心①、自我意识强烈，做事考虑欠缺，只顾个人得失。

（二）高校改革导致学习需求迅速增长

随着教育事业的发展、招生制度的改革，高校招生数量不断攀升，读者数量绝对增加，而图书馆资源作为公共资源并没有与扩招学生数量同比例增长②，毕竟图书馆空间有限。首先，高校图书馆需要达到一定的硬性指标，如需要加大馆藏量及生均图书占有量等硬性指标，图书馆的藏书量不得不占用很大一部分空间。其次，高校学分制和选修课实施，学生自由时间大大增加，便会首选去“第二课堂”——图书馆学习，如每学期的期末考试，图书馆通常都会出现人满为患、座无虚席的情况，占座问题尤为突出。

（三）图书馆硬件设施齐全，更受读者青睐

图书馆拥有海量图书和电子资源，图书种类丰富，并采取藏、借、阅、咨一体化的管理模式。读者在课余时间可以进入书库查询相关书籍或翻阅报刊资料扩充知识，也可以根据自己的兴趣爱好，学习其他学科知识。我校图书馆一共有六层，配备有电梯，读者上下楼方便，每一层楼配有温/热水饮水机。卫生阿姨每天都会打扫自习区域及卫生间，地面、墙面干净整洁，加上图书馆配有空调设施，冬暖夏凉，所以相比宿舍、教室，图书馆更受读者的青睐。

四、解决读者占座问题的对策

为了缓解图书馆占座现象，必须结合本校的具体情况，才能从根源上

---

① 丁黎微. 高校图书馆占座现象初探［J］. 科技情报开发与经济，2012，22（03）：59-61.

② 张靖 . 对高校图书馆占座问题的思考［J］. 卷宗，2015，5（10）：122.

有效改善占座之风，树立从我做起，从点滴做起的思想意识，做到“人在书在，人走书离”，共同营造一个文明向上的和谐校园，从而使占座现象得到缓解并逐渐消失。

（一）增加阅览座位数量，延长开馆时间

首先，增加阅览座位是解决读者占座最直接的办法，图书馆要充分利用一切可用的空间增添阅览座位，开辟不常用的房间转化利用为自习室；同时改善部分自习环境，比如及时维修更换坏灯，并给光线不够亮的区域安装照明灯。

其次，图书馆可适当延长开馆时间。我校图书馆每周开馆时间约 102 个小时，自习区域无论在上课时间、节假日还是寒暑假都处于开放状态，以满足不同专业学生的使用需求。读者应错开自习座位的使用高峰期，图书馆人流量高峰期在 8：00 开馆之际、10：30 至 10：50 和 15：30 至 16：00 的两个上下课交接时间段、14：00 上课之际、晚餐后开始自习的 19：00 左右。

（二）图书馆研修室的建设

考研学生是占座的一大群体，阅读书籍堆积如山，为了使考研学子能够安心备考，图书馆在现有条件下可以开辟专门服务考研学生的研修室，并加强对研修室的管理工作。

我校研修室的座位配置及网络配置都比其他普通自习室高端，卡座形式，专人专座，一人一座，相邻学生之间互不干扰学习，个人物品可以堆放在自己的位置上。在每学期开学后的第一周，图书馆就向各学院发出研修室座位申请的通知，并请各个专业的辅导员通知到每一个学生，务必保证每一位同学都知晓研修室开放的消息，考研学子在规定时间内积极向图书馆管理员登记申请，每个学生只能申请一个座位，使用期限为该学期期末考试结束之前。在座位使用中，图书馆规定学生周一到周五每天都要在流通台处签到，目的是督促学生充分利用申请的座位。若请他人代替签到、提前签到或缺勤者；在座位上乱涂乱画，物品放置混乱或垃圾堆满桌

子，不讲卫生破坏学习环境者；使用大功率电器者；在室内大声喧哗者；造成桌椅等公物损坏者；占用他人的桌椅放置个人物品等以上这些违规使用研修室的读者，第一次给予口头警告，第二次将收回座位且半个月内不能再申请座位，第三次违规者，收回座位且永久不能申请研修室的座位。在座位使用过程中，因违规、自愿退出等产生的座位空缺，又将提供给其他申请的考研学子。

（三）改善教室环境，利用教室自习

可以在教学楼开放教室供学生自习，教学楼教室数量多，从教务处可以获悉一天中哪些时间段哪些教室是无人上课的，并把闲置时间段的教室门牌号张贴在图书馆通知栏内，供学生参考，在图书馆无座位可坐的情况下，学生可以选择去教室学习。当然，在学校条件允许的前提下，应适当改善教室硬件设施的配备，如冬天应有供暖设施，尽量为学生提供舒适的学习环境，并适当延长部分教室的自习开放时间。合理有效地开放教室，将在一定程度上弥补图书馆座位的不足，也能帮助很多热爱学习的同学找到自习的场所。

（四）完善图书馆管理制度并加强巡视力度

图书馆应制定完善的管理制度，并将制度上墙，明确读者使用自习室的规范要求以及读者的权利与履行义务。另外在图书馆各个醒目位置张贴“座位有限，请别多占”“占座失物，责任自负”“安静方能思考”等标语。由于图书馆人员少，要做到事无巨细，监管起来难度很大，所以可以征集大学生勤工俭学者和青年志愿者或联合校内学生社团加强图书馆巡视，发现一例占座行为及时制止，并对占座者进行批评教育，屡教不改者，通知其所在学院并协同学生工作处作出通报批评。当然，遵守图书馆规章制度且表现优秀的读者，图书馆也会给予一定的奖励，激励每一位读者互相监督并敢于举报占座者以及卖座者，以此来加强图书馆对占座行为的管理力度。

（五）加强学生思想教育，培养学生的公德意识，提高文化修养

学校的根本任务是立德树人，不仅要为社会培养一名合格的大学生，更要造就积极践行社会主义核心价值观，倡导自由、平等、公正、法治，做有社会责任感的中国特色社会主义合格建设者和接班人。部分学生自私自利、无理霸占公共资源的行为与现当代大学生的良好精神风貌格格不入，应当加以摒弃①。

培养学生的公德意识。首先，图书馆在每年新生入校时，充分利用入馆教育向新生进行宣传，告诉学生图书馆内禁止占座，并将相关的规章制度向学生详细介绍以起到预防、警示的作用。其次，每年的 4 月 23 日是“世界读书日”，图书馆应开展各种各样的宣传教育活动。比如活动内容有优秀读者评选、以图书馆为主题开展征文比赛、开辟读者留言板、图书馆论坛活动等，宣传培养广大学生应该公平使用图书馆资源。最后，图书馆应请各学院辅导员在给学生做思想教育工作时，向学生传达图书馆的管理制度，并告诫学生文明使用图书馆，杜绝占座。

（六）引进图书馆座位管理系统

在久治不愈的占座情况下，图书馆缺乏一种有效的管理措施和手段。目前，部分高校已引进座位管理系统，实行座位预约，能预约上座位的读者根据座位号使用该座位，预约不上的座位则没有权限使用。系统也会根据读者离馆时间来释放该读者的座位使用权限。这个技术手段不仅提高了图书馆管理效率，还提升了服务水平，进一步维护了读者在图书馆公平公正使用图书馆资源的权益。

五、结语

图书馆学习氛围浓厚，深受广大学生的喜爱。图书馆管理员应时刻保

---

① 赵淑娟. 高校图书馆占座问题的分析及解决方案［J］. 长治学院学报，2017，34（04）：102-105.

持“态度热情、文明服务”的宗旨和“想学生所想”的服务意识。文明合理地使用图书馆资源是每个大学生应具备的基本素质，杜绝占座、馆内吸烟等不文明行为的发生。每个大学生应提高文化修养，学会与人分享、和睦相处、多份理解和包容，用自己的言行举止彰显现当代大学生朝气蓬勃的精神风貌，共同构建文明和谐的校园之风。

参考文献

[1] 任湘，夏艳珺，周艳红. 馆员视角下的高校图书馆占座问题研究 [J]. 科技情报开发与经济，2011，21（20）：5-8.

[2] 苗瑾然. 图书管理员视角下的高校图书馆占座问题与对策研究 [J]. 价值工程，2016（33）：227-229.

[3] 吴东媚. 高校图书馆占座问题的思考 [J]. 沿海企业与科技，2010（04）：151-153.

[4] 丁黎微. 高校图书馆占座现象初探 [J]. 科技情报开发与经济，2012，22（03）：59-61.

[5] 张靖 . 对高校图书馆占座问题的思考 [J]. 卷宗，2015，5（10）：122.

[6] 赵淑娟. 高校图书馆占座问题的分析及解决方案 [J]. 长治学院学报，2017，34（04）：102-105.

[7] 李霞，刘泽，李帅，韩丹丹，姜峰. 高校图书馆占座问题的博弈分析及对策 [J]. 统计与管理，2016（05）：38-40.

[8] 张理春. 浅谈高校图书馆占座现象 [J]. 科技风，2019（09）：216-217.

[9] 陈艺樟，马跃，孙金海. 高校图书馆自习室管理问题和对策分析 [J]. 科技情报开发与经济，2013（01）：37-39.

易地扶贫搬迁政策执行过程分析

——以仁怀市的安置点为例

李安连*

（贵州民族大学社会学与公共管理学院，贵州贵阳　550025）

摘　要：近年来，易地扶贫搬迁政策的执行已经在全国各地取得了显著成效。通过对仁怀市易地扶贫搬迁政策执行过程的实地调研，发现该项政策的执行使搬迁居民改变了原来的思想观念和居住环境，增加了收入并拓宽了资金来源渠道。但政策执行过程中也发现了一些问题，包括政策执行主体的能力有限且权责不清、政策对象的认知不足且参与度低和政策环境的复杂交错且有动态性等。迫切需要将这些问题解决才能使易地扶贫搬迁政策发挥更有效的作用。

关键词：易地扶贫；搬迁；政策执行；仁怀市

易地扶贫搬迁是我国在解决贫困历史问题过程中提出来的一项新政策。通过搬迁的方式把居住在偏远贫困山区、生存环境恶劣地区的人们搬

* 李安连（1993—），女，汉族，贵州民族大学社会学与公共管理学院社会学专业 2018 级硕士研究生。

迁到适宜人生存和发展的地方去，使其摆脱贫困、走出大山、实现脱贫致富并与全社会一起迈向全面小康社会的目标。易地扶贫搬迁是精准脱贫的重要举措之一，也是脱贫攻坚进入决战决胜关键阶段的重中之重。那么，如何使易地扶贫搬迁得以顺利推进，很重要的原因之一是易地扶贫搬迁政策是否得到强有力的执行。从国家的顶层设计到基层的补充细则是一项极为复杂的政策体系，不仅要考虑如何使老百姓顺利搬迁，更重要的是搬迁后如何脱贫、如何发展等生计问题。因此，易地扶贫搬迁政策执行取得的效果将成为影响我国是否能如期打赢脱贫攻坚战，实现全面建成小康社会的重要因素。

一、易地扶贫搬迁政策执行现状

（一）仁怀市易地扶贫搬迁政策梳理

仁怀市“十三五”易地扶贫搬迁规划计划搬1635户，6375人，建成15个搬迁安置点。分别于2016年、2017年、2018年三年实施，截至2020年初，已经按时完成计划。在此之前，仁怀市并没有真正实现搬迁安置点的运作。所以，这三年三批安置点建成并全部投入使用的过程可以说是仁怀市人民政府及各乡镇（街道）摸着石头过河的一个阶段。易地扶贫搬迁政策属于一种规划性的社会政策，在当前脱贫攻坚大局之下，仁怀市根据国家发改委2016年9月颁布的《全国“十三五”易地扶贫搬迁规划》、省人民政府2016年8月下发的《贵州省人民政府关于深入推进新时期易地扶贫搬迁工作的意见》（以下简称《意见》）、省委2019年2月印发的《中共贵州省委贵州省人民政府关于加强和完善易地扶贫搬迁后续工作的意见》以及2017年和2018年省人力资源和社会保障厅颁布的相关就业创业培训的工作通知，在2017年至2019年制定了《关于推进易地扶贫搬迁后续帮扶“六个+”工程的实施意见》《仁怀市加强和完善易地扶贫搬迁后续工作实施方案》《关于开展易地扶贫搬迁劳动力精准就业帮扶专项行动工作的通知》等10余份政策性文件。这些政策制定的背后都有具体问题的存在，政策的执行为地方搬迁老百姓带来了巨大的福祉。

（二）仁怀市易地扶贫搬迁政策执行取得的成效

目前，仁怀市易地扶贫搬迁工作已经接近尾声，经过多方的宣传和讲解，搬迁居民逐渐了解搬迁政策，配合搬迁工作，主动适应新环境。所以，易地扶贫搬迁政策的执行已取得显著成效。首先，思想观念发生改变。居民搬迁到新的生活环境中，各方面享受着党和国家的优惠政策，群众意识到政府已经帮他们解决了最困难的问题，自己也该努力奋斗，解决一些基本问题。比如仁怀市移民新村安置点的村民们集体将偏远的土地承包出去，劳动力外出务工或开垦安置点旁边荒芜的耕地。一是解决了自己生存的问题，二是拓宽了收入来源；城镇安置点的居民也主动寻找就业岗位。其次，居住环境得到改善。搬迁到安置点的群众，政府为每个家庭准备了电视机、沙发、床、电饭锅、饮水机、水表、电表、燃气表等基本生活必需品。农民新村安置点附近分布了商店、卫生院等，尤其是在城镇安置点，还特意为安置点增设公交车站台、银行、超市等。把原本的零星散户或是贫困户聚集在一起，不仅便于管理，也便于资源共享，增强大家的信息交流，改变了原来的生活环境。最后，收入渠道得以增加。搬得出、稳得住，关键还是要能致富和发展，否则就失去搬迁的意义。一方面，居民搬入安置点后，缩短了学校和家的距离，孩子上学更方便，同时，也便于老人帮忙照顾孩子和青壮年外出务工，年龄稍大的进入政府提供的公益性岗位以及就近的超市、酒店、商场等从事简单的工作，增加了收入渠道；另一方面，稳定的就业带来稳定的收入，并且加上政府对搬迁人员就业创业的培训以及相关政策的补助支持，激发了一些有创业头脑的人敢于实践。比如仁怀市易地扶贫搬迁安置点凤凰小区打造了贵州首个农创孵化园，为搬迁居民的就业和创业提供了技术指导。

二、易地扶贫搬迁政策执行中发现的问题

随着易地扶贫搬迁工作的推进，搬迁政策的作用在凸显的同时也暴露

出一些问题。主要体现在于政策执行环节出现的问题。政策的执行是一个动态的过程，在这个过程中与政策相关的关键性个体或者群体都会影响政策执行后的效果。根据史密斯在《政策执行过程》一文中对政策执行过程模型的理解，易地扶贫搬迁政策执行中主要的影响因素包括政策文本本身、政策执行的主体、政策针对的对象以及政策执行的环境。所以，政策执行过程中最容易出问题的也无疑是这几个方面。

（一）政策执行主体：能力有限且权责不清

政策的执行主体在整个政策执行中起着至关重要的作用，也就是不管政策如何明确，也必须要有强有力的执行者，否则政策的目标将难以实现。易地扶贫搬迁的政策，尤其是贵州省级层面的政策已经具体到哪一点由哪个部门负责。但是仍然在政策落实的过程中发现部分执行人员的能力欠佳，导致政策落实偏离原本政策本意的目标。第一，政策执行者的个体自身能力有限，对政策理解不透彻，学习宣传也不够到位。主要表现在仁怀市一些工作人员为搬迁对象讲解政策的时候出现理解偏差，误让不符合搬迁要求的群众搬迁，最后在复核时发现不符合要求，又让居民“回迁”，而有的签订了搬迁协议的最后又不愿搬迁，通过实地调查就发现在仁怀市的一个集中安置点出现了几十户回迁的移民。第二，专项扶贫资金使用存在偏离。仁怀市部分易地搬迁安置点引进的扶贫产业缺乏对当地实际需求的考察，导致扶持的企业到搬迁点由于各种外在因素和自身原因不能长久立足，最终在短时间内被迫关闭。一些地方政府在政策执行过程中存在债务主体责任下移、违规使用搬迁资金、建设资金滞留等问题。[①] 第三，政策执行主体所在的各部门之间权责不清，虽然省级层面的政策清晰明了，但是落实到县级又陷入一片混乱，并且县级一些部门的人落实政策存在严重的拖延或者不用心解读，认为都是在帮助移民局做工作，忽视了自己也是政策执行的主体之一，比如，仁怀市的一些乡镇负责人员工作积极性不

---

① 陈坚．易地扶贫搬迁政策执行困境及对策——基于政策执行过程视角［J］．探索，2017（04）：153-158.

高，部分移民也不是很配合搬迁工作。

（二）政策对象：认知不足且参与度低

易地扶贫搬迁政策的执行者是政府的工作人员，而政策的受惠者是大多数的贫困群体。政策的实施是否取得应有的成效，还取决于政策受惠者的反馈。但是在政策的执行中发现仁怀市有的群众很难说服，对政策持怀疑态度，不愿搬迁、不主动脱贫，他们普遍认为搬迁以及后续生计问题无法保障，让他们实现拎包入住像是给他们设置了一个“陷阱”。尤其是仁怀市根据自身实际情况制定的一些政策刚颁布出来时，居民的参与显得非常被动。一方面，是搬迁人员对搬迁政策理解不到位，对搬迁的惠民政策存在疑虑。在政策执行过程中与政府工作人员讨价还价，不配合政策执行主体工作的开展。由于易地扶贫搬迁政策存在一些灵活性比较强的条例，导致现在矛盾激化最大的地方表现在对搬迁居民拆除旧房的补助上，仁怀市有的建档立卡户与非建档立卡户实质上家庭条件总体情况相似，具体可能就是某家多一个人生病或者多一个小孩在上学，导致两者虽然都搬迁了，但是享受的搬迁补助相距甚远，该部分非建档立卡的搬迁户，即“边缘户”，他们不仅是享受的搬迁拆除旧房的补助较少，而且搬迁到新房也需要自筹一部分经费。这导致部分非建档立卡户的搬迁人员存在巨大的心理落差，他们往往难以配合政府的工作，为政策主体在政策执行过程中带来种种困难。另一方面，政策目标群体内生动力不强，存在“等靠要”思想。一些移民搬迁之后患得患失。参与就业意愿不强，根据调研了解到，仁怀市部分移民的思想文化水平或自身能力上可能相对大多数城市人口来说处于弱势地位，加之资本原始积累不足等多方面的因素，导致他们的工作岗位目前来说更多是相对低端的苦力活和缺乏技术含量的手工活。比如仁怀市政府提供的公益性岗位，包括社区清洁工作人员、保安以及护林员等，而搬迁的移民在就业方面普遍存在高不成低不就的现状。同时也缺乏时间观念和积极就业的意识，使搬迁政策在执行过程中显得十分艰难。

（三）政策环境：复杂交错且有动态性

政策的执行需要特定的环境支持，虽然现在大多数人都认可易地扶贫搬迁的方式，并且该政策已经取得良好的成效，解决了部分困扰几代人的生存环境恶劣和生活艰难这些老百姓的切实问题。但是在政策实践过程中搬迁居民安置点的基础设施和人们的就业环境等仍有待改善。安置点的规划设计更多考虑的是居民的生存环境安全、有一定发展空间的地方，这无疑是重中之重。然而在这种以政府为主导重新构建的搬迁安置点，如果不考虑一些切实的民生问题将导致政策难以有效执行，造成搬迁群众入住后心理上的焦虑，环境不适应、文化不适应，难以真正融入搬迁安置点。一方面，搬迁群众的生活现状、未来的发展和生计的考虑是全社会关注的焦点，也是搬迁居民极为关注的地方，移民作为搬迁主体极易以偏概全，缺乏理性思考。所以，在政策执行过程中稍有不慎和执行偏差就会导致搬迁群众的群体性事件发生，引来多方媒体炒作，为全社会带来负面影响。另一方面，地方在执行中央政策时，会根据自身具体情况，在不改变中央政策原则的基础上制定相关补充细则。移民会对地方补充的细则抱着观望的态度。比如仁怀市政府为了解决搬迁安置人员的就业问题，制定了一系列补充细则和就业帮扶措施，包括为移民发放补助鼓励其参加就业培训，但是部分移民去参加培训的目的并不是为了努力学习就业技能，主动寻找工作岗位和工作机会，而是为了参加培训可以取得的生活补助。一些去参加工作的人员也是由于长期习惯于农村自由散漫的农耕生活，而缺乏在组织中的时间观念和纪律性。这就导致良好的政策在复杂的环境中和组成结构特殊的群体中难以发挥原有的预期效果。

三、推进易地扶贫搬迁政策执行的优化建议

易地扶贫搬迁政策作为一项重要的扶贫公共政策，造成政策难以执行的原因是多方面的，我们应该坚持具体问题具体分析，有针对性地提出解决措施。

（一）加强学习，提升政策主体能力

政策的执行主体占据了一个非常关键的位置，所以，与政策执行能力有关的执行主体和相关单位部门需要团结一致，共同学习、相互帮助，把政策理解透彻，全面提升政策的执行能力。首先，政策执行主体需要加强自身学习，提升对政策的理解和执行能力。只有政策执行主体将政策内化于心，才能更好地对政策进行宣传，并有序组织、协调搬迁群众对搬迁政策的理解。尤其是要加强仁怀市一些基层工作人员的培训，在执行政策之前先将政策理解透彻，避免以讹传讹的现象发生。其次，完善政策执行人员的考核制度，厘清仁怀市各政策执行主体之间的权责关系，避免相互争夺利益而推卸责任的现象发生，同时，明确政策执行各主体之间的责任清单和奖惩机制，对执行不力的主体给予相应的处罚。形成政策执行主体学习政策、执行政策、反思政策执行效果以及改进措施的完整流程。最后，仁怀市各政策执行主体要合理分配利用专项扶贫资金，引进企业进社区解决移民就业问题的出发点是不容置疑的，但是应该充分考虑将扶贫资金投入到该企业中，企业的发展前景如何，是否符合当地的实际需求，避免造成扶贫资金投入之后，企业受外界因素的限制得不到良好的发展，造成扶贫资金的浪费。

（二）多措并举，引导政策对象参与

移民群体是政策执行过程中的重要对象，所以，必须引导搬迁居民了解政策、学习政策并配合政策的落实。首先，要对仁怀市市民拓宽宣传面，明确宣传的内容，创新宣传方式。充分利用大家广泛使用的微信、QQ等其他多媒体平台，让仁怀市的群众更易于对政策的悉知、理解，提升其对政策的正确认识和高度认同，进而使搬迁居民主动参与到政策执行的环节中。其次，要激发仁怀市搬迁居民的内生动力。因为易地扶贫搬迁是使贫困群体摆脱贫困的方法，而脱贫是目的。所以，深刻理解政策的目的性有助于其对国家和党组织以及自己的未来充满信心，从而达到“扶贫与扶

智”相结合，“输血更造血”的效果。[①] 最后，创建仁怀市移民反馈信息的平台。比如定期开展移民代表会议，收集移民的意见和总结政策执行过程中遇到的困难，在制定政策的时候充分考虑各方因素，有助于移民主体性作用得以发挥。

（三）狠抓落实，优化政策实践环境

易地扶贫搬迁政策实践的环境因素将会影响搬迁居民的积极性，特别是他们的生存环境。首先，落实好搬迁安置点基础设施建设的资金，尽量根据地方建筑风格进行规划安置点建设，尤其是针对民族地区的特殊情况给予适当考虑。这样将在一定程度上减少搬迁居民的心理落差，有助于其融入新安置点，在仁怀市的安置点中，也存在少数民族乡，所以，不能僵化地将所有的搬迁安置点都统一风格。其次，妥善解决移民的旧房拆迁和土地资源使用的问题。从移民的角度为移民分析搬迁带来的福利以及相关后续发展的政策，并非轻易采取强制措施，同时，政策执行主体联合多部门和社会组织，想方设法将搬迁居民的土地利用起来，从而为其提供更多收入渠道，仁怀市部分偏远乡镇居民搬迁后土地便荒废着，政府或许可以引进龙头企业，承包移民的土地，为移民带来收益，也可以将资源充分利用起来。最后，为搬迁居民提供良好的基础设施和公共服务。包括仁怀市移民新村中的医疗、卫生、教育等方面，提升居民在新安置点的归属感和幸福感，从而减少搬迁居民对未来生活保障的焦虑，营造良好的环境，助推政策有效执行。

参考文献

[1] 陈坚. 易地扶贫搬迁政策执行困境及对策——基于政策执行过程视角 [J]. 探索，2017（04）：153-158.

① 李春根，戴玮. 易地扶贫搬迁政策：演进、问题与应对 [J]. 财政监督，2019（11）：20-26.

［2］曾小溪，汪三贵．易地扶贫搬迁情况分析与思考［J］．河海大学学报（哲学社会科学版），2017，19（02）：60-66.

［3］李春根，戴玮．易地扶贫搬迁政策：演进、问题与应对［J］．财政监督，2019（11）：20-26.

认罪认罚从宽制度的价值均衡

廖建灵*

（贵州民族大学人文科技学院，贵州贵阳 550025）

摘　要：认罪认罚从宽制度蕴含公平和效率两项重要的刑事价值基础，应当在该制度的实施过程中扬长避短，充分发挥该制度的优势，彰显其时间效率、资源效率，并预防该制度潜藏的陷阱，谨防冤假错案和司法不公，并在刑事诉讼主体之间、在认罪认罚前提与结论之间、在“以庭审为中心”和“去庭审化倾向”之间寻求平衡，使该制度的实施以保障前提为前提，以实现目的为目的。

关键词：认罪认罚从宽制度；效率；公平；平衡

为全面贯彻宽严相济刑事政策，切实提高司法效率，有效化解社会矛盾，2018 年，我国刑事诉讼法确立了认罪认罚从宽制度，并明确规定：“犯罪嫌疑人、被告人自愿如实供述自己的罪行，承认指控的犯罪事实，

---

* 廖建灵，（1992—），女，汉族，讲师，贵州民族大学人文科技学院，研究方向：刑法学、刑事政策。

愿意接受处罚的，可以依法从宽处理。”该制度蕴含了公平和效率两项重要的刑事价值基础，制度的设定和执行需要在二者之间寻求有效的平衡，否则可能因偏颇任何一方而造成对另一方价值背后权益的侵害。

一、认罪认罚从宽制度的效率与公正

认罪认罚从宽制度是在实践中产生的，现今世界多国均有类似的制度，如德国的刑事协商程序、美国的辩诉交易制度等。完善的认罪认罚从宽制度能在当事人意思自治和司法公正的基础上实现控方、辩方、审方、被害人方实现共赢的局面。

（一）认罪认罚从宽制度的效率

认罪认罚从宽制度在刑事诉讼的全过程都有体现，在侦查阶段，犯罪嫌疑人享有认罪认罚可从宽处理的知情权，认罪认罚情况可作为“是否可能发生社会危险”的考量因素，从而决定是否逮捕；在审查起诉阶段，符合速裁程序的，审查起诉期间相比于一般刑事案件相对较短（可能判处1年以下有期徒刑的，不超10日），犯罪嫌疑人对认罪认罚后的法律适用、从宽处理意见、审理程序等有较为明晰的预期；在审判阶段，被告人依然享有认罪认罚的知情和从宽待遇，且我国刑事诉讼法规定的认罪认罚案件可以适用速裁程序，适用速裁程序的案件不受送达期限限制，不进行法庭调查、法庭辩论，人民法院受理后，一般在十日内审结。相比于非认罪认罚的刑事案件，诉讼程序明显的精简，诉讼效率显著提高。

从刑事诉讼各参与主体的角度看，就被告人而言，他既可以避免因案件调查而必须要接受额外地对人身自由予以限制的事前程序，也可以避免一些由于尚未审判带来的焦虑和不确定性。① 就被害人而言，犯罪嫌疑人、被告人认罪认罚，被害人能及时快速获得因犯罪所遭受损失的赔偿，获得相应物质上的慰藉，一定程度上能降低被害人的敌对情绪和不满心理。就

① Blackledge V. Allison, 431 U. S. 63 (1977)。

公诉机关和审判机关而言，在最终能实现公正裁判效果的目的下，能达到缩短诉讼周期，节约司法资源，将更多资源投入疑难案件中，简案快审、繁案精审，实现更多案件的公平公正，更进一步提升司法公信力，最终促进刑事审判在各参与主体间的良性循环。

（二）认罪认罚从宽制度的公正

认罪认罚从宽制度“以损害公正为代价来换取刑事诉讼效率”是有关学者反对该制度的主要原因，维护刑事诉讼的公正价值必须解答好以下两方面问题：（1）适用该制度与不适用该制度的被告人适用不同的刑罚并不会损害司法公正；（2）认罪认罚从宽程序与刑事正当程序并不矛盾。

对于第一个问题，“保障权利”是刑事诉讼的价值彰显和使命担当，对被告人而言，因对法律规范的违反，对国家或他人的权益造成损害，刑罚因此而必要。刑罚除对行为人的行为作出反馈外，也对行为人本身具有一定的考量，它要求根据社会化的需求来判处适应行为人的刑罚。[①] 行为人对法律规范的靠拢、对危害后果的补损都是该人消减行为危害性的表现，也在一定程度上反映行为人人身危险性的大小，刑罚可因此采取积极的评价措施，正如刑法对自首的犯罪分子，可以从轻或者减轻处罚。应受刑罚处罚的必要性和程度，不仅决定于行为的社会危害性有无和程度，也受刑事违法性的有无和程度的影响。[②] 既然被告人通过认罪认罚的方式减损了刑事违法性的程度，那减轻处罚也便有因可采。除此之外，刑事司法依然具有预防犯罪的使命，刑罚不能只实现报应，而不考虑预防。对认罪认罚的被告人予以从宽处理，能满足被害人物质赔偿和报应的情感（因为从宽处罚并非完全免除被告人的刑事责任），同时也能实现对被告人一定程度的特殊预防和对社会公众的引导教育。

对于第二个问题，我国立法将具有从宽基础的认罪认罚制度规定在刑事诉讼法中，只是在原有的基础上增加认罪认罚从宽的相关规定和可与之

---

① 潘文博. 德国量刑责任概念的源流、问题与启示［J］. 政治与法律，2019（4）：32-45.

② 与该论点相关的其他内容，详见姜涛. 从定罪免刑到免刑免罪：论刑罚对犯罪认定的制约［J］. 政治与法律，2019（4）：18-31.

对应的速裁程序，该制度并不是替代原有的刑事司法制度，使所有的刑事案件都不分情况的适用，而是在原有的基础上多一项选择，多一种可能，能在被告人、被害人、公诉机关、审判机关之间实现共赢的可能。所以，认罪认罚从宽程序与刑事正当程序并不矛盾。

二、效率价值的有效彰显

认罪认罚从宽制度是对刑事诉讼进行分流的重要体现，根据不同案件的具体情形，将满足一定条件的案件，在不影响事实认定的情形下，采取变通的诉讼措施，实现司法资源的最优配置，保证司法公正的同时提升司法效率。

（一）实现程序分流，彰显时间效率

刑事诉讼是程序性极强的活动，时间的拖沓会延长犯罪嫌疑人、被告人的受约束状态，特别是在不存在刑事诉讼追诉的事实下，审判程序越拖沓，对被告人权益的侵害越大，相反，刑事诉讼程度过度简化，如不足以查清案件事实，最终的裁判结果便失去事实的依据，如同沙滩上的建筑，倾倒之后侵犯的都是被告人的权益。为此，各国都规定了刑事诉讼程序的时间要求，如侦查时间、审查起诉期间、审判时间等，不长不短，足以查清案件事实而不至于过分慵懒的调查。特别地，尽管案件事实复杂多变，总有事实证明程度不一的案件，不一样的案件事实一样的诉讼时间消耗，在一定程度上是低效的体现，甚至不利于公权力追诉和被告人权益保护。为此，认罪认罚从宽制度特别适用于案件危险性相对较小、案件事实清楚，且被告人认罪认罚的案件，可以预想该类案件因法律和事实已成定局，各诉讼主体只等最后的裁判结果，等的过程显得多余且无必要，为此，特别规定认罪认罚从宽制度，可以将审查起诉期间从一个月缩短至十日，适用简易程序可以将人民法院的审理期限由两个月缩短至二十日。将这些用来等待的时间从刑事诉讼中剔除，充分展示了认罪认罚从宽制度因程序分流而赢取的时间效率。

（二）实现内容分流，彰显资源效率

刑事诉讼实现分流的理论依据在于案件多样性、案件性质多样性、案件结果多样性、犯罪嫌疑人、被告人主观态度多样性和司法资源的有限性悖论之间的选择。[①] 刑事诉讼面对不同情形不同需求的案件，不同类别不同案件所需的司法资源也不一样。毫无疑问，侦查机关、公诉机关、审判机关在刑事诉讼中的共同目标之一可以体现在“查明案件事实”这一内容上，虽然不同阶段可以有不同的证明程度，后一阶段程序可能因为前一阶段程序不满足“犯罪事实清楚，证据确实、充分”的条件而投入资源、进行强化和补充，但当侦查阶段的证明标准足以满足审判阶段的要求，审查起诉阶段、审判阶段的“再投入”即属于重复投入，是无效投入。认罪认罚从宽制度剔除此类重复投入不但不影响效果，还可以解放公诉机关、审判机关的司法投入。在人员投入上，可实现由多人到一人的审判解放，在内容上，可实现免调查免辩论的时间和精力节约。因认罪认罚从宽制度实现的内容分流充分彰显了刑事诉讼中的资源效率。

三、公正价值的陷阱预防

司法机关的地位和权威传承了数百年，不仅获得了事实上的权威，而且以深思熟虑、发人深省的判决等方式获得了“规范且正当的权威性”，法院已经颇具说服力地向人们解释了应当尊重其角色及判决结果的理由。[②] 在这样良好的刑事法治形态中，权力机关、被告人、被害人之间形成有效的互动，公权力有权威，被害人有救济，被告人有保障。认罪认罚从宽制度的完善和功能发挥要谨防可能引起权利侵犯、造成冤假错案、引发司法不公的各种潜在风险。

---

① 参见顾永忠等. 刑事诉讼程序分流的国际趋势与中国实践［M］. 北京：方志出版社，2018：13-14.

② 麦高伟，路加·马什. 英国的刑事法官：正当性、法院与国家诱导的认罪答辩［M］. 付欣，译. 北京：商务印书馆，2018：4.

（一）谨防权利侵犯

认罪认罚从宽制度与其他诉讼程序和制度一样，有适用的前提和条件，该制度要求案件本身要达到事实清楚、证据确实、充分的标准，并且需要取得被告人的同意。其公正性也当然包含该制度适用前提的保障以及被告人权利的保障等方面。任何不满足前提适用的情形都是对被告人权利的侵害，任何违背被告人自愿性适用认罪认罚制度的情形都可能架空被告人的实权。特别是在操作上，该制度“人”的因素较为突出，公诉机关、法官、律师都应立足“以被告人为中心”的逻辑出发点，保障犯罪嫌疑人、被告人的知情权、自愿权和其他权利，一旦该三方主体“以案件为中心”，一味追求案结事了，三者合意诱使被告人认罪认罚，公诉机关、法官、律师之间的商讨便成为处理刑事案件的可能方式，被告人的权利将会被架空，该制度便沦为侵犯被告人权利的无形工具。在实行辩诉交易制度的国家，一些法官在开始审理案件之前就会请律师前来商讨或隐蔽地通过书记员来表达和接收消息的方式来协商被告人的认罪答辩。① 我国刑诉法及相关司法解释虽然禁止侦查机关通过暴力、胁迫、刑讯逼供等方式获取犯罪嫌疑人、被告人供述，但是通过非明确禁止的行为达到认罪认罚的形式条件仍有较大可操纵空间，比如通过虚假的定罪或虚高的量刑诱骗犯罪嫌疑人获得认罪认罚具结书。根据国外实施诉辩交易制度国家的调查结果，少量来自被告人的证据可以表明警方会“强迫”被告人作出认罪供述；还有一小群被告人，如果法院采纳其陈述，就“非常有可能造成错误的定罪后果”，而一些案件的律师在诉辩交易中有过强烈的暗示，并且25%的案件的被告人对交易结果并不满意。甚至有被告人不愿意认罪认罚，但辩护律师与主审法官之间私下商讨量刑结果的情形。② 并且，另有数据表明，认罪认罚从宽制度在未来可能有极大的适用空间，美国的辩诉交易

---

① The Royal Commission on Criminal Procedure (PCCP), Report, Cmnd. 8092, (1981) London: HMSO.

② 麦高伟，路加·马什．英国的刑事法官：正当性、法院与国家诱导的认罪答辩［M］．付欣，译．北京：商务印书馆，2018：4.

制度与我国的认罪认罚从宽制度极为相似，以美国纽约州的数据为例，在1839年只有22%的案件以辩诉交易的形式结案，但到1920年，这个数字达到88%。据统计，现在美国所有刑事案件中大约90%都是通过辩诉交易解决的。[①] 一旦被告人在认罪认罚从宽制度中的权利侵犯是常态，这么高的适用比例对被告人，乃至整个刑事诉讼的危害将不可估量。

从程序和时间角度讲，上文已经描述准确使用认罪认罚从宽制度的公正和效率价值，相反，若不满足条件适用该制度的（如被告人违背意愿认罪认罚），会造成“重新审理”的结果，“重新审理”意味着之前的过程不再有效，而该过程经过的时间和不必要的权利侵害便是对被告人权利的再一次侵犯。

（二）谨防冤假错案

我国现行刑事诉讼法根据不同案件的审理需求，在保证司法公正的前提下优化诉讼程序，规定了普通程序、简易程序、速裁程序等不同的案件审理流程，根据案件情况采取相应审理程序，既能有效提升刑事案件的裁判效率，也能实现维护公平、实现公正的司法目的。实现公正与效率双赢的前提是把握并执行三类程序的适用前提，如速裁程序的条件有五，分别是：（1）案件可能判处三年有期徒刑以下刑罚；（2）案件事实清楚，证据确实、充分；（3）被告人认罪；（4）被告人认罚；（5）被告人同意适用速裁程序。而适用简易程序的条件，需满足上述条件（2）（3）（5）在简易程序中的相应内容，相比而言，“被告人认罚”是速裁程序区别于简易程序的重要区别，普通程序在不满足上述条件下进行。从程序内容看，普通程序要查明案件事实，确保证据确实、充分，达到刑事诉讼判决的所有条件；而简易程序在满足条件时可由审判员一人独任审判，应当询问被告人对指控的犯罪事实的意见；而速裁程序一般不进行法庭调查，不进行法庭辩论，当庭宣判。综上，普通程序、简易程序、速裁程序三种程序，在程序启动条件上，从前往后越来越严苛，在证明内容上，从后往前越来越

---

① G. Nicholas Herman. Plea Bargaining [M]. Lexis Law Publishing, 1977: 1.

丰富。其中的逻辑在于刑事审判的共同目标是准确认定事实、准确适用刑罚，事实认定是刑罚适用的基础，在刑事诉讼中，基于不同案件的情形，根据事实认定的需求可以采用不同的审判程序，但均因满足相应程序适用的前提。假如将不满足“案件事实清楚，证据确实、充分”条件的案件适用速裁程序审理，因速裁程序可以省去法庭调查、法庭辩论的审理环节，那么，未经调查且事实不清、证据不足的案件可能径直走向刑罚的结果，该不以确定事实为认定前提的刑罚必然违背罪责刑相适应的原则，有损刑事法律的权威和公正，同时也是造成冤假错案的重要原因，相比于盲于追寻刑事诉讼效率的事实而言无疑是饮鸩止渴。

（三）谨防司法不公

截至 2020 年 4 月 16 日，在 OpenLaw 平台上搜索“认罪认罚”，共 461639 条数据，各法院适用认罪认罚从宽制度的案件涉及盗窃罪、诈骗罪、强奸罪、拐卖妇女儿童罪、危险驾驶罪、敲诈勒索罪、寻衅滋事罪、故意伤害罪、职务侵占罪等各种类型。除刑事诉讼法规定的三种不需要签署认罪认罚具结书的情形外，该制度普遍适用于各类刑事案件中，对于案件类型、可能判处的刑罚种类等没有做出硬性的规定和限制，如若因实施认罪认罚从宽制度而在实务中简化或不再适用普通程序审理案件，通过庭审充分听取案件各方当事人意见的庭审优势将无从发挥，在庭审阶段能查明与审查起诉结果不同的案件事实或将鲜少付诸实践，裁判结论与事实真相的偏差或将被认罪认罚的形式掩盖而无法揭示，适用诉辩交易制度的英国确已出现过该问题，国家诱导的被告人认罪实践正在破坏英国传统的对抗式刑事司法制度。因鼓励被告认罪认罚而导致“以审判为中心”的虚化，会弱化庭审的优点、暴露认罪认罚的缺点，甚至造成司法不公的案件。

刑罚从结果上看是对被告人权益的侵犯或消减，任何对公民个人道德权利的侵犯或消减必须由国家官员通过权威性和公正的第三方及较高的证明标准来证明其正当性。[1] 毫无疑问，认罪认罚从宽制度作为刑罚结果的影响因子，坚守司法权威、证据标准是其得以贯彻的前提和原则，而上述不公的现象不仅会减损司法的权威，也会轻待“排除合理怀疑”的证明标准，公正的基石便在一次次认罪认罚的具结书中动摇，在追求效率的过程中，使得案件的公正性背离刑事诉讼的机理和认罪认罚从宽制度的初衷。

四、效率与公平的均衡

（一）在刑事诉讼主体间的均衡

“如实供述自己的罪行”对刑事诉讼而言，供述的效果一方面体现在刑事诉讼的证据效果方面，证明犯罪嫌疑人、被告人有罪的责任由检察机关承担，犯罪嫌疑人、被告人供述是其中的证据之一，无该供述但有其他足以排除合理怀疑的证据链情形下，依然可以给被告人定罪。另一方面体现为被告人对刑事法律规范的认同，以及恢复其所破坏法律秩序的意愿。从构成要件该当性、违法性、有责性的三阶层理论看，“如实供述自己的罪行”主要体现在对构成要件该当性的承认，但在违法性和有责性方面不一定得到犯罪嫌疑人、被告人的认可，比如，在正当防卫造成被防卫人伤害的情形下，防卫人承认伤害事实，但并不代表其也会接受处罚的结果，因其对“违法性”“有责性”享有抗辩权利和事由；但在无民事行为能力人造成人员伤亡的情形中，虽有违法阻却事由，但“认罚”对于明晰行为人的否定评价具有积极意义。

对犯罪嫌疑人、被告人的处罚基于行为人对刑事法律规范的违反和对被害人造成的损害。“处罚”包含了法律对该行为的否定评价以及为维护法律秩序而付出的代价，同时也包含了行为对被害人造成的损害。“认罚”理应包含行为人所应承担的一切后果，包括针对公权力方面的处罚和针对私权力的处罚。因此，认罪认罚虽在公检法机关和犯罪嫌疑人、被告人之间流转和传递，但始终有被害人的一份，只有被害人的意见充分体现在该

---

① Barbera, Messegue and Jabardo V Spain (1989).

制度中，“认罪认罚”的价值彰显才是完整的和有效的。简而言之，认罪认罚从宽制度要在被告人权利、被害人权利、司法效率之前寻求一个有效的平衡。因此，要排除被告人权利和被害人权利保障不到位的情形，前者主要体现在认罪认罚无效覆盖被告人抗辩权的情形，比如被告人不能知晓或理解自己享有的类似“正当防卫”的抗辩权，老实的接受认罪认罚的从宽处理结果，而事实却是被告人行为因属正当防卫，完全不用承担刑事责任。后者主要体现在认罪认罚仅在被告人和司法机关之间产生，被害人没有实际参与制度的情形，该情形下，司法的天平倾向于效率而部分忽略了公正，这对司法的效果具有较大的消极作用，因“一个人在对自己利益有着影响的判决制作以前，如果不能向法庭提出自己的主张和证据，不能与其他各方及法官展开有意义的辩论、证明和说服等，就会产生强烈的不公正感，这种感觉源于他的权益受到了裁判者的忽视，他的道德主体地位遭受法官的否定”①。特殊地，当行为对公秩序和法安定的影响足够小，通过刑事和解能有效解决矛盾而不至于引起新的矛盾的话，此时面向被害人的“认罚”就显得更加的重要，此时的“认罚”体现在对被害人的赔偿、道歉等多方面，公权力的调和何尝不是“认罪认罚从宽制度”的极简体现。

因此，认罪认罚的有效性体现在被告人、被害人权利充分享有的基础上。充分不仅要求犯罪嫌疑人、被告人知道该项权利，同时还要求知道与此相关的他项权利。

（二）在认罪认罚前提与结论间的均衡

犯罪嫌疑人、被告人权利保障是认罪认罚从宽制度适用的前提，失去前提便会失去保障，而失去保障会失去该制度的优越性；认罪认罚从宽制度适用的结果是有限从宽、司法公正，过度从宽亦会损害司法的权威，有损被害人的权益，走向制度的弊端。

首先，在前提保障上，保障犯罪嫌疑人、被告人的知情权、自愿权等几乎已成共识，但权利保障的程度却可轻可重，在笔者看来，知情权的范

① 陈瑞华. 刑事审判原理论［M］. 2版，北京：北京大学出版社，2003：63.

围不应局限于告知犯罪嫌疑人、被告人享有的诉讼权利和认罪认罚的法律规定，这是因为认罪认罚从宽对犯罪嫌疑人、被告人而言是一个选择，既然有选择，定有选项和利弊。与认罪认罚从宽制度对应的其他两个选项是：不认罪不认罚、常规司法程序。犯罪嫌疑人、被告人只有充分了解三个选项分别的含义和利弊，才能基于真实的意思作出选择。否则，一旦犯罪嫌疑人、被告人将认罪认罚从宽制度理解为其他两个选项的对立面，不认罪不认罚或按照常规司法程序走会对自己不利，那么选择认罪认罚从宽对于犯罪嫌疑人、被告人而言便是不真实的、有误解的意思表示。事实上，认罪认罚从宽与不认罪不认罚、与常规司法程序并非对立的，认罪认罚从宽的前提是事实明确，不认罪不认罚的目的是明确事实，常规司法程序也有追求事实明确的目标。只有犯罪嫌疑人、被告人知道每个选项及背后的含义，进而作出的选择才是真正实现知情权保障的要求。类似地，自愿性也要达到无心理负担，平和的作出选择才有意义。

另外，在从宽结果上，我国刑事法律不仅规定了认罪认罚从宽处理的制度，同时也有自首、立功；犯罪中止、犯罪未遂等其他从宽处理的制度规范，虽然不同的制度之间都具有从宽处理的共性，但不同的制度适用的情形不一、条件不一、从宽的幅度也有差别，如自首存在于刑事诉讼的侦查阶段，认罪认罚从宽制度适用于刑事诉讼的全过程。为此，“两高三部”发布的《关于适用认罪认罚从宽制度的指导意见》（以下简称《指导意见》规定：“认罪认罚的从宽幅度一般应当大于仅有坦白，或者虽认罪但不认罚的从宽幅度。对犯罪嫌疑人、被告人具有自首、坦白情节，同时认罪认罚的，应当在法定刑幅度内给予相对更大的从宽幅度。认罪认罚与自首、坦白不做重复评价。”从该规定可以看出“认罚”具有独立的评价意义，但一味夸大“认罚”的从宽效果，司法公正的底线可能会被突破，认罪认罚从宽制度“损害整个社会的正义体系；对被告人和被害人都是不负责任的；可能招致检察权的滥用”① 等弊端便会展露无疑。

综上，有前提的认罪认罚，有节制的从宽处理是平衡认罪认罚从宽制

---

① 参见张智辉主编. 辩诉交易制度比较研究［M］. 北京：中国方正出版社，2009：7-8.

度价值的题中应有之义、重要之举。

（三）在“以庭审为中心”和“去庭审化倾向”间的平衡

中共中央《关于全面推进依法治国若干重大问题的决定》要求推进以审判为中心的刑事诉讼制度改革，以审判为中心的刑事诉讼制度改革坚持证据裁判原则，要求控辩双方证据出示在法庭、案件事实查明在法庭。然而，认罪认罚从宽制度可免除法庭调查、免除法庭辩论。二者关于证据和事实之间“以庭审为中心”和“去庭审化倾向”的悖论需要深化对公平和效率理念的理解，也需要在二者之间寻求新的平衡。首先，对于被告人认罪认罚的刑事案件可以免除法庭调查、免除法庭辩论，但不等于不开庭。庭审前，犯罪嫌疑人有从侦查机关、检察机关享有关于认罪认罚的知情权，使用认罪认罚从宽制度相关程序的同意权；庭审时，被告人依然享有知情权、辩护权、最后陈述权等。程序简化不等于权利剥夺。“认罪认罚的自愿性”以及“认罪认罚具结书的真实性”是庭审的必要内容，满足该自愿性和真实性的条件也间接证明了“案件事实清楚、证据确实、充分”的前提。但该前后一脉相承的逻辑必须排除人为的“假保障”，也即本文第三部分所述内容。其次，“以庭审为中心”的刑事诉讼，庭审是形式，实质依然在于案件事实和真相，其与认罪认罚从宽制度的前提是一个问题的两种表现，“以庭审为中心”注重公正的彰显，“认罪认罚从宽”注重效率的提高，且能实现根据不同的案件配置不同的司法资源，在公正性需要强化的案件中配置较多的司法资源，在效率性可以提高的案件中减少司法资源的浪费，最终在动态中达到有限司法资源的优化配置，从而达到公正与效率的动态平衡。

参考文献

［1］孙道萃. 认罪认罚从宽制度研究［M］. 北京：中国政法大学出版社，2020：06.

［2］陈国庆主编. 认罪认罚从宽制度司法适用指南［M］. 北京：中国

检察出版社，2020：253.

[3] 胡卫列，董桂文，韩大元主编. 认罪认罚从宽制度的理论与实践——第十三届国家高级检察官论坛论文集 [M]. 北京：中国检察出版社，2017：05.

[4] 汪海燕. 被追诉人认罪认罚的撤回 [J]. 法学研究，2020，42 (5)：175-193.

[5] 李勇. 认罪认罚案件"程序从简"的路径 [J]. 国家检察官学院学报，2019 (6)：142-156.

[6] 孙长永. 认罪认罚案件的证明标准 [J]. 法学研究，2018 (1)：167-187.

[7] 闫召华，李艳飞. 论认罪认罚的自愿性及其保障 [J]. 净月学刊，2018 (2)：14-23.

喀斯特世界自然遗产法律保护的现状、问题与对策*

——以贵州荔波、施秉为例

赵子龙**

（贵州民族大学法学院，贵州贵阳　550025）

摘　要：中国南方喀斯特作为世界自然遗产，因其独特的地形地貌而具有极高的观赏价值、经济价值与科研价值。然而，我国对喀斯特世界自然遗产的法律保护还存在一些问题。以贵州荔波、施秉喀斯特为例，经过笔者的调研与考察，主要存在法律法规不健全、执法主体不明确以及行政处罚成本低等法律问题。因此，为更好地对喀斯特世界自然遗产进行法律保护，可以通过对国外的立法进行考察并得出相应的启示，再结合我国的实际情况，提出相应的对策予以完善。

关键词：世界自然遗产；喀斯特；法律保护

* 基金项目：本文系2020年度贵州民族大学法学院民族法治研究生教育创新基地学生科研项目"国际法视野下的世界自然遗产保护研究——以贵州荔波、施秉为例"（项目编号：2020MYB008）的结项成果。

** 作者简介：赵子龙（1995—），男，汉族，贵州民族大学法学院2018级硕士研究生。

一、喀斯特世界自然遗产概述

根据《保护世界文化与自然遗产公约》（以下简称《遗产公约》，1972年）第2条的规定，自然遗产是指从审美、科研与保护的角度来看，具有突出的普遍价值的自然地貌、动植物生态区、天然名胜以及其他自然区域。中国南方喀斯特因其所处的特殊地理环境，经过漫长的发育期，造就了独特的自然景观、风景名胜以及生态保护区，具有极高的审美价值、经济价值与科研价值。

中国南方喀斯特分为一期和二期，贵州地区的荔波和施秉喀斯特作为南方喀斯特的重要组成部分，先后于2007年和2014年入选《世界自然遗产名录》①。近年来，一方面由于其本身的脆弱性，极易受到气候环境的影响。另一方面随着旅游业的兴起，对于喀斯特地貌存在过度开发与利用的现象。气候环境的不断变化以及人为因素的影响，使得喀斯特地貌景观以及生态系统均遭受到了不同程度的破坏。因此，有必要采取措施对其进行保护。

二、贵州喀斯特世界自然遗产的法律保护现状及存在的问题

世界自然遗产是全人类的财富，通过法律的手段对其进行保护已经在国际社会达成共识。1972年联合国教科文组织通过的《遗产公约》是世界上第一部专门针对自然遗产保护的公约，要求各缔约国对本国的自然遗产进行保护，同时需要加强与他国的国际合作。我国已于1985年加入该公约，为保证公约在我国的施行，中央层面制定出台了相关立法对自然遗产进行保护，除根本大法《宪法》对自然遗产的保护作统领性规定外，《环境保护法》也对自然遗产的保护进行了原则性规定。此外，由国务院制定

① 贵州世界自然遗产地数冠全国［EB/OL］. 贵州省人民政府，(2019-01-23). http://www.guizhou.gov.cn/xwdt/gzyw/201901/t20190123_2225596.html.

的《自然保护区条例》《风景名胜区条例》等行政法规的相关条款中也对自然遗产的保护做了规定。以上这些法律、法规也为贵州喀斯特世界自然遗产的保护提供了法律依据。从贵州省地方政府制定的地方性法规来看，《贵州省风景名胜区条例》以及《贵州省生态环境保护条例》均对贵州喀斯特世界自然遗产的法律保护起到了一定的作用。尤其是由黔东南州人大常委会颁布施行的《施秉喀斯特世界自然遗产保护条例》（以下简称《施秉喀斯特保护条例》）为施秉喀斯特世界自然遗产的保护与管理提供了直接的法律依据。

然而，经过笔者的调研与考察，贵州荔波、施秉喀斯特世界自然遗产的法律保护还面临一些问题，亟须予以解决。存在的法律问题主要包括以下几个方面：

（一）法律法规不健全，缺乏专门性立法

虽然近年来，我国加大了“申遗”的力度，截至 2019 年 7 月，我国世界自然遗产一共有 14 处，总数位列世界第一位。但是从我国对世界自然遗产的法律保护现状来看，并没有制定出台一部单一的专门针对世界自然遗产保护的法律，而是零散分布在一些法律法规之中。此外，这些法律法规大多是原则性规定，缺乏可操作性，对于喀斯特世界自然遗产保护的作用相当有限。目前，从国内的世界自然遗产的分布情况来看，贵州地区独占 4 处，排名全国第一位。荔波喀斯特早在 2007 年就已“申遗”成功，然而直到目前地方政府依然没有制定专门的地方性法规对其予以保护，而与其同一批“申遗”成功的重庆武隆和云南石林分别于 2010 年和 2016 年颁布实施了喀斯特世界自然遗产保护办法和保护条例。贵州施秉虽颁布实施了专门针对该地区的喀斯特世界自然遗产保护条例，但是条例的制定主要借鉴了其他地区的相关规定，并没有结合地域特色，存在一些不足之处。

（二）执法主体不明确，法律执行不到位

一方面，在实践中自然遗产的管理分属不同的部门，各部门往往从各自的利益进行考虑来制定相关条例，部门间存在交叉执法、权限划分不清

的现象，导致执法主体不明确①。另一方面，法律的实施贵在执行，而由于各部门之间缺乏合作与协调，甚至存在一些矛盾与冲突，导致法律、法规的执行大打折扣。贵州由于地理位置的影响，自然资源相当丰富，旅游业是地方政府发展经济的主要支撑产业。因此，为大力发展旅游业，存在对自然资源进行过度开发与利用的现象。并且，各部门之间因利益分配问题，往往存在只顾眼前利益，而不重视对自然遗产的保护。不管是荔波地区，还是施秉地区，对于喀斯特世界自然遗产的管理与保护均存在这些问题。此外，在管理的过程中，在责任的承担方面存在互相推诿的情形，不利于喀斯特世界自然遗产的保护。同时，在执法的过程中，个别执法人员的执法水平还需提高，以确保法律的顺利执行。

（三）行政处罚成本低，民众法律意识弱

不管是中央层面，还是地方层面，针对自然遗产保护的立法中，在对破坏自然遗产行为的规制方面，主要是以行政处罚为主，往往罚款就可以解决，起不到震慑的作用。比如《贵州省风景名胜区条例》《施秉喀斯特保护条例》在对法律责任方面的规定中，对于破坏景区管理、有损景区生态环境等行为，主要是以罚款为主，极不利于喀斯特世界自然遗产的保护。同时，民众对自然遗产保护的法律意识薄弱，大多数人对此并不关心，更谈不上参与到自然遗产保护的建言献策中来。近年来地方政府为促进当地的经济发展，大力发展旅游业，而游客的素质参差不齐，对喀斯特地貌的生态环境也造成了不同程度的破坏。

三、国外保护世界自然遗产的立法及对我国的启示

（一）美国

美国和我国一样，拥有丰富的自然遗产资源，并且对世界自然遗产的保护与管理一直走在世界前列，这其中主要依靠的就是完备的立法体系。

---

① 陈云．我国喀斯特地貌旅游资源法律保护制度研究［D］．重庆：重庆大学，2012.

纵观美国对自然遗产保护的立法进程，早在 1872 年就通过了《黄石法案》，该法案的出台，成功推动了黄石国家公园的建立，对于自然遗产的保护开创了新的形式，并为他国所效仿。1916 年颁布的《国家公园管理局组织法》通过设立国家公园管理局，来专门履行保护自然遗产的职能，坚持优先保护的原则，实行科学与统一的管理原则，这种统一管理的好处在于能够避免多部门管理造成的混乱局面。此后又于 1964 年通过了《荒野法》，对于美国自然遗产的保护起到了重要作用。相比于联邦政府此前主要运用行政法规对自然遗产进行保护而言，法律的效力层级显然更高，通过法律的手段再辅以一套比较完善的程序体系，对自然遗产起到了很好的保护作用。[①] 此外，根据美国保护自然遗产的相关法律体系规定，赋予了公众监督权，充分调动了公众的参与热情，对自然遗产的保护起到了很好的效果。

（二）德国

德国对于世界自然遗产的法律保护也比较早，并且重视对国际立法的吸收与转化，在立法体系中对于自然遗产的保护主要涉及监管职能、资金保障以及公众参与等几个方面，形成了一套完备的从中央到地方，从政府到民众的保护体系。德国在对世界自然遗产的管理方面，将具体的管理事务主要交由地方政府负责。在资金保障方面，主要由国家财政负担。同时，出台相关的政策规定，为自然遗产的保护提供多渠道的资金筹措方式。此外，德国尤其重视对专门人才的培养与注重利用遗产资源对公众进行教育。德国通过在高校开设自然遗产保护的相关专业与课程，培养了大量的专业人才与技术人员，为德国自然遗产的保护作出了贡献。同时，对于自然遗产的开发与利用，则通过宣传、设计有吸引力的旅游路线等形式，让民众受到保护自然遗产的教育[②]。

---

① 尚彦军. 美国自然遗产保护的发展历程与经验——以国家立法为视角［J］. 遗产与保护研究，2016（6）：73-77.

② 陈兴中，郑柳青. 德国世界遗产保护与可持续发展的经验与启迪［J］. 西南民族大学学报（人文社科版），2008，29（2）：204-207.

（三）韩国

我国与韩国同为亚洲国家，韩国不仅在“申遗”方面更为积极，而且在对自然遗产的保护与管理方面的立法规定也比较严格。与美国相类似，韩国对于自然遗产的保护也运用到了国家公园的立法保护模式。与此不同的是，韩国通过颁布法令集的方式，对自然遗产进行保护与管理。在法令集中，对于国家公园的审批、管理机构的职责、经费的收益与分配都进行了详细的规定。同时，也出台了其他与自然遗产保护相关的法律，以对自然遗产进行更好地保护。在韩国保护自然遗产的法律体系中，比较好的地方主要体现在以下几个方面：首先，对于条款的规定比较详尽且具有极强的可操作性。其次，为鼓励民众对自然遗产的保护，在法律中规定了奖励制度，为那些在自然遗产的保护中起到表率作用的人员提供相应的奖励。奖励制度对于调动民众的参与热情，积极主动地去为自然遗产的保护贡献力量起到了重要作用。最后，对于破坏自然遗产的行为规定了严格的法律责任，大多为需要承担刑事责任，这在一定程度上有利于起到预防的作用①。

（四）对我国的启示

从他国对本国自然遗产的法律保护体系来看，各有其突出的地方。其中值得我们借鉴的地方主要体现在以下几个方面：首先，对于自然遗产的保护比较重视，并且已经形成比较健全的法律体系，随着时代的发展日臻完善。此外，这些法律法规具有比较强的可操作性，对于自然遗产的管理、奖惩制度以及经费保障等方面均有比较详尽的规定。其次，通过设立统一的管理自然遗产的机构，能够科学并统一管理，避免多头管理带来的弊端。再次，在法律责任承担方面，规定比较严格的责任形式。最后，重视对专业管理人才队伍的培养以及积极调动公众的参与热情，提高公众的环保意识与法律意识。

---

① 马明飞．自然遗产保护的立法与实践问题研究［D］．武汉：武汉大学，2010.

四、完善贵州喀斯特世界自然遗产法律保护的对策

（一）健全法律法规，制定出台专门立法

长期以来，我国对自然遗产的保护缺乏健全的立法体系，除中央层面制定相关法律法规外，往往授权地方政府针对本地区实际情况，予以制定出台相关的保护办法或保护条例，主要对本地区的自然遗产进行保护。然而，从实践中来看，现有法律体系并不能很好地对自然遗产的保护予以规制。事实上，我国一直在致力于制定一部单一的《自然遗产保护法》，对自然遗产进行专门保护，并在2010年形成了《自然遗产保护法（征求意见稿草案）》（以下简称《草案》）。但是，该《草案》遭到了学界的强烈反对，并不了了之。主要反对理由在于，《草案》对自然遗产保护的范围有限、保护对象前后矛盾以及没有理清自然保护区和风景名胜区的关系，一旦通过，将造成监管混乱①。

笔者也认为，就当前我国现有的法律体系来看，制定出台一部单一的《自然遗产保护法》还存在诸多困境。但是，对于自然遗产保护的立法跟进一定要与时俱进。就贵州荔波、施秉喀斯特世界自然遗产的保护而言，基于这两个地区均位于少数民族聚居地区，各少数民族之间具有一定的互通性，应该整合现有的地方性法规，以黔南州和黔东南州人大常委分别颁布实施的《黔南岩溶资源保护条例》和《施秉喀斯特保护条例》为基础，同时兼顾其他地方性保护条例，制定一部统一的专门针对贵州省喀斯特世界自然遗产保护的地方条例。在条例的具体内容方面，应该首先明确保护为主、促进其可持续发展的指导原则。在管理与开发方面，制定详尽的细则规定，以规范对喀斯特世界自然遗产的合理开发与利用。比如，由于喀斯特世界自然遗产具有丰富的旅游资源与科研价值，为满足科研的需要与发展旅游的需要，可以适当地在条例中增加相关规定，同时与相关法律法

① 高利红，程芳. 我国自然遗产保护的立法合理性研究——兼评《自然遗产保护法》征求意见稿草案［J］. 江西社会科学，2012（1）：153-162.

规相衔接，增加其适用性与可操作性。

（二）明确执法主体，确保法律有效执行

多头管理，权限不清的根源在于各立法主体之间存在的利益纠纷。因此，想要破解这一难题，必须改变现存的多部门交叉管理的执法体系，从中央层面建立一个专门针对世界自然遗产保护的世界遗产管理机构，各级地方政府则在地方层面设立与之相对应的层级机构，赋予该机构独立的执法权①。良法必须善治，才能保证法律的顺利执行，并对自然遗产的保护起到作用。因此，必须加强执法队伍建设，规范执法人员的执法行为，达到切实有效管理自然遗产的目的。

对于贵州荔波、施秉喀斯特世界自然遗产的保护与管理而言，亟须建立统一的专门的世界遗产管理机构。笔者认为，就我国当前的实际情况而言，可以考虑在贵州省级层面设立专门针对世界自然遗产保护的世界遗产管理机构，并在市州级与县级设立其下属机构，形成一套完整的监管体系，明确该机构的行政执法权限。在机构人员的配备上，要组建一支专业的有管理经验的队伍，确保法律执行到位。此外，机构运行与法律的实施还需要一定的经费予以保障，而仅仅依赖中央和地方财政补贴也是远远不够的，应该充分发挥民间力量以充实资金来源。

（三）加大惩处力度，提高民众法律意识

行政处罚对于破坏自然遗产的行为人而言，根本起不到震慑与教育的作用，与承担刑事责任相比，更是相差甚远。因此，对于恶意破坏与污染自然遗产生态环境的行为，只有加大惩处力度，才能达到威慑的作用，并且有利于自然遗产的保护。公众参与是保护自然遗产的重要途径，只有充分调动公众参与的热情，才能最大程度地发挥出公众的作用。

喀斯特世界自然遗产所具有的价值不言而喻，对于破坏行为仅仅适用

---

① 陈润根. 我国民族地区世界自然遗产法律保护的不足及完善——以贵州荔波为例［J］. 贵州民族研究，2018（8）：18-21.

行政处罚的惩处措施，显然与之不相匹配。当然，在实践中，如果一味地适用刑事责任，也会造成另一个极端。而如何做到行政处罚与承担刑事责任相衔接，还需要当地政府通过不断地调研与考察，因地制宜，在立法中作出更加细致的规定。而针对民众法律意识比较薄弱的问题，则可以通过相关职能部门的普法宣讲以及举办各种形式的活动来予以增强。关于这一点，荔波、施秉地方政府可以借鉴云南石林针对喀斯特世界自然遗产保护的方法，设立遗产地保护日。不仅有利于民众了解喀斯特世界自然遗产保护的重要性，而且能够激发民众主动参与到自然遗产的管理与保护中来，甚至可以对破坏自然遗产的行为也能起到一定的监督作用。

五、结语

只有尽快完善立法规定，采取相应的措施解决这些法律问题，才能保证喀斯特世界自然遗产的可持续开发利用，才能更好地发挥出其本身的价值，造福于全人类。当然，除中央层面外，地方层面更应该结合当地的实际情况，针对荔波、施秉喀斯特在法律保护中存在的问题，尤其是处理好保护与开发的关系，坚持保护优先的原则，制定出台专门性立法予以规制。同时，进一步规范执法，确保法律得以顺利执行，增强民众的参与热情与法律意识。

参考文献

[1] 贵州世界自然遗产地数冠全国［EB/OL］. 贵州省人民政府，(2019-01-23). http://www.guizhou.gov.cn/xwdt/gzyw/201901/t20190123_2225596.html.

[2] 陈云. 我国喀斯特地貌旅游资源法律保护制度研究［D］. 重庆：重庆大学，2012.

[3] 尚彦军. 美国自然遗产保护的发展历程与经验——以国家立法为视角［J］. 遗产与保护研究，2016 (6)：73-77.

[4] 陈兴中，郑柳青. 德国世界遗产保护与可持续发展的经验与启迪[J]. 西南民族大学学报（人文社科版），2008，29（2）：204-207.

[5] 马明飞. 自然遗产保护的立法与实践问题研究[D]. 武汉：武汉大学，2010.

[6] 高利红，程芳. 我国自然遗产保护的立法合理性研究——兼评《自然遗产保护法》征求意见稿草案[J]. 江西社会科学，2012（1）：153-162.

[7] 陈润根. 我国民族地区世界自然遗产法律保护的不足及完善——以贵州荔波为例[J]. 贵州民族研究，2018（8）：18-21.

BIM 技术应用

——基于贵安新区标准厂房项目建设管理

杜世光　陈建军*

（贵州民族大学人文科技学院，贵州贵阳　550025）

摘　要：数字经济与数字服务已成为当下热门话题，数字化的建设与管理也逐步在建设领域体现出越来越重要的作用，其中 BIM 技术，即建筑信息化模型正被五方责任主体大量采用和推广，但如何通过 BIM 信息技术为全过程的项目管理提供服务和提升价值仍是目前面临的难点。本论文通过贵州产投高科有限责任公司贵安新区标准厂房的实际项目，根据业主方功能诉求进行模型构建，采用管线碰撞检索、灾害应急模拟等技术对 BIM 在项目建设管理中的应用探索进行阐述，以供参考。

关键词：建筑信息化模型；项目管理；模拟应用

* 作者简介：杜世光（1990—），男，汉族，贵州民族大学人文科技学院讲师，贵州大学 2018 级研究生。

陈建军（1989—），男，汉族，贵州中铁诺德地铁置业有限公司。

一、BIM 概述

BIM——Building Information Modeling，即大家所熟知的建筑信息模型，是通过赋予信息化的数字模型构建，再进行各项的仿真模拟，从而对建设工程达到有效的管理，被认为是打造智慧城市不可或缺的重要工具。伴随着科技的发展，智慧城市也在与时俱进，正被越来越多的人所接受，与此同时，随着装配式建筑等建设模式的兴起，使得 BIM 技术受到越来越多的关注与认可。

除此之外，笔者认为 BIM 中的 M 还可以翻译做 Management，在大量的数据与信息积累之下，信息的挖掘与管理将成为项目建设中更为关键重要的部分。从规划阶段的可行性研究分析，到设计施工中工期工序的管理，再到竣工验收材料使用用量审核。在项目开发的全过程中，每一个阶段都能在 BIM 模型上得以显示或应用。

BIM 的价值：

运用 BIM 技术，可以将已建成的虚拟建筑模型进行营造的模拟分析，结合各专业人士意见和建议，得出一个最佳的施工方案。

据美国斯坦福大学整合统计，在设施工程中将 BIM 技术应用于 32 个项目的数据显示：

（1）BIM 技术应用使得变更签证率降低 40%；

（2）极大地降低了成本，使得合同价变为原合同价的 90%；

（3）能够使工期缩短 7%，使得项目盈亏平衡的时间大大减少。

二、项目概况

（一）项目简介

项目位于贵州省贵安新区贵州产投贵安新区科技产业园内，由贵州产投高科有限责任公司投资建设，项目方案总共 12 栋标准厂房，其中 3 栋为已建成的标准厂房，层高 4 层，已完成建设主体部分（不含地下室），主体结构为框架结构，耐火等级二级，单栋建筑面积为 13822.68 平方米。主体建筑物指标如下表 1：

表 1　主体建筑物指标表

名称	面积（平方米）	层数	高度（米）	结构类型
1#厂房	13822.68	4	21.70	框架
2#厂房	13822.68	4	21.70	框架
3#厂房	13822.68	4	21.70	框架
总　计	41468.04	—	—	—

注：此表根据贵州产投贵安新区高科技企业孵化基地（一期）标准厂房 BIM 建模项目统计。

建设单位计划将已建成的 1#、2#、3#标准厂房项目进行 BIM 模型构建，其目的在于通过构建的模型发现问题，研究问题，解决问题，探索 BIM 技术在项目开发和建设中的实际应用，并为未完成建设的 9 栋标准厂房提供优化的建设管理方案。

（二）项目难点及策略研究

1. 模型构建重点难点

本工程为部分已建成项目，构建模型主要是为后续的建设及运维管理使用，在项目运维阶段，机电及厂房入驻企业的设备运行管理是重中之重，故在建模的过程中必须确保所有设备信息的完整性，这需要业主方按实如期提供。

由于建筑主体建构为砖混框架结构，需使用 Revit 软件进行建模，而屋顶采用钢结构，需使用 Tekla 软件进行建模，在建模完成后，如何确保不同软件模型数据之间的完美整合，是本工程的难点之一。

2. 重点难点的解决对策

根据行业对项目管理的需求，对 BIM 应用进行模块划分，通过不同的软件，对建筑进行分专业的分步构建，再将孤立的数据信息整合。运用集成的 BIM 模型，进行实时访问并及时更新建设信息，从而直观方便地进行项目分析与管理。

三、BIM 技术在项目中的应用

（一）应用思路

为使得建设单位在拿到最终的交付模型后能够快速地进行工程项目管理，根据 BIM 应用的模块划分构建了项目的文件管理系统，将 BIM 模型及其相关的工程文件资料进行层级划分。文件管理系统结构简图如图 1。

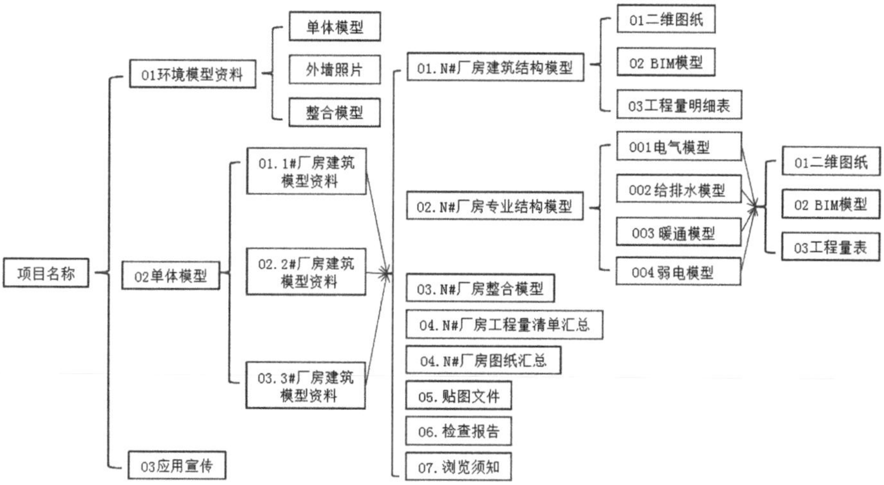

图 1　文件管理系统结构简图

1. 环境模型

包含整合的场地外环境、道路信息、室外管网及部分重要的构筑物与建筑小品，其内容相当于建筑总图。

2. 单体模型

单体模型即 1~3#厂房模型，其中每一栋厂房模型包含建筑结构子模型、专业结构子模型、各专业整合模型、工程量清单汇总、贴图文件、检查报告、浏览须知。每一个专业子模型下均包含该子模型的二维图纸、

BIM 模型及工程数量明细表。

当将该项目文件拷贝到另一台电脑时需更新子模型链接及贴图。

3. 应用宣传

应建设单位要求，根据模型仿真模拟专门制作了相关的模型应用及宣传方面的资料。

（二）应用方案

项目 BIM 模型主要通过 Revit 2018 版软件创建，由于高版本软件能打开低版本软件创建的模型但不能另存为低版本的模型，这一特性决定了使用上需要对软件的版本进行统一，故对业主管理部门采取统一的 Revit 2018 版软件安装。

在完成基础模型构建后，项目的施工进度模拟通过与 Revit 相同版本的 Navisworks 来进行实现，而相关的路径模拟、气象模拟、灾害模拟、监控模拟、光照分析以及 VR 设备连接通过 Revit 的插件 Fuzor（版本与 Revit 版本相同）完成。

1. BIM 模型构建

根据提供的图纸，结合现实情况分专业分软件进行模型构建。钢结构采用 Tekla 软件进行建模，其余专业采用 Revit 软件进行建模，并利用 Revit 将涉及的专业模型进行整合。最后通过相同版本的 Navisworks 软件进行碰撞检查。

2. 建筑系统分析

建筑模型构建完成后，对建筑的各项参数进行录入，进行一系列的系统模拟分析。如建筑物的能耗分析、气流模拟、照明分析等。在项目完成建设之后，根据已完成的 BIM 模型对已建成的建筑物系统进行分析，得出相应的数据，为后续的二次装修提供建议，使建筑物更加的节能环保。

3. 物业运维

通过 BIM 模型直观地查看所有管线以及构件，特别是隐蔽性工程，通过数字模型的分类选取、屏蔽等功能进行独立展现。当建筑由于局部线路或构件出现损坏而导致故障，需要维修时，通过 BIM 模型快速定位其相应的位置，查看其相关的数据信息，为整体的管理和维修提供信息支撑。

同时当企业入驻后，将厂家实际的设备选型、厂牌参数、费用及采购时间、保质期、保养要求等信息按照规定的编码规则录入 BIM 模型，便于入驻企业设施的日常运行维护跟踪、数据积累，且位置查询便捷，节约运维管理成本。

4. 安全模拟演练

通过 VR 技术，将已经完成的 BIM 模型导入，转换成实时的虚拟场景，进行消防模拟，同时根据模拟的数据进行应急方案的编制，在此基础上进行真实的模拟演练，理论与实际相结合，确保安全零死角，提高应急行动的成效。

（三）应用输出成果

1. BIM 模型成果

根据建设单位要求，本次 BIM 模型成果包括建筑、结构、机电安装、综合管网以及厂房设备匹配模型。最终交付的模型格式主要为：RVT/NWF/NWD 等格式。

2. 报告类成果

A. 各专业模型及整体模型拆分标准。

B. BIM 机电管线颜色区分标准。

C. 对图纸中存在的问题进行汇总，并以此为据提供相应的优化建议及整改建议，形成最终的问题报告。

D. 机电综合及优化报告。

E. 室内净高分析报告。

3. 模型命名

文件管理及构件命名参照相关标准执行。命名应严格遵守命名格式标准，从而达到管理检索的便捷性。

4. 模型精度等级

A. 本项目的整体模型精细度为施工图模型深度 LOD300 标准，即模型既能满足前期数据提取及算量等要求，又能满足后期施工阶段继续深化及信息提取要求。部分含厂房入驻企业设备段模型精细度达 LOD500 标准。

B. 对各构件赋予相应的基本材质，便于构件类型的区分和后期模型管理。

C. 依据常规绘图规则对机电各专业的管线进行分色标注。

四、BIM 技术应用对项目建设管理的指导

（一）施工指导

目前已建成 3 栋标准厂房，业主方拟建造共 12 栋标准厂房。剩余的 9 栋标准厂房在后期建造时，因厂房为标准化建设，各方面不会有太大的改动，可使用现有模型为基础，结合后期厂房的规划，对模型进行优化，而后进行施工模拟、场布模拟、材料清单统计等。为后续未完成建设的厂房在施工方面提供指导依据。本工程模型正立面如图 2，厂房内漫游如图 3，材料清单统计如图 4。

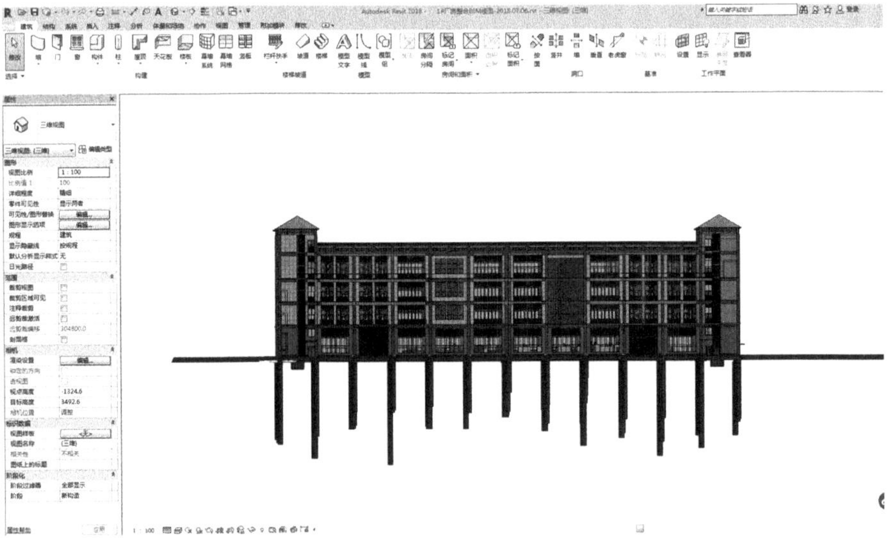

图 2　正立面

图 3　厂房内漫游

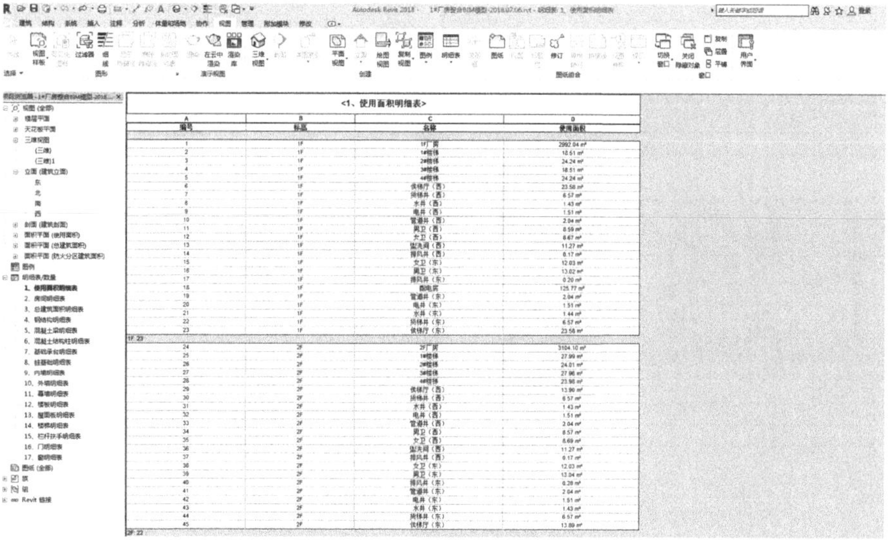

图 4　材料清单统计

（二）二维图纸纠错、隐蔽工程维护

通过集成的 BIM 模型直观地查看所有管线、构件（包含隐蔽工程部分）的三维空间位置关系，对二维图纸存在的问题进行修正（如图 5）。根据模型检索，查出 1#标准厂房碰撞及竣工图纸错误 6 处，2#标准厂房碰撞及竣工图纸错误 3 处，3#标准厂房碰撞及竣工图纸错误 3 处。

在后期管理时，当各管线、构件出现损坏需要维修时，可在模型中快速定位每个管线、构件的位置，并查看其相关的数据信息如材料材质、管径、维护人员联系方式等，为管线、构件的管理和维修提供信息支撑，提高了可追溯性（如图 6）。

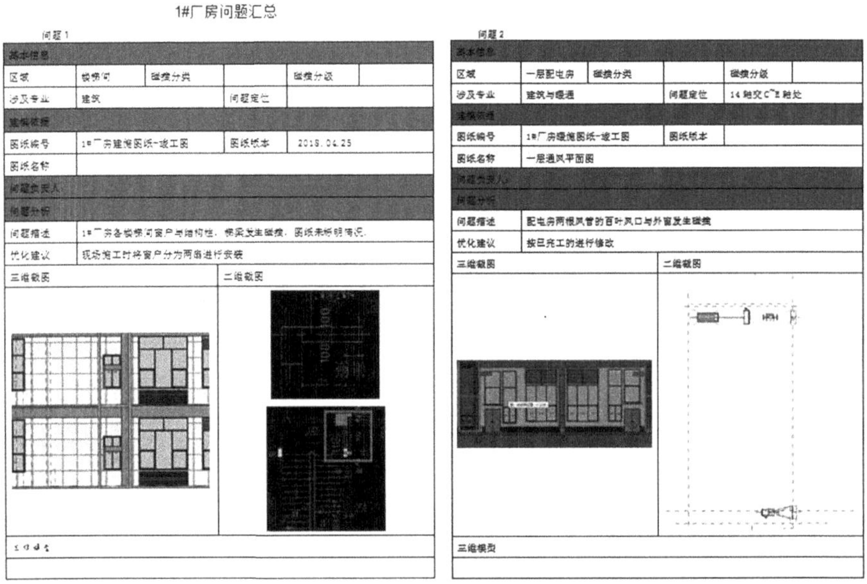

图 5　问题汇总

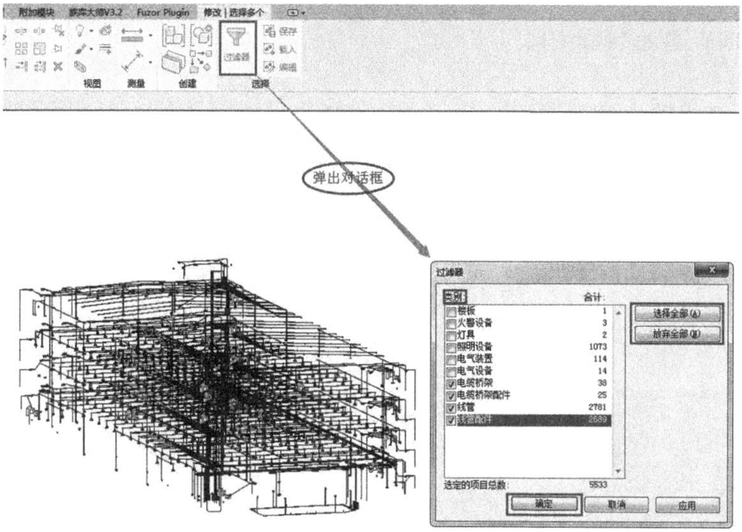

图 6　管线综合

（三）入驻企业匹配管理

本项目的标准厂房服务对象为制造型企业，企业入驻时，可利用厂房 BIM 模型与其相应的生产设备进行模拟匹配，并通过厂房基础的 BIM 模型，对其所需的二次装修及改造方案进行合理的指导。本工程已入驻厂家设备匹配（如图 7）。

图 7　已入住厂家设备匹配

（四）各类演练模拟

在完成项目模型建设后运用 BIM+VR、BIM+AR 等相关技术拓展，为业主提供各类的模拟演练，制定合理的工程实施进程，制定消防疏散等安全预警防患措施，提高应急事件的反应效率，减少安全风险。目前通过模型模拟指导已完成了厂房的 2 次安全疏散演练，并制作了相关的宣传动画视频。各类模拟分析如图 8、图 9、图 10。

图 8　灾害演练模拟

图 9　光照分析

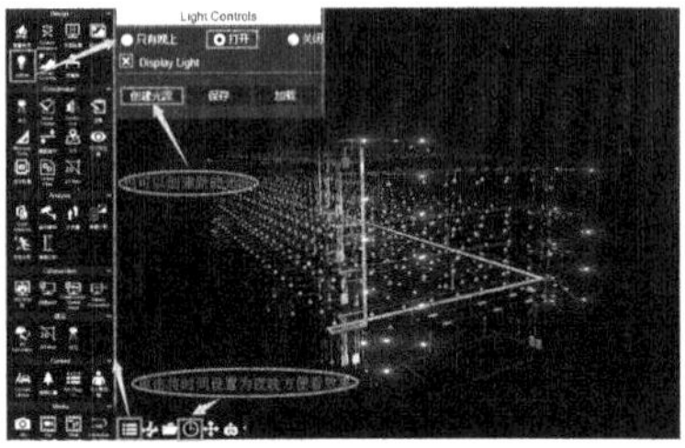

图 10　灯光设置

（五）数据资料保存

本次项目采取 BIM 电子档资料交付，为业主管理部门统一安装相关应用软件，便于业主方在后期设备的更新换代、厂房的改扩建等。由此降低传统的建设项目后期运维以纸质资料的交付，管理人员对资料不熟悉，难查阅，资料丢失或损坏等问题，提高工作效率。

（六）协同管理

本项目基于共同的信息模型平台，以 BIM 模型为基础，可以多人共同访问模型数据信息，实现协同管理，降低沟通难度。

五、BIM 技术应用总结

在建筑设施全生命周期中，通过 BIM 技术可将孤立的数据信息进行整合并集成到建筑信息模型中，该模型包括但不限于建筑设备的空间信息、尺寸信息、设备信息、材料信息、数量信息、维护信息、检验信息及生产厂家等。运用信息集成的建筑信息模型可实时访问和更新所需信息，直观方便地进行质量管理、进度管理、造价管理、安全管理、资产管理、维护管理、隐蔽工程管理、灾害应急管理等，提高运维管理效率，降低管理成本。

（1）通过集成的 BIM 模型可直观地查看所有设备的三维空间位置关系、查看所有设备是否正常运行，还可实时快速定位每台设备的位置、工作状况等，为设备管理和快速维修提供信息支撑。

（2）本项目标准厂房（含后期新建）较多，入驻商家较多，传统管理效率较低，通过 BIM 技术可以实时实地快速查询到客户信息、建筑面积、租赁等情况。

（3）通过建筑信息模型可实现灾害应急演练模拟，提前识别安全隐患，评估灾害发生可能导致的损失，制定合理的疏散线路，帮助安全管理人员做到事前预防，从而降低灾害发生时应急决策的不确定性。

（4）为后期设备的更新换代、厂房的改扩建提供准确完整的数据信息，降低资料查找阅读的难度，提高工作效率。为后期装修、管线安装和租赁提供可视化模型，直观方便地查看厂房的具体情况，提高沟通效率。

BIM 技术已经越来越广泛的开始应用于项目，我们需要在掌握技术手段的同时，更多地去理解去发现技术所能带来的增值服务，这样我们才能更好地实现项目的建设、项目的管理，真正实现数字化的城市建设。

参考文献

［1］曹新颖，晏阳芷，暴颖慧，由倍宇. 基于 BIM 的装配式建筑信息协同研究［J］. 建筑经济，2019，40（09）：85-89.

［2］余飞. BIM 信息化技术在新建厂房项目中的应用探讨［J］. 中国住宅设施，2020（08）：105-106，108.

［3］胡文东. 建筑工程项目管理中 BIM 技术的融合与应用［J］. 绿色环保建材，2020（05）：185，188.

［4］王涛. 建筑工程项目管理中 BIM 技术的融合与应用［J］. 砖瓦，2020（08）：82，84.

［5］吴三六. BIM 技术在贵阳市某建设项目工程造价中的应用［J］. 建筑技术开发，2020，47（19）：91-92.

［6］毛志军. 浅析 BIM 技术在建筑工程管理中的应用［J］. 居舍，2020（16）：157-158.

［7］陈志伟. 基于 BIM 的建筑施工企业管理变革探讨［D］. 厦门：厦门大学，2018.

［8］胡攀辉. 基于 BIM 与 AR 的施工现场应用模块集成研究［D］. 重庆：重庆大学，2015.

浅析工程建设管理中造价软件的作用

王　洁　李禹炎*

（贵州民族大学人文科技学院，贵州贵阳　550025）

摘　要：随着信息化高速发展，建设工程管理中出现了大量工程造价软件，工程造价软件能够在一定程度上加快工作人员的办事效率。随着AutoCAD软件在建筑行业中的成熟应用，工程建设管理中的造价应用软件逐渐完善。本文主要通过对广联达造价软件与手工算量分析得到造价软件的优缺点，通过“广联达算量软件”实例分析，最终对建筑行业中造价软件提出建议和预想。

关键词：工程造价软件；手工算量；工程建设管理

一、造价软件简介

各个国家由于存在不同的造价管理特点，所以各国采用适用本国要求

* 作者简介：王洁（1991—），女，土家族，贵州民族大学人文科技学院助教，研究方向：工程造价软件。

李禹炎（1985—），女，彝族，工程师，贵州民族大学人文科技学院，研究方向：房地产经营。

的造价规定，进而开发了与本国造价管理特点相符的造价软件。

当前，我国大部分的工程造价软件是由我国各个地方的有关造价管理机关部门，根据该地区不同情况的发展来编订的，这些软件具有地方特色。在造价过程中大部分造价工作都由造价人员运算。经过造价软件公司精心、竭力的研发，造价软件基本上解决了目前大部分预算过程中的问题，譬如：预算表的编制和审核、建筑工程量的计算、汇总造价报表。现在造价软件在我国才真正能在工程计价中得到应用。

现阶段工程造价软件一般分为图形算量软件、钢筋算量软件、计价软件和定额信息数据库四大部分构成。

二、手工算量和算量软件分析

（一）手工算量思路及方法

定额计价和清单计价构成了工程造价的内容，首先手工算量是一个基本的计价方法和方式。手工算量的基本思路是列项根据工程量计价规范计算工程量，最后套用定额进行工程造价计算。

施工图预算编制依据主要是根据施工图纸、有关标准图集、建筑工程预算定额及有关工程造价管理文件、施工组织设计预算工作手册等辅助资料、招标文件、工程合同或协议等相关文件资料。

根据手工算量的编制依据我们得出：

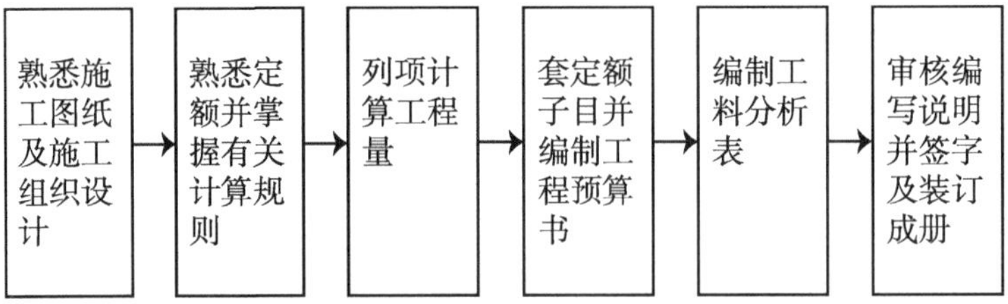

图 1　手工算量的编制程序

手工算量的工程量计算步骤，如图 2 所示：

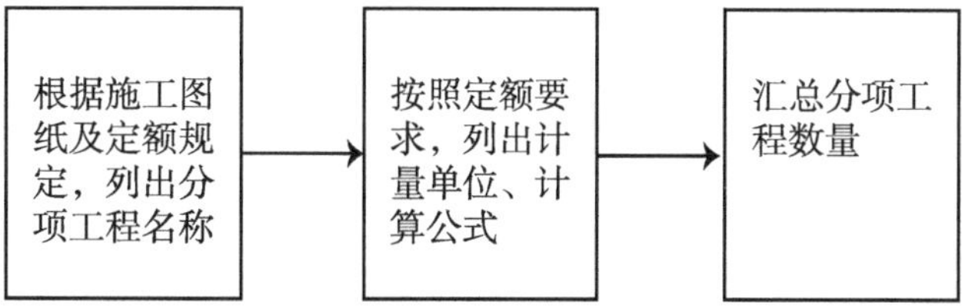

图 2　手工算量计算步骤图

（二）算量软件思路及方法

算量软件能够提高工作效率和减轻造价人员的工作量，从而受到广大造价人员的喜爱。

算量软件的具体思路是：把建筑工程图纸输入软件，按照人工算量的思路方法及操作方法，计算出工程量并套用相应定额或者清单计价，最后编制出工程量清单计价总额。其流程为：建名称—建层高—建轴线—建属性—画出门窗、洞口实体—画出圈梁、过梁、柱子等实体。详见图 3。

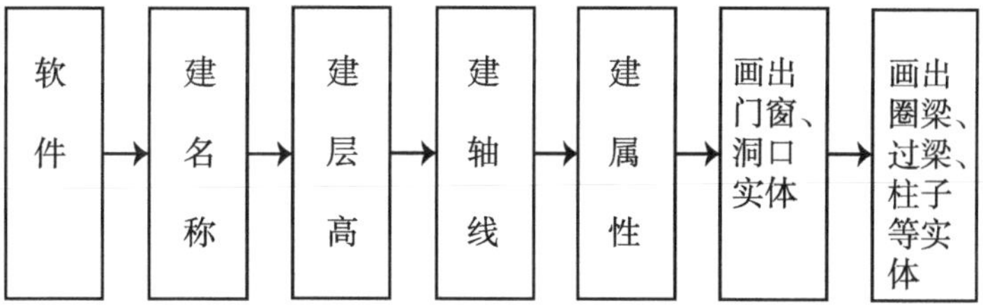

图 3　算量软件思路图

综上所述，不管是手工算量还是软件算量都必须掌握好相关计价规范和熟悉图纸，手工算量的侧重点是掌握列项和分层计算，而算量软件则是在软件的建模上。

三、“广联达算量软件”实例分析

通过使用 GCL2013、GGJ2013 完整的计算了一个在建工程：威宁县职业技术中学 2 号教学楼工程。

（一）工程概况

本工程占地面积 1257.59 平方米，建筑面积 5030.36 平方米，地上 4 层，建筑总高度 15.6 米，桩基础，框架结构墙体采用加气混凝土砌块，屋面防水采用 40 毫米厚配筋砼刚性防水、三元乙丁高分子防水卷材、XPS 挤塑板保温、屋面找坡 2%，外墙使用驼黄色外墙饰面砖，教室内墙面采用 1400 毫米高内墙瓷砖墙裙，卫生间采用 1800 毫米乳白色瓷砖墙裙，墙面采用米黄色乳胶漆。

（二）手工计算的难点

此类工程用手工计算有以下难点：①桩基础底部扩大头的计算以及桩基础顶部与地梁的扣减；②墙裙与墙面中间的扣减；③钢筋算量部分要根据抗震等级计算锚固搭接长度；④卫生间洗手池，小便槽各构件之间的相互扣减以及各部分零星贴砖工程的计算；⑤计算外墙装饰瓷砖时要计算门窗洞口的部分。

（三）软件算量的整体思路及处理难点技巧

软件算量的整体思路是：先地下，后地上；先主体，后装修；先室内，后室外；先整体，后零星。

软件算量处理难点的技巧是：在处理零星的构件的时候，本人采用单构件的输入，避免在每一个小型构件的建模上花费不必要的时间。在进行内墙装修时是直接对每一个房间进行编辑的，不必要在每一个单构件上去建模，那样会导致模块多、容易混淆，对每一个房间进行命名之后直接点击完成房间装修，这样就很轻松地完成对每一个房间装修的算量过程。

（四）使用算量软件的优势

应用 GCL2013、GGJ2013 算量土建只用 4 天时间就把钢筋以及结构算完了，钢筋算量的单构件以及单个边际钢筋的功能计算桩基础，在实际算量中大大提高，工程算量的速度，装饰方面软件的房间编辑功能大大提升了，没有了在手工算量时烦琐的计算过程，直接根据需要对每一个房间的构件进行编辑，大大提高了工作效率。总而言之，GCL2013、GGJ2013 等造价软件大大缩短了手工计算的时间，提高了劳动效率。

（五）手工算量和算量软件的比较

通过实例我们不难看出，手工算量与软件算量在计算顺序、构件计算、分层计算、计算式的应用、套取定额的方式、后期维护等方面存在差异，通过从这六方面进行相关分析，得出表 1。

表 1　手工算量与软件算量对比分析图

序号	对比内容	手工算量	软件算量
①	计算顺序	在图纸上从上到下、从左到右的轴线号顺序，再从建筑物的基础到屋顶同层建筑，再从平面到结构再到装饰进行计算	没有特定的计算顺序，在画图上可以任意选择画图顺序，一般的画图顺序是先画标准层后画基础，先画结构再画平面
②	构件计算	构件要分为不同的计算层次，一般计算顺序是（柱、梁、板、墙、门窗）	计算顺序相同，算量软件在构件计算时进行画图并按照图纸尺寸定义属性，不考虑相互扣减的关系
③	分层计算	楼层平面布局或者标准不一致，对应的分层次计算也会不一样	按照分层画图，可以快速复制修改不同楼层，汇总计算工程量
④	计算式的应用	计算式中有综合数据（如外墙总长度、建筑面积）、已扣减数据（如墙高已扣梁高）、构件总数据（如某型号的门洞总数）、组合数据（圈梁总量扣减与之相交的柱总量）	明细计算式按构件在图中的位置（长度、宽度、高度）计算，扣减数据同时列出，不是按综合数据计算，而是分段计算

续表

序号	对比内容	手工算量	软件算量
⑤	套取定额的方式	先算工程量，然后选择哪些工程量套用哪些定额手工分类、分项汇总统计	定义构件尺寸时，同时选定所套用的定额，电脑自动按分类（如相同定额号）、分项（如相同配比号）或构件编号汇总
⑥	后期维护	统计数据修改、查询方便，保存时间长，数据一目了然，便于管理和储存	维护与保存数据修改、查询麻烦，时间长容易出错，文件保存时间短，也容易遗失数据

由表可见：

（1）手工算量是我国工程造价的主体，虽然手工算量具有工作量大、工作烦琐、浪费时间等缺点，但是手工算量还是有工作灵活、容易检查出错点等优点。

（2）算量软件的优点就是可以很有效地将工程量以三维的形式体现出来，大大增加了造价人员的视觉性和工作效率。

四、结论

虽然造价软件在未来也会存在问题，但是造价软件存在的问题并不会约束其快速发展。因此，本文从以上对比研究成果得出造价软件应在以下几个方面做进一步改善。

第一方面：未来的造价软件在价格方面应该做到降低价格，提高使用价值。在建模过程中增加对奇形怪状、特殊的建筑物的画法加以手画模式。将全国每个地区的价格汇总到数据库里，套取定额时可以同时套取每个地方的定额。

第二方面：使用造价软件就是图个方便、快捷，以后造价软件可以通过照片的格式将建筑物导入软件进行计算。

第三方面：在工程建筑中，造价软件和手工算量相结合才是最好的发展前景，两者应该在造价行业中同时发挥优点，将各自优点结合使用，这样才会将造价更加快捷无误应用在造价软件上。

参考文献

[1] 沈祥华主编. 建筑工程概预算 [M]. 4 版. 武汉：武汉理工大学出版社，2009：227-230.

[2] 程梅. BIM 技术在工程造价管理中的应用及效益分析 [J]. 价值工程，2019，38 (02)：9-12.

[3] 张勇. 基于 BIM 的造价软件开发思维与架构 [J]. 土木建筑工程信息技术，2019，11 (03)：55-64.

[4] 龚夏生. BIM 技术在工程造价中应用现状的思考 [J]. 有色冶金设计与研究，2019，40 (02)：51-53.

[5] 钱磊. 基于 BIM 的工程造价软件应用现状与存在问题综述 [J]. 项目管理技术，2017，15 (04)：98-101.

[6] 邓朗妮，罗日生，郭亮，马晋超，黄晓霞. BIM 技术在工程质量管理中的应用 [J]. 土木建筑工程信息技术，2016，8 (04)：94-99.

高层建筑模态分析及基本周期简化计算研究

袁玉宝*

（贵州民族大学人文科技学院，贵州贵阳 550025）

摘 要：高层建筑的模态分析是高层建筑动力分析的基础。为掌握高层建筑的模态，本篇从理论上推导出自振周期和振型的代数解，并运用ANSYS软件分别对10、12、14、16、18、20层的六栋高层建筑进行模态分析，得出主要结论：（1）楼层越高的高层建筑自振周期越大。（2）GB 50009－2012《建筑结构荷载规范》中钢筋混凝土框架结构基本自振周期经验公式有待改进。（3）高层建筑第1~5阶模态振型主要是基本变形，第6~10模态振型主要是组合变形。

关键词：高层建筑；自振周期；振型；模态分析

模态是结构体系的固有特性，每一阶模态都有对应的自振周期和模态振型。模态分析法是研究体系动力特性的基础方法，在工程振动领域中有

---

* 作者简介：袁玉宝（1989—），男，汉族，贵州民族大学人文科技学院建筑工程学院讲师，研究方向：土木工程。

着广泛的应用，其也是其他分析，如谱分析、谐响应分析、瞬态动力分析等必要的前提。进行高层建筑模态分析旨在确定高层建筑的自振周期和振型，为研究高层建筑在其他诸如风荷载、雪荷载、地震荷载等作用下的动力响应作铺垫。

一、高层建筑自振周期和振型的理论分析[1]

如图 1 所示，有阻尼的多自由度体系在动荷载作用下发生受迫振动。

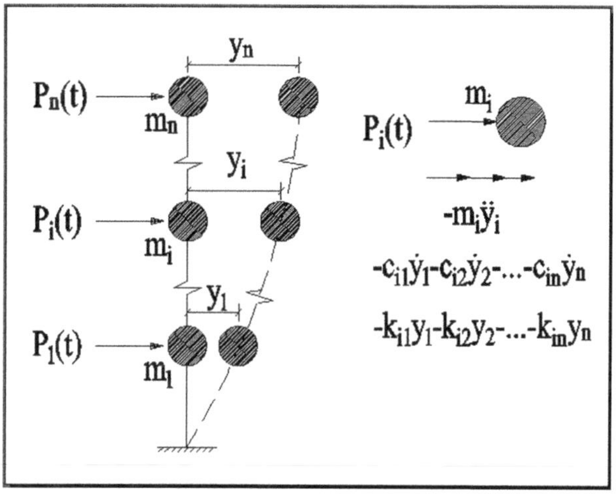

图 1　多自由度体系有阻尼受迫振动

其振动方程为

$$[M]\{\ddot{y}\} + [C]\{\dot{y}\} + [K]\{y\} = \{P\} \tag{1}$$

式中

$$[M] = \begin{bmatrix} m_1 & 0 & \cdots & 0 \\ 0 & m_2 & \cdots & 0 \\ \vdots & \vdots & \vdots & \vdots \\ 0 & 0 & \cdots & m_n \end{bmatrix},\ [C] = \begin{bmatrix} c_{11} & c_{12} & \cdots & c_{1n} \\ c_{21} & c_{22} & \cdots & c_{2n} \\ \vdots & \vdots & \vdots & \vdots \\ c_{n1} & c_{n2} & \cdots & c_{nn} \end{bmatrix},\ [K] = \begin{bmatrix} k_{11} & k_{12} & \cdots & k_{1n} \\ k_{21} & k_{22} & \cdots & k_{2n} \\ \vdots & \vdots & \vdots & \vdots \\ k_{n1} & k_{n2} & \cdots & k_{nn} \end{bmatrix}$$

$$\{\ddot{y}\}=\begin{Bmatrix}\ddot{y}_1\\ \ddot{y}_2\\ \vdots\\ \ddot{y}_n\end{Bmatrix},\{\dot{y}\}=\begin{Bmatrix}\dot{y}_1\\ \dot{y}_2\\ \vdots\\ \dot{y}_n\end{Bmatrix},\{y\}=\begin{Bmatrix}y_1\\ y_2\\ \vdots\\ y_n\end{Bmatrix},\{P\}=\begin{Bmatrix}p_1\\ p_2\\ \vdots\\ p_n\end{Bmatrix}$$

$[M]$、$[C]$、$[K]$ 分别为体系的质量阵、阻尼阵、刚度阵，$\{\ddot{y}\}$、$\{\dot{y}\}$、$\{y\}$ 分别称为加速度向量、速度向量、位移向量，$\{P\}$ 称为动荷载向量。质量阵 $[M]$ 为对角矩阵；刚度阵 $[K]$ 为对称矩阵，即 $k_{ij}=k_{ji}$；阻尼阵 $[C]$ 一般不为对称矩阵，但可通过线性组合成为对称矩阵。

在多自由度体系中，质量和刚度共同决定着体系的自振周期。且一般地，混凝土结构体系阻尼比 $\xi=0.05$，故式（1）可转化为

$$[M]\{\ddot{y}\}+[K]\{y\}=\{0\} \tag{2}$$

设质点按同一频率作简谐振动，则解为 $\{y\}=\{Y\}\sin(\omega t+\alpha)$，其中 $\{Y\}=\{Y_1\quad Y_2\quad\cdots\quad Y_n\}^T$，为位移的幅值向量。将解代入式（2），整理得，

$$([K]-\omega^2[M])\{Y\}=\{0\} \tag{3}$$

由于 $\{Y\}$ 存在非零解，所以

$$\left|[K]-\omega^2[M]\right|=0 \tag{4}$$

上式称为体系的特征方程。根据上式可求得 ω_1^2、ω_2^2、$\cdots\ \omega_n^2$，进而得自振频率 ω_1、ω_2、$\cdots\ \omega_n$。自振周期 $T_i=1/\omega_i$，最小自振周期为 T_1。

将求出的每一个 ω_i 代入式（3），可以求出 ω_i 对应的振型向量 $\{Y^{(i)}\}$，即 $\{Y^{(i)}\}=\left[Y_1^{(i)}\quad Y_2^{(i)}\quad\cdots\quad Y_n^{(i)}\right]^T$。

二、高层建筑自振周期的数值试验分析

（一）试验设计[2-3]

共设计 6 栋高层建筑模型，楼层数分别为 10、12、14、16、18 和 20。建筑层高 3 米；X 水平向共 2 跨，每跨 5 米；Z 水平向共 3 跨，每跨 6 米。

18 层高层建筑模型如下图 2。

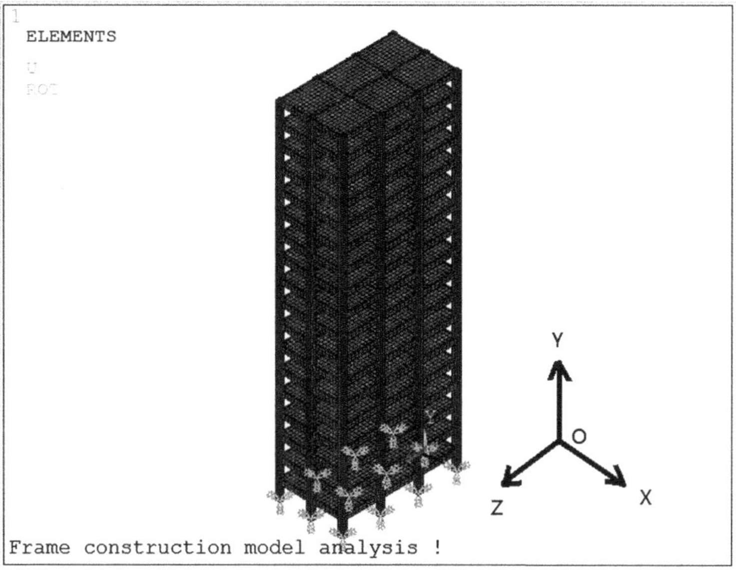

图 2　18 层高层建筑模型

高层建筑含柱、梁、楼板三种构件，具体参数如表 1。

表 1　高层建筑参数

构件名称	材料	密度/kg · m^{-3}	弹性模量/GPa	泊松比	截面尺寸
柱	C30	2500	30	0. 1667	0. 7×0. 7 m^2
梁	C30	2500	30	0. 1667	0. 7×0. 35 m^2
楼板	C30	2500	30	0. 1667	0. 12 m （厚）

柱、梁采用 ANSYS 中 BEAM188 单元，楼板采用 SHELL181 单元。经过创建单元，定义材料，定义截面，建立模型，划分网格等操作后，在柱最底面节点施加全约束。

（二）试验结果

求解器求解完成后，进入后处理器，提取 6 栋高层建筑的前 10 阶自振

频率 ω_i ，并用 $f_i=1/\omega_i$ 作转换，得自振周期如表 2。

表 2 六栋高层建筑第 1~10 阶自振周期（s）

楼层数	阶数									
	1	2	3	4	5	6	7	8	9	10
10	0. 633	0. 622	0. 535	0. 203	0. 201	0. 173	0. 113	0. 112	0. 099	0. 076
12	0. 781	0. 758	0. 649	0. 250	0. 246	0. 212	0. 139	0. 138	0. 121	0. 095
14	0. 940	0. 898	0. 764	0. 300	0. 292	0. 250	0. 166	0. 165	0. 144	0. 114
16	1. 109	1. 042	0. 880	0. 351	0. 339	0. 289	0. 192	0. 191	0. 167	0. 133
18	1. 289	1. 190	0. 997	0. 405	0. 387	0. 327	0. 219	0. 218	0. 189	0. 152
20	1. 481	1. 344	1. 114	0. 460	0. 436	0. 366	0. 246	0. 245	0. 212	0. 171

（三）试验结果分析[4-6]

1. 自振周期的修正

因模型未考虑非承重砖墙导致高层建筑的计算刚度小于实际刚度，则计算自振频率小于实际自振频率，计算自振周期大于实际自振周期。按 JGJ 3-2010《高层建筑混凝土结构技术规程》[7] 4. 3. 17 条的规定，对高层建筑的实际自振周期按照 0. 7 倍修正，10、12、14、16、18、20 层高层建筑的前 10 阶修正的自振周期见表 3，修正的基本自振周期见表 4。

表 3 六栋高层建筑修正的第 1~10 阶自振周期（s）

楼层数	阶数									
	1	2	3	4	5	6	7	8	9	10
10	0. 443	0. 435	0. 374	0. 142	0. 141	0. 121	0. 079	0. 078	0. 069	0. 053
12	0. 547	0. 530	0. 454	0. 175	0. 172	0. 148	0. 098	0. 097	0. 085	0. 066
14	0. 658	0. 628	0. 535	0. 210	0. 204	0. 175	0. 116	0. 115	0. 101	0. 080
16	0. 776	0. 729	0. 616	0. 246	0. 237	0. 202	0. 135	0. 134	0. 117	0. 093
18	0. 902	0. 833	0. 698	0. 283	0. 271	0. 229	0. 153	0. 153	0. 133	0. 106
20	1. 037	0. 941	0. 780	0. 322	0. 306	0. 256	0. 172	0. 172	0. 149	0. 120

由表3知：楼层越高的高层建筑自振周期越大。

2. 基本自振周期经验公式的适用性分析

根据GB 50009-2012《建筑结构荷载规范》[8]，钢筋混凝土框架结构基本自振周期按经验公式（5）计算。

$$T_1 = 0.25 + 0.53 \times 10^{-3} \frac{H^2}{\sqrt[3]{B}} \tag{5}$$

式中 H 为建筑总高度（m），B 为建筑宽度（m）。10、12、14、16、18、20层高层建筑模型中宽度 $B = 10$m，高度 H 分别为30m、36m、42m、48m、54m、60m，将 B、H 值代入式（5），得基本自振周期见表4。

表4　六栋高层建筑基本自振周期（s）的相对误差

楼层数	10	12	14	16	18	20
修正的基本自振周期	0.443	0.547	0.658	0.776	0.902	1.037
经验公式（5）	0.471	0.569	0.684	0.817	0.967	1.136
相对误差	6.5%	4.0%	4.0%	5.2%	7.2%	9.5%

由表4知：整体上，使用周期经验公式（5）求出的基本自振周期与修正的基本自振周期之间的相对误差在10%以内；楼层过高或过低的高层建筑基本自振周期的相对误差较大，经验公式（5）的适用性较差。

3. 基本自振周期公式的优选

以纵坐标为自振周期 T_1，横坐标为建筑高度 H，进行线性拟合、1.5次幂拟合和2次多项式拟合，拟合结果如图3、图4和图5。

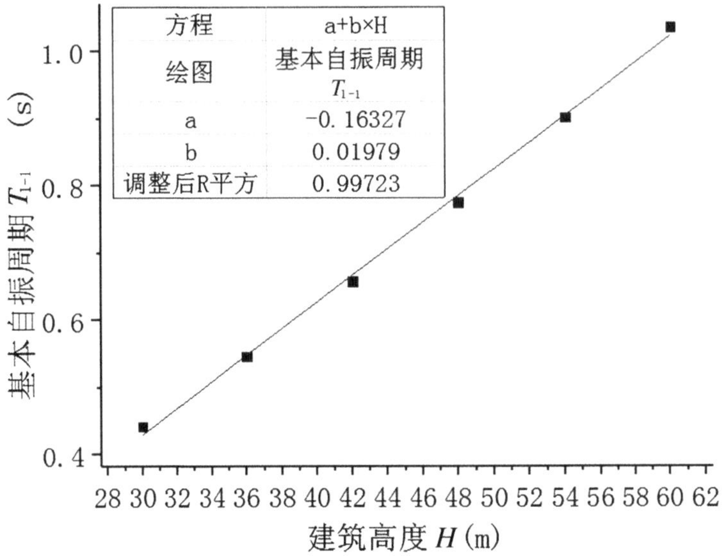

图 3 线性基本自振周期公式的拟合

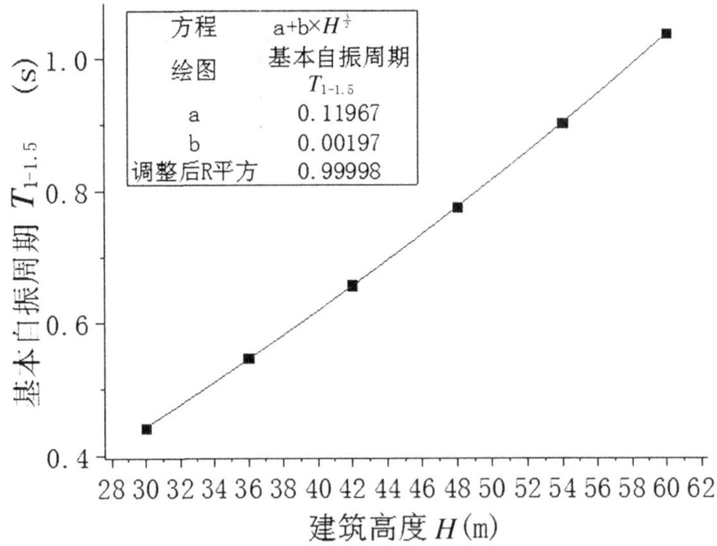

图 4 1.5 次幂基本自振周期公式拟合

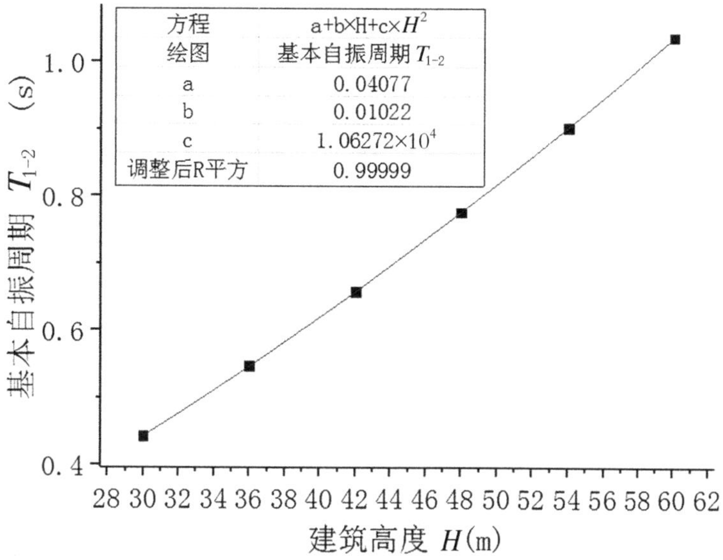

图 5　2 次多项式基本自振周期公式拟合

线性拟合公式 T_{1-1} 为

$$T_{1-1} = -0.16327 + 0.01979 \times H \tag{6}$$

1.5 次幂拟合公式 $T_{1-1.5}$ 为

$$T_{1-1.5} = 0.11967 + 0.00197 \times H^{\frac{3}{2}} \tag{7}$$

次多项式拟合公式 T_{1-2} 为

$$T_{1-2} = 0.04077 + 0.01022 \times H + 1.06272 \times 10^{-4} \times H^2 \tag{8}$$

把基本自振周期经验公式（5）、T_{1-1} 公式、$T_{1-1.5}$ 公式、T_{1-2} 公式进行比对，探讨其适用性如表 5。

表 5　六栋高层建筑基本自振周期（s）公式的适用性

数据来源	楼层数						标准差	适用性
	10	12	14	16	18	20		
修正的基本自振周期	0.443	0.547	0.658	0.776	0.902	1.037	/	/
经验公式（5）	0.471	0.569	0.684	0.817	0.967	1.136	0.0593	差

续表

数据来源	楼层数						标准差	适用性
	10	12	14	16	18	20		
T_{1-1} 公式	0.430	0.549	0.668	0.787	0.905	1.024	0.0105	较差
$T_{1-1.5}$ 公式	0.443	0.545	0.656	0.775	0.901	1.035	0.0016	较好
T_{1-2} 公式	0.443	0.546	0.657	0.776	0.903	1.037	0.0004	好

由表 5 知：基本自振周期公式的适用性由好到差的排序为：2 次多项式拟合公式 T_{1-2}>1.5 次幂拟合公式 $T_{1-1.5}$>线性拟合公式 T_{1-1}>经验公式（5）。

三、高层建筑模态振型的数值试验分析

采用 Block Lanczos 模态法提取 10、12、14、16、18、20 层高层建筑的前 10 阶模态，并采用扩展模态法提取前 10 阶模态振型，18 层高层建筑的前 10 阶模态振型如图 6 所示。

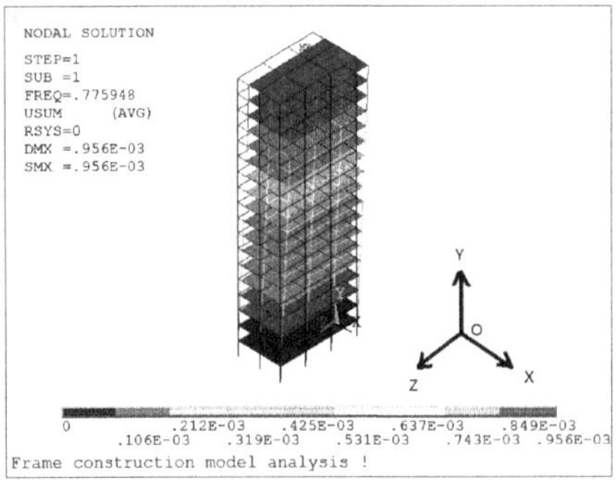

(a) 第 1 阶振型

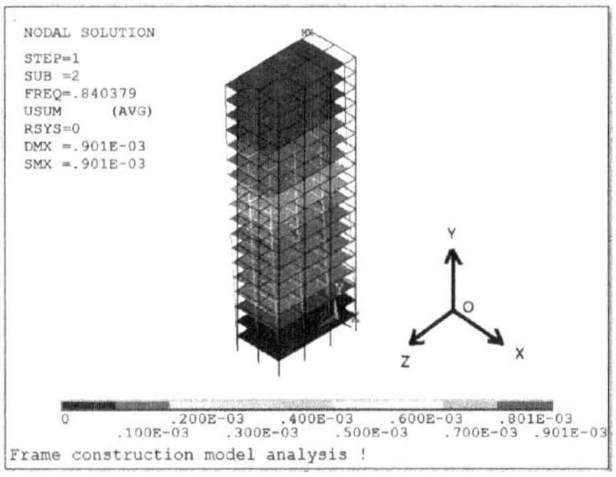

(b) 第 2 阶振型

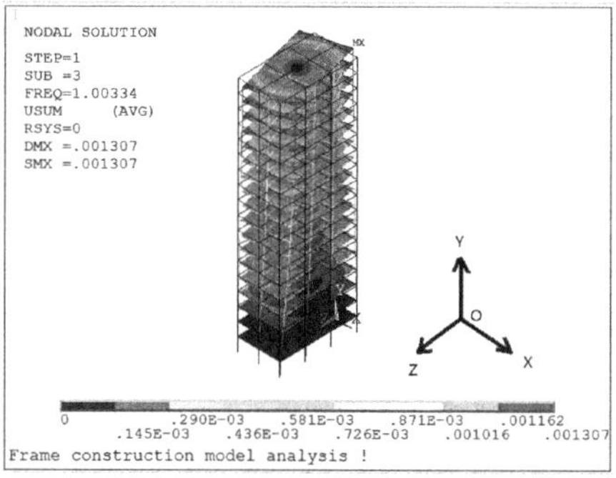

(c) 第 3 阶振型

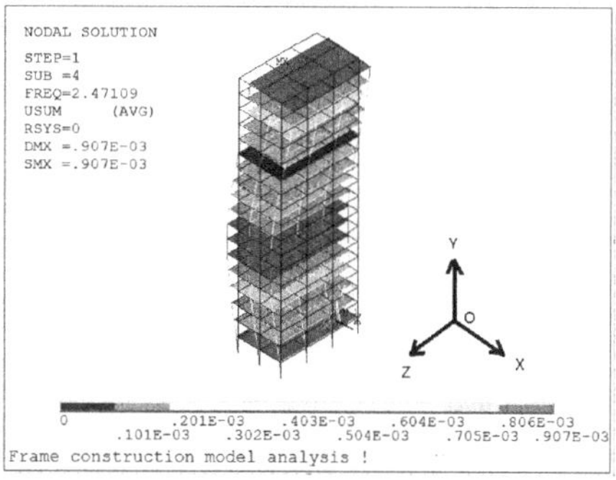

(d) 第 4 阶振型

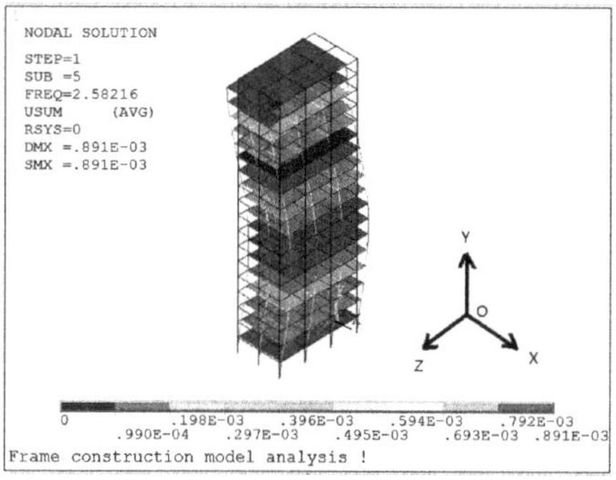

(e) 第 5 阶振型

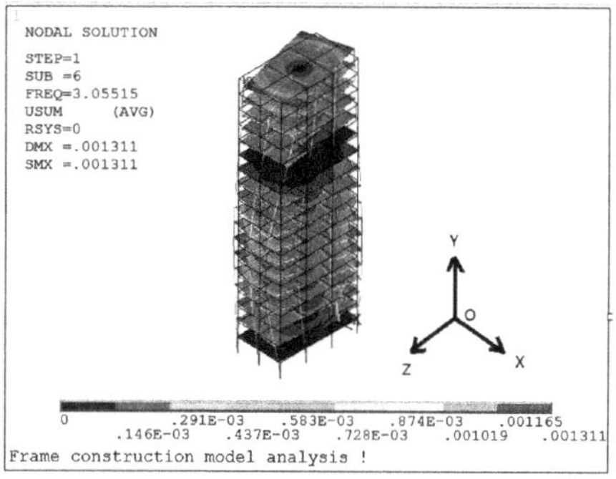

(f) 第 6 阶振型

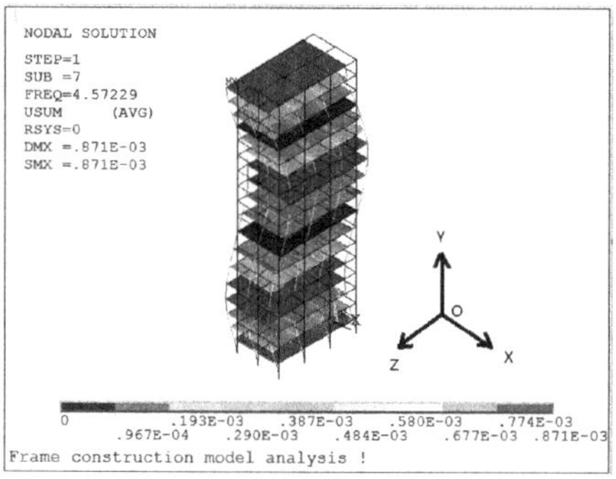

(g) 第 7 阶振型

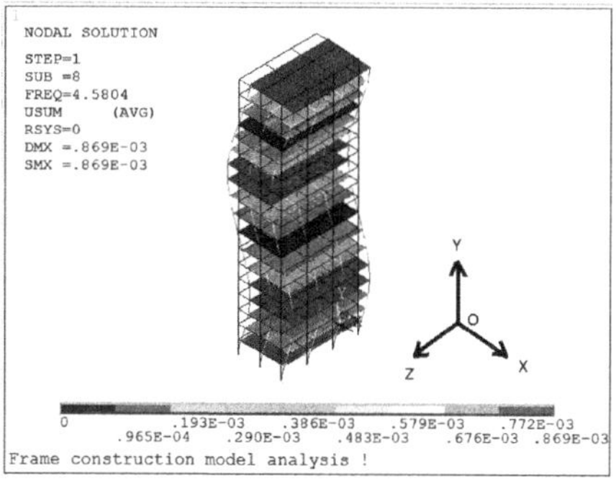

(h) 第 8 阶振型

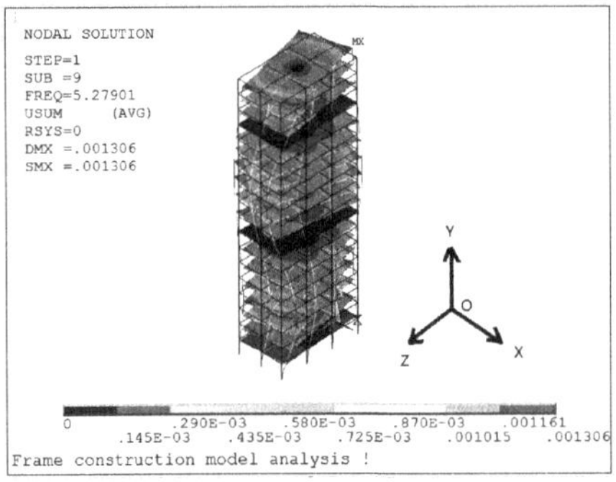

（i） 第 9 阶振型

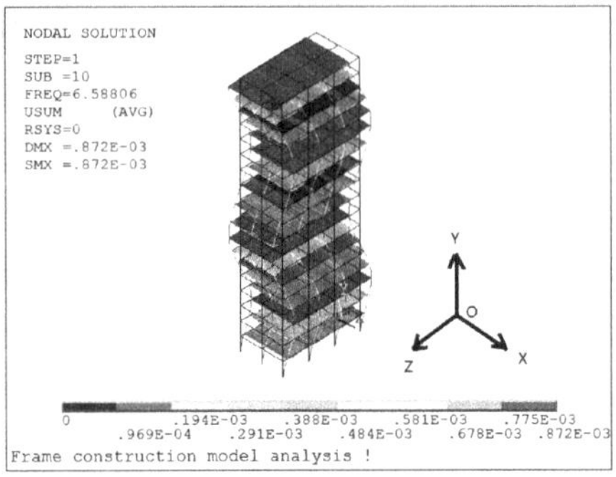

（j） 第 10 阶振型

图 6 18 层高层建筑第 1~10 阶模态振型

观察六栋高层建筑的前 10 阶模态振型图，列其模态振型的主要组成如表 6 所示。

表 6 六栋高层建筑第 1~10 阶模态振型的主要组成

楼层数	阶数	主要组成
10、12、14、16、18、20	1	水平向 X 轴平动
	2	水平向 Z 轴平动
	3	垂直向 Y 轴扭转
	4	XOY 面内弯曲
	5	ZOY 面内弯曲
	6-10	复杂的组合变形

四、结论

（1）高层建筑的质量和刚度共同决定自振周期和振型。

（2）楼层越高的高层建筑的自振周期越大。

（3）楼层过高或过低，使用高层建筑的基本自振周期经验公式计算出的周期相对误差较大，公式适用性降低。对于 10~20 层的高层建筑，基本自振周期公式优选二次多项式公式。GB 50009-2012《建筑结构荷载规范》中钢筋混凝土框架结构基本自振周期经验公式有待改进。

（4）高层建筑的第1阶模态振型主要是建筑宽度方向（水平X）的平动，第2阶模态振型主要是建筑长度方向（水平Z）的平动，第3阶模态振型主要是以建筑高度方向（垂直Y）为轴的转动，第4阶模态振型主要是建筑宽度方向（水平X）与高度方向（垂直Y）所在平面的弯曲，第5阶模态振型主要是建筑长度方向（水平Z）与高度方向（垂直Y）所在平面的弯曲，第6~10阶模态振型是更为复杂的组合变形。

参考文献

[1] 包世华编著. 结构动力学 [M]. 武汉：武汉理工大学出版社，2005：8-84.

[2] 闫培雷，孙柏涛. 上海市典型高层建筑结构基本自振周期测试与回归分析 [J]. 振动与冲击，2019，38（15）：103-108.

[3] 贾兴隆，吴桐. 单管通信铁塔自振周期影响因素分析 [J]. 建筑技术开发，2019，46（03）：10-12.

[4] 徐培福，肖从真，李建辉. 高层建筑结构自振周期与结构高度关系及合理范围研究 [J]. 土木工程学报，2014，47（02）：1-11.

[5] 魏翠玲，王红军，宋建勋. 填充墙框架结构自振周期折减系数研究 [J]. 低温建筑技术，2013，35（12）：84-86.

[6] 徐家云，王礼杭，陈思维，毕海峰，刘如意. 鄂东长江大桥风致振动三向连续型控制试验研究 [J]. 武汉理工大学学报，2015，37（01）：81-87.

[7] 中华人民共和国住房和城乡建设部. 高层建筑混凝土结构技术规程：JGJ 3-2010 [S]. 北京：中国建筑工业出版社，2011.

[8] 中华人民共和国住房和城乡建设部. 建筑结构荷载规范：GB 50009-2012 [S]. 北京：中国建筑工业出版社，2012.

使用 Nad 叶绿体标记分析芒和五节芒的遗传多样性*

何燕燕**

（贵州民族大学人文科技学院，贵州贵阳 550025）

摘 要：芒和五节芒是禾本科芒属的两个近缘种。本文用 Nad 标记，通过 PCR 扩增和测序，从分子水平分析了贵州省域分布的芒的遗传多样性，并比较了贵州雷山同域分布的芒和五节芒在遗传多样性上的异同。结果显示，芒的遗传多样性明显高于五节芒，其具有更多的单倍型，更进化。不同采集地的芒的遗传多样性也较高，能适应更多变的环境，也符合其分布范围广这一特点。该分析结果可为开发利用与新品种选育奠定基础，也可以为现存野生资源的合理保护与利用提供技术支持。

关键词：芒；五节芒；Nad 标记；叶绿体基因；遗传多样性

---

* 基金项目：贵州民族大学人文科技学院基金科研项目“芒草遗传多样性分析及其综合利用研究”（项目编号：2020rwjs011）的阶段性成果。

** 作者简介：何燕燕（1995—），女，汉族，硕士研究生 ，研究方向：植物资源与利用。

一、前言

（一）芒和五节芒的生物学特征及其优势

芒草泛指禾本科（Gramineae）芒属（Miscanthus）植物，为多年生 C4 草本植物。从生理特征上看，其 CO_2 补偿点低，对空气的 C 同化效力高，生长过程中可消耗大量 CO_2，有助于缓解温室效应[1]。此前研究显示，芒属植物的生物质产量高、生物质质量优、种植成本低、生态效益好、遗传资源广，可作为能源植物利用[2]，是第二代能源植物之一。其地下根茎有良好的水土保持和生态改良作用[3]。芒草可在多种土地类型上生长，具有良好的抗旱能力，在非灌溉条件下芒草能够适应干旱缺水的土壤环境[4]。其广布中国各省[5]，贵州大多数地方较为常见的是芒和五节芒[6]，系统发育研究显示，芒（*M. sinensis*）和五节芒（*M. floridulus*）是两个近缘种。

芒，多年生苇状草本，丛生。秆高 1—2 米；叶片呈线形，叶缘有锯齿，地上部分冬季枯黄；圆锥形花序，花果期 9—11 月[7]；该植物可防沙固土，能在寒冷的条件下生存[8]。其秆穗可作扫帚和燃料用[9]，幼嫩植物可作牲畜饲料用[10]。

五节芒，多年生草本，具发达的根状茎。秆高大似竹，高 2—4 米；叶片披针形，叶鞘无毛而具蜡粉，叶背光滑无毛；地上部分冬季不枯黄或少枯黄，不落叶；大型圆锥形花序，花果期 6—8 月[5]；多生于山坡草地及河边。根茎入药可为利尿剂用[10]。五节芒可在贫瘠土地和重金属污染土地上生存，有较高的适应能力[8]。

（二）研究意义

芒和五节芒分布广、产量高、资源丰富、适应性强，是一类生态效益与经济效益兼收的植物资源[11-12]。它不仅能够增加土壤碳储量，改善干旱边际土地土壤沙化，贫瘠等问题，还可为生物质能源提供原材料[4]。而芒属植物有多个种及多种生态型和基因型，遗传多样性极其丰富。所以，要在贵州开发芒和五节芒这一能源植物资源，加强其基础研究特别是遗传多样性的相关研究就显得十分重要[13]。当前应用现代分子生物学的 DNA 分子标记技术，可对芒属不同种的遗传多样性予以分析。本文拟通过对同一采集地芒和五节芒的遗传多样性及种间进化关系进行分析，同时对贵州及其邻近地区芒的遗传多样性进行分析，使我们能更好地理解芒和五节芒的遗传背景，从而为芒和五节芒的开发利用和新品种选育奠定基础，也为现存野生资源的合理保护与利用提供理论支持[14]。

二、材料与方法

（一）实验材料

本实验中，将实验材料分为两类，详细信息见表 1。其中，一类为同域分布（贵州省雷山县）的芒和五节芒，样品共计 35 个，其中五节芒（LSA）13 个，芒（LSB）22 个。另一类为贵州境内及邻近地区的芒，共有凤凰（FH）、盘县（PX）、习水（XS）、官渡（GD）、道真（DZ）、独山（DS）、钟山（ZS）、从江（CJ）、张家界（ZJJB）、雷山（LSA）10 个采样点，每个采样点取一个样，共 10 个样。取植株叶片装入自封袋中编号并加入变色硅胶，待其干燥后置于灭菌且冷却的研钵中研磨成粉末状，取粉末状样品适量于 2mL 离心管中，将装有样品的离心管保存在-20℃冰箱中备用。

表 1　实验材料（共计 45 个）

编号	种类	拉丁名	材料产地
FH010	芒	*M. sinensis*	湖南凤凰
PX002	芒	*M. sinensis*	贵州盘县
XS011	芒	*M. sinensis*	贵州习水
GD008	芒	*M. sinensis*	贵州官渡
DZ007	芒	*M. sinensis*	贵州道真

续表

编号	种类	拉丁名	材料产地
DS018	芒	*M. sinensis*	贵州独山
ZS004	芒	*M. sinensis*	贵州钟山
CJ023	芒	*M. sinensis*	贵州从江
ZJJA024	芒	*M. sinensis*	湖南张家界
ZJJB030	五节芒	*M. floridulus*	湖南张家界
LSA003	五节芒	*M. floridulus*	贵州雷山
LSA005	五节芒	*M. floridulus*	贵州雷山
LSA006	五节芒	*M. floridulus*	贵州雷山
LSA011	五节芒	*M. floridulus*	贵州雷山
LSA013	五节芒	*M. floridulus*	贵州雷山
LSA014	五节芒	*M. floridulus*	贵州雷山
LSA015	五节芒	*M. floridulus*	贵州雷山
LSA016	五节芒	*M. floridulus*	贵州雷山
LSA017	五节芒	*M. floridulus*	贵州雷山
LSA019	五节芒	*M. floridulus*	贵州雷山
LSA020	五节芒	*M. floridulus*	贵州雷山
LSA021	五节芒	*M. floridulus*	贵州雷山
LSA022	五节芒	*M. floridulus*	贵州雷山
LSA025	五节芒	*M. floridulus*	贵州雷山
LSB004	芒	*M. sinensis*	贵州雷山
LSB005	芒	*M. sinensis*	贵州雷山
LSB007	芒	*M. sinensis*	贵州雷山
LSB008	芒	*M. sinensis*	贵州雷山
LSB009	芒	*M. sinensis*	贵州雷山
LSB010	芒	*M. sinensis*	贵州雷山
LSB011	芒	*M. sinensis*	贵州雷山
LSB012	芒	*M. sinensis*	贵州雷山

续表

编号	种类	拉丁名	材料产地
LSB013	芒	*M. sinensis*	贵州雷山
LSB014	芒	*M. sinensis*	贵州雷山
LSB015	芒	*M. sinensis*	贵州雷山
LSB016	芒	*M. sinensis*	贵州雷山
LSB017	芒	*M. sinensis*	贵州雷山
LSB018	芒	*M. sinensis*	贵州雷山
LSB019	芒	*M. sinensis*	贵州雷山
LSB020	芒	*M. sinensis*	贵州雷山
LSB021	芒	*M. sinensis*	贵州雷山
LSB022	芒	*M. sinensis*	贵州雷山
LSB024	芒	*M. sinensis*	贵州雷山
LSB025	芒	*M. sinensis*	贵州雷山
LSB028	芒	*M. sinensis*	贵州雷山

（注：因 LSA006、LSA019、LSB008、LSB011、LSB021 序列长度<700bp，所以数据分析时弃用。）

（二）实验方法

1. 叶绿体 Nad 标记片段扩增

取出置于-20℃下保存备用的实验材料，采用 CTAB 法[15] 提取总 DNA 后，按如下体系进行 PCR（聚合酶链式反应）扩增实验：

表 2 叶绿体片段 PCR 反应体系（25μL）

试剂	体积
上下游引物	各 1μL
PCR_{mix}	12. 5μL
ddH_2O	9. 5μL
模板 DNA	1μL

PCR 反应按照如下扩增程序进行：

94℃，2min；

94℃，35s；

60℃，35s； 35cycles/-0.1℃

72℃，1min；

72℃，10min；

10℃，10min；

PCR 反应完成后进行凝胶电泳检测，将成功扩增出来的 PCR 产物保存在-20℃的冰箱中，为下一步测序备用。

（三）数据分析

将 PCR 产物送至测序公司（广州艾基）测序。由于所测得的 45 条序列中，2 个雷山的五节芒（LSA006、LSA019）和 3 个雷山的芒（LSB008、LSB011、LSB021）共 5 个样的序列长度不足 700bp，故去掉这 5 个材料，所以实际可用序列由 45 条变成 40 条。

在此将 40 个实验材料的序列分成 2 个组来比较分析。一个组为雷山的芒和五节芒（LSA & LSB）共 30 个样，用来比较分析同域分布的五节芒和芒的遗传多样性及其种间的亲缘关系。另一个组为凤凰、盘县、习水、官渡、道真、独山、钟山、从江、张家界、雷山的芒，用来比较分析不同地点芒的多样性及分歧程度。

1. 序列的编辑和比对

将测序后的序列在 Bioedit7.01[16] 软件中进行序列的编辑，将结果另存为.fasta 格式，以便后续分析。将编辑后的 40 条序列使用 Muscle3.6[17-18] 软件进行比对，去除序列群体中不整齐的一段首尾序列。

2. 系统发育树重建

用 MEGA5.05[19-22] 打开比对好的.fasta 格式的文件，建树分析。作为群体分析，建树方法使用邻接法（Construct/Test Neighbor-Joining Tree），用 Jukes-Cantor 模型，自展检验执行 1000 次，最后得到的发育树以矩状树的形式显示。

3. 遗传多样性分析

用 DnaSPv5[23] 软件分析此两个群体的序列文件，从芒和五节芒的多态位点含有 gap 和不含 gap 两方面分析。我们主要分析了多态位点、单倍型数目、遗传多样性指标 π 和 θ。

雷山群体分为雷山的五节芒和雷山的芒分别分析后，再按整个雷山群体材料分析。结果如表 3、表 4 所示。不同地点芒的多样性及分歧程度分析时，方法同分析雷山群体相同。结果如表 5、表 6 所示。

三、实验结果

（一）叶绿体 Nad 标记片段扩增

在执行 PCR 扩增时，可根据片段长度和退火温度的不同，适当调整延伸时间和退火温度，实验中所用温度及时间都是经过多次测试后得到的最适值。结果表明，退火温度在 60℃时效果最佳，可参见图 1。表 1 中 10 个采样点的芒和五节芒植物基因组 DNA 都已提取，经 PCR 特异性扩增得到叶绿体片段 45 个，整体长度约为 900bp。

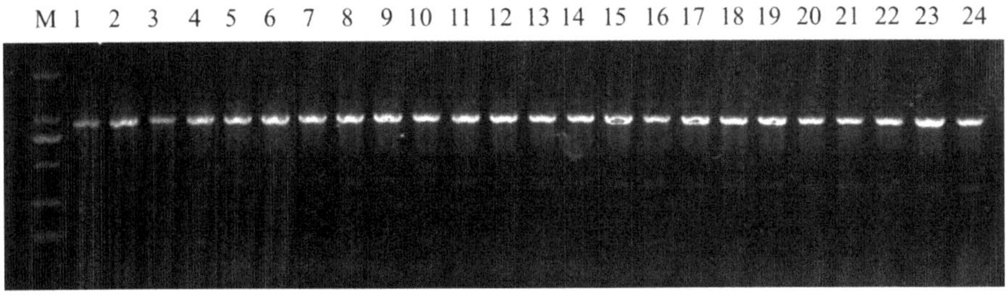

图 1　叶绿体 Nad 片段 PCR 扩增产物电泳检测

（M：Marker DL2000，其余为芒和五节芒的叶绿体 Nad 片段）

（二）序列的编辑和比对

经Bioedit7.01编辑后的序列长度分别为：雷山的五节芒（LSA，12个样）和雷山的芒（LSB，18个样）的序列长度在866bp左右。其余10个采样点（凤凰、盘县、习水、官渡、道真、独山、钟山、从江、张家界、雷山）的序列长度在900bp左右。

（三）系统发育树重建

使用叶绿体基因片段构建了NJ树（见图2和图3）。图2显示，雷山的芒和五节芒在以该片段构建的系统发育树上均无法形成一个单系，而是彼此混杂在一起。

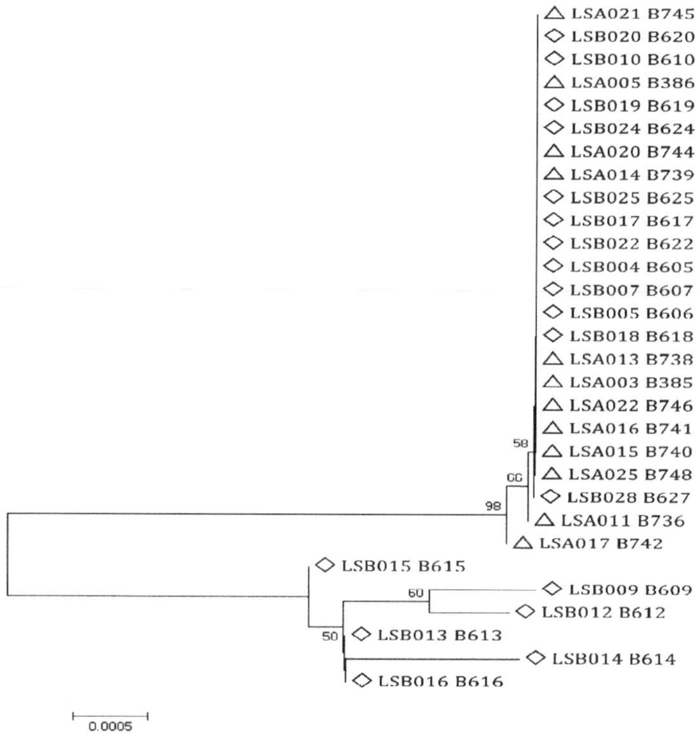

图2　雷山的五节芒和芒（LSA & LSB）系统发育树

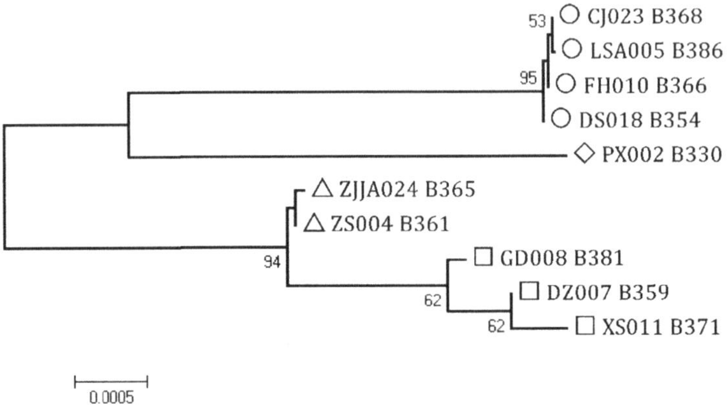

图 3　不同地点的芒系统发育树（编号前部分为采集地和采集号，后半部分为 PCR 号）

从图 3 中可以看出，该系统发育树可以分为 4 个小类群，分别为黔东南（从江 CJ、雷山 LS、独山 DS）和贵州北部的湖南凤凰（FH）、黔西南盘县（PX）、黔北（官渡 GD、道真 DZ、习水 XS）及湖南张家界（ZJJ）和贵州钟山（ZS）。各小类群彼此间具有较大的遗传距离。其中盘县（PX）单独成为一支，说明其可能和其他地方的芒彼此间亲缘关系较远。

（四）遗传多样性分析

1. 雷山五节芒和芒核苷酸多态性分析

表 3　雷山五节芒和芒的多态位点

项目	雷山五节芒	雷山芒	总群体
序列数	12	18	30
所选区域	1-866	1-866	1-866
位点数量	866	866	866
位点总数（不包括 gap/missing 的位点）	759	782	756
具有 gap/missing 的位点	107	84	110
不变位点	759	776	750
可变位点	0	6	6

续表

项目	雷山五节芒	雷山芒	总群体
突变总数	0	6	6
单变异位点	0	2	2
单体可变位点（两个变体）	0	4	4
单体可变位点（三个变体）	0	0	0
可变位点（四个变体）	0	0	0

由表 3 可知，在多态位点方面，所分析的芒和五节芒的位点总数都是 866。五节芒不含 gap 的位点总数和含有 gap 的位点总数分别为 759 和 107；芒不含 gap 的位点总数和含有 gap 的位点总数分别为 782 和 84。芒有 6 个可变位点，其中包含 2 个单变异位点和 4 个单体可变位点，而五节芒无任何可变位点。由此说明芒的多样性比五节芒更高，使其分布范围更广，适应性更强。

由表 4 可知，雷山芒（LSB）的单倍型数 4 较雷山五节芒（LSA）的单倍型数 1 高，其中雷山芒（LSB）单倍型多样性（Hd）、单倍型多样性方差、单倍型多样性标准偏差、核苷酸多样性（π）以及 θ 值，都明显高于雷山五节芒（LSA）的值。同时该结果也可以说明雷山芒（LSB）比雷山五节芒（LSA）有更多的遗传多样性。

表 4　雷山五节芒和芒的多态位点（不含 gap）

项目	雷山五节芒	雷山芒	总群体
序列数	12	18	30
所选区域	1-866	1-866	1-866
位点数量	866	866	866
位点总数（不包括 gap /missing 的位点）	759	782	756
多态性位点数（S）	0	6	6
总突变数（Eta）	0	6	6
单倍型数（h）	1	4	4

续表

项目	雷山五节芒	雷山芒	总群体
单倍型多样性（Hd）	0.000	0.529	0.352
单倍型多样性方差	0.00000	0.01368	0.01067
单倍型多样性标准偏差	0.000	0.117	0.103
核苷酸多样性（π）	0.0000000000	0.00269	0.00193
θ	0.00000	0.00223	0.00200

2. 不同地点芒的核苷酸遗传多样性分析

由表5和表6得知，实验材料所选的10个单独样本，无论是其可变位点的数量，还是其单倍型数（h）、单倍型多样性（Hd）、单倍型多样性方差、单倍型多样性标准偏差、核苷酸多样性（π）及θ值都较雷山（LS）群体的高很多，说明该群体材料比单一地点的群体材料有更高的遗传多样性，这也符合该群体中的10个材料采集地点的覆盖面更大更广这一特点。

表5　不同地点芒的多态位点

项目	芒
序列数	10
所选区域	1-867
位点数量	867
位点总数（不包括 gap/missing 的位点）	826
具有 gap/missing 的位点	41
不变位点	818
可变位点	8
突变总数	8
单变异位点	3
单体可变位点（两个变体）	5
单体可变位点（三个变体）	0
可变位点（四个变体）	0

表 6　不同地点芒的多态性位点（不含 gap）

项目	芒
序列数	10
所选区域	1-867
位点数量	867
位点总数（不包含缺口/遗漏数据的位点）	826
多态性位点数（S）	8
总突变数（Eta）	8
单倍型数（h）	4
单倍型多样性（Hd）	0.078
单倍型多样性方差	0.00822
单倍型多样性标准偏差	0.091
核苷酸多样性（π）	0.00393
θ	0.00342

四、分析与讨论

通过分析以上数据可得，在雷山（LS）群体中，雷山芒（LSB）的遗传多样性比雷山五节芒（LSA）的遗传多样性高，雷山芒（LSB）具有更多的单倍型，这与芒具有更多样化的生境是一致的。在不同采集点的群体中，整个群体材料具有较大的遗传多样性，单倍型也较多，更能适应比较多变的环境，所以其分布广布各地。

从所建的发育树进一步分析可得出：五节芒与芒交叉出现，在五节芒中交叉有芒，在芒中交叉有五节芒，不能将它们分为截然不同的两个种，说明雷山的五节芒（LSA）和芒（LSB）间有非常近的亲缘关系，它们应该是近期分开的物种，甚至可能仍存在一定的种间基因交流。尽管这两个物种存在着明显的重叠分布，但它们在花期上明显不同，甚至可以说完全错开，通过传粉实现种间基因交流难度很大，因此它们通过什么方式实现基因交流是非常值得研究的。在野外两者的性状不尽相同，通过形态标准可明确为两个不同的种。但根据分子特征来看，它们在系统发育树上彼此混杂，不能相互区分，在单倍型上也存在相同的现象。这就产生了一个非常有趣的问题：这两个进缘种究竟是通过何种机制，使它们在彼此遗传差别非常小的背景下实现种间分化并在其性状上表现出来，这可能是我们下一步研究的重点。

五、结论

综上所述，芒和五节芒遗传基因复杂，彼此混杂，说明种间可能存在基因流。在进行芒和五节芒的叶绿体遗传多样性分析时，发现叶绿体片段突变位点少，基因序列保守，说明叶绿体基因进化慢，在系统发育树上分支也较短而集中，彼此间有较近的亲缘关系。芒草遗传多样性高，广布各地，通过分析其多样性可为开发利用与新品种选育奠定基础，也可以为现存野生资源的合理保护与利用提供技术支持。

参考文献

[1] 朱太平，刘亮，朱明编著. 中国资源植物［M］. 北京：科学出版社，2007：90-256.

[2] 易自力. 芒属能源植物资源的开发与利用［J］. 湖南农业大学学报（自然科学版），2012，38（5）：455-463.

[3] 赵春桥，陈敏，范希峰等. 干旱胁迫对芒草生长与生理特性的影响［J］. 干旱区资源与环境，2015，29（11）：197-201.

[4] 温海峰，滕文军. 芒属观赏草主要品种及养护［J］. 中国花卉园艺，2016（12）：34-35.

[5] 朱明东，蒋建雄，肖亮等. 基于形态性状及*Adh*1基因序列的芒与五节芒自然杂交现象研究［J］. 草业学报，2012，21（3）：132-137.

[6] 韦若勋，吴莉莉，陈林冲等. 贵州省芒和五节芒的分布研究

[J]. 绿色科技，2016 (13)：17-19.

[7] 李永康等. 贵州植物志（第五卷）[M]. 成都：四川民族出版社，1988：568-571.

[8] 董必慧，张银飞，王慧. 江苏海岸带耐盐植物资源及其开发利用[J]. 江苏农业科学，2010 (1)：318-321.

[9] 中华人民共和国商业部土产废品局，中国科学院植物研究所主编. 中国经济植物志 [M]. 北京：科学出版社，2012：351-355.

[10] 金琳. 五节芒遗传多样性的ISSR分析 [D]. 南昌：南昌大学，2010.

[11] 陈慧娟，宁祖林，张卓文. 五节芒生物学特性及能量生产动态变化 [J]. 草业学报，2012，21 (6)：252-257.

[12] 陈慧娟，张卓文，宁祖林等. 施肥对五节芒热值和表型性状的影响 [J]. 草业科学，2009，26 (8)：63-67.

[13] 钟智林. 中国华南地区芒属植物遗传多样性的SSR分析 [D]. 长沙：湖南农业大学. 2009.

[14] 胡小虎，刁英，郑兴飞等. 能源植物芒的SRAP分子标记体系建立与优化 [J]. 中国农学通报，2010，26 (22)：58-61.

[15] DOYLE J. J., DOYLE J. L. A rapid DNA isolation procedure from small quantities of fresh leaf tissues [J]. Phytochemistry Bulletin, 1987, 19 (6):11-15.

[16] HALL T. A. BIOEDIT: a suer - friendly biological sequence alignment editor and analysis program for Windows 95/98/NT [J]. Nucl Acids Symp Ser, 1999 (41): 95-98.

[17] EDGAR R. C. MUSCLE: multiple sequence alignment with high accuracy and high throughput [J]. Nucleic Acids Research, 2004, 32 (5), 1792-1797.

[18] EDGAR R. C. MUSCLE: a multiple sequence alignment method with reduced time and space complexity. BMC [J]. Bioinformatics, 2004, 5 (1): 113.

[19] SAITOU N. AND NEI M. The neighbor-joining method: A new method for reconstructing phylogenetic trees [J]. Molecular Biology and Evolution,1987, 4: 406-425.

[20] FELSENSTEIN J. Confidence limits on phylogenies: An approach using the bootstrap[J]. Evolution,1985, 39: 783-791.

[21] JUKES T. H. AND CANTOR C. R. Evolution of protein molecules [M]//Munro HN editor. Mammalian Protein Metabolism. New York:Academic Press, 1969:21-132.

[22] Tamura K., Peterson D., Peterson N., *et al.* MEGA5: Molecular Evolutionary Genetics Analysis using Maximum Likelihood, Evolutionary Distance, and Maximum Parsimony Methods [J]. Molecular Biology and Evolution,2011, 28 (10): 2731-2739.

[23] Librado P. and Rozas J. DnaSPv5: a software for comprehensive analysis of DNA polymorphism data[J]. Bioinformatics,2009, 25 (11): 1451-1452.

供给侧改革背景下贵州蜡染文化产业可持续发展研究

余三春　赵琳菊*

（贵州民族大学人文科技学院，贵州贵阳　550025）

摘　要：蜡染作为我国古代三大印花技艺之一，以它独特的民族文化和悠久的历史底蕴一直活跃于世界民族文化领域之中。而贵州蜡染不仅兼具民族性，也保留了传统的制作工艺，因而蜡染产品极富民族特色和地域特征，是贵州少数民族传统文化的具体体现。然而，随着市场经济的不断发展，传统蜡染产业的可持续发展也迎来了巨大挑战和考验。一系列影响传统蜡染产业可持续发展的问题也随之而来：宣传力度较小，产品欠缺知名度；产业化发展受阻，缺乏创新性；专业人才缺乏，传统技艺面临失传；帮扶政策落实慢，企业发展受限。针对以上问题，作者以供给侧改革为研究背景，拟从四个方面提出对策建议，即扩大产品宣传力度，提高蜡染品牌影响力；丰富产业结构多元化，提升蜡染产业供给能力；建立专业化人才队伍，保障蜡染产品经久不衰；政策执行立竿见影，助力蜡染企业走出

* 作者简介：余三春（1986—），女，布依族，贵州民族大学人文科技学院讲师，研究方向：旅游经济、旅游开发与管理。

赵琳菊（1992—），女，苗族，贵州民族大学人文科技学院讲师，研究方向：电子商务。

困境。通过以上对策建议，希望可以为贵州蜡染文化产业注入新鲜“血液”，助力贵州蜡染产业的传承与创新，进而实现贵州蜡染产业可持续发展。

关键词：贵州蜡染；供给侧改革；可持续发展

蜡染始于秦汉时期，至今已有两千多年的历史。贵州传统蜡染历史悠久、色调素雅、纹样优美，是勤劳的贵州少数民族群众在漫长的历史发展过程中创造出来的一种独具特色的民间艺术，集结了少数民族同胞的智慧结晶和劳动果实，具有极大的观赏价值和收藏价值。然而，随着经济社会的快速发展，贵州传统蜡染产业受到了来自内部环境和外部环境的双重影响，导致发展停滞不前、举步维艰，甚至面临着退出市场竞争的风险。因此，如何扭转当前的不利局面，对贵州蜡染产业进行合理有效的整合与规划，成为贵州蜡染产业发展的关键所在。一方面，要促进贵州蜡染文化产业在发展中的优势资源得到及时传承，提高贵州蜡染产业在行业内的知名度和影响力；另一方面，要加快贵州蜡染文化产业在其发展过程中的创新性与独特性、扬长避短，使贵州蜡染产业更好更快地适应当前经济社会的快速发展。基于此，本文以供给侧改革为研究背景，对当前贵州蜡染产业的发展现状、存在的问题以及如何缓解存在的问题进行探索，对如何助力当地蜡染企业走出当前困境，使贵州蜡染产业在发展的同时兼具传承性与创新性，从而为实现贵州蜡染产业的可持续发展提供对策建议。

一、供给侧改革对贵州蜡染文化产业发展的影响机理

（一）供给侧改革概述

结构性改革（Structural Reform）是为了解决结构失衡而制定的改革举措。最初是为了满足社会实践活动中经济发展的需要而制定的。结构性改革的提出并不是完全否认之前制定的措施，设计制定新的政策，而是为了针对某一阶段的重要领域或核心部门存在的问题进行相应的调控和整顿。

结构性改革包含了两层含义：其一，对一国社会发展中出现的产业结构问题或管理体制存在的弊端或不足，针对性的进行改革，制定相应的体制机制，使之有一个良性循环的发展过程。其二，结构性改革不是全盘否定或推翻原有的制度，而是在原有制度的基础上不断完善和调整，对潜藏的危机与漏洞作出反应，对现存的制度结构进行优化升级，避免发生重大损失。综上所述，结构性改革并非大刀阔斧的全面性改革，而是针对性地进行关键性、重大性改革①。

供给侧改革，即供给侧结构性改革，关于其具体含义，目前在学术界尚未形成一个整体的、全面的共识。有学者就供给侧结构性改革本身的含义出发，认为供给侧结构性改革等同于"'供给侧 + 结构性 + 改革'这样一个公式，即从提高供给质量出发，用改革的办法推进结构调整，矫正要素配置扭曲，扩大有效供给，提高供给结构对需求变化的适应性和灵活性，更好地满足广大人民群众的需要，促进经济社会持续健康发展②"。整体而言，就是从供给侧发力，通过重大改革的推进来解决重大的结构性问题。

（二）供给侧改革对贵州蜡染文化产业发展的影响

在我国，供给侧改革最早运用于调整经济增长方式，促进经济新增长。主要以生产端和供给端为着手点，达到解放生产力的目的，从而提升竞争力促进经济发展，作出这一判断的依据来源于当前我国的经济发展形势。另外，当前我国的供给体系大都呈现出传统产能过剩、低端产品过剩、有效供给不足以及高端产品不足的现状。这些现象的存在严重影响了我国市场经济发展的稳定性。而文化产业的双重属性即传统性和特殊性更加表明了它是最容易受到冲击和影响的产业，这也势必会对文化产业的可持续发展带来不同程度的负面影响。因此，以供给侧改革推动我国文化产

---

① 余三春. 供给侧改革下镇山村布依寨旅游业转型升级研究［D］. 贵阳：贵州民族大学，2019.

② 王小广. 供给侧结构性改革：本质内涵、理论源流和时代使命［J］. 中共贵州省委党校学报，2016（02）：82-87.

业市场发展，提高文化产业的有效供给，革除不利于文化产业可持续发展的因素，是保障文化产业市场蓬勃发展的最佳选择。

贵州蜡染于2006年被列入首批国家级非物质文化遗产名录，是贵州少数民族在长期的劳动生活中总结出来的智慧结晶，体现了贵州少数民族独特的审美观，亦是贵州少数民族热爱生活、崇尚自然的自我表达。花鸟虫鱼、飞禽走兽，做工精良，图案精美，一点一滴无不体现了贵州少数民族的智慧和美德。换言之，贵州蜡染产业是贵州少数民族精神生活和物质生活的写照，表达了他们对自然和祖先的崇敬。在当前市场经济深入发展的情况下，供给侧改革立足消费者的现实需求，通过蜡染产业企业供给侧改革，确保贵州蜡染文化产业得以健康发展的同时兼具传承性和创新性，在激烈的文化产业市场竞争中仍占有一席之地。

二、贵州蜡染文化产业发展现状

（一）贵州传统蜡染简介

1. 贵州蜡染产业发展概况

贵州蜡染也被称作“贵州蜡花”，以素雅的色调、优美的纹样、丰富的文化内涵在贵州民间艺术中独树一帜。贵州蜡染图形大致分为两类：自然纹和几何纹。早期的自然纹多为动物植物纹，人物纹罕见，后经发展，反映社会生活的纹样逐渐出现；几何纹多为自然物的抽象化，由于历史上文化的交往交流交融，已很难确认哪种纹样是本民族特有的纹样，或哪种纹样是民间艺术品的独有纹样①。贵州省内掌握传统蜡染技艺的少数民族众多，如苗族、布依族、水族、瑶族等少数民族世代传承传统蜡染制作工艺，丹寨县、织金县、从江县、黄平县、镇宁县、榕江县、黔西县、惠水县、安顺市等更是传统蜡染产业较为集中的地区。由于贵州蜡染文化产业受到自然环境、经济环境以及社会环境的影响，在花纹和样式上都大同小异，也在一定程度上反映了其区域内或民族内部的文化演变和历史发展脉

---

① 杨丽．浅谈贵州丹寨传统蜡染文化现状研究［J］．西部皮革，2016（10）：51.

络，是他们热爱自然、热爱生活的真实反映。

2. 贵州蜡染产业区域分布

贵州是全国第二大少数民族聚居地，世居少数民族就多达17个，他们分布在贵州省内各个地方。因此，在蜡染产业的制作工艺上和设计上带有很强的区域特征，是他们独特审美观和艺术风格的体现。笔者以贵州蜡染产业的区域集中程度和服装服饰的影响程度以及社会使用程度为标准，将贵州蜡染产业大致分为五大类。

表1　贵州蜡染产业区域分布及其特点①

区域名称	蜡染特点	制作工艺	主要用途	纹样特点
黄平蜡染	绮丽工整	主要采用蜂蜡，有时也掺杂白蜡使用	生活用品装饰，如背带、服饰等	图案穿插套叠、工整，生动简洁，高度程式化
榕江蜡染	刚健神秘	蜂蜡和矿蜡混合使用	生活用品装饰，如胸兜、绑腿、背包等	具象，布面少，大多为粗细均匀的长线条，纹样活泼，古朴神秘
从江蜡染	简洁质朴	多用枫香脂做染色剂	生活用品装饰，如背带、裹腿、百褶裙等	组合纹，多以弯曲细线组成，图案简洁，富有层次感
丹寨蜡染	结构严谨与自由豪放并存	石蜡与蜂蜡参半使用	服装装饰以及生活用品装饰，如衣袖、肩带、床单、被面等	图案丰富多变，构图错落有致，质朴严谨，富有设计感和装饰感
安顺蜡染	图案优美，色彩瑰丽	多种植物染料与蓝靛相结合使用	贴身服饰装饰及生活用品装饰，如上轿衣、背带、头带等	色彩对比鲜明，具有刺绣效果，充满人情味和生活情趣

① 黄亚琴，项镇. 贵州蜡染风格特点及其文化内涵解析［J］. 纺织导报，2014（06）：149-152.

由表 1 可知，在我省，不同的区域蜡染工艺品的制作用料和所呈现出来的特点都是不一样的，但是在用途上大同小异，不一样的地方主要体现在纹样特点上。一方面，这和我省各个地区的少数民族长期的生活习性息息相关，在长期的生产生活中，随着社会文化的变迁，逐渐形成了风格各异的蜡染制品。另一方面，这也和各个少数民族的祖先崇拜、图腾崇拜以及自然崇拜有着千丝万缕的联系，他们将对祖先、对自然、对图腾的崇拜之情融入蜡染制品的制作之中。因此，贵州蜡染制品在一定程度上体现了贵州省各少数民族的精神文化生活。

（二）贵州蜡染产业发展现状

1. 贵州蜡染产业发展演变过程

贵州蜡染已拥有上千年历史，且属于国家非物质文化遗产，具有很高的文化价值和艺术价值。尽管传统的蜡染制作工艺在中原地区已面临失传，但是，在贵州蜡染产业依然活跃于民间社团和政府组织，并且得到广泛应用和推广。伴随着时代和社会的不断发展，传统的蜡染文化产业在其发展过程中也逐渐根据需求者的需求而发生相应的变化。总的看来，贵州传统蜡染文化产业的演变过程可大致分为三个阶段。第一阶段：实用性功能，即满足生产生活所致，较为常见的有床上用品、服装服饰以及生活用品等。这一阶段的蜡染制品纯粹是人们为了满足日常生活所需而制，没有特别地注重蜡染制品的文化价值和收藏价值。第二阶段：审美功能，这时期的蜡染制品已经不仅仅是为了满足人们日常生活所作，而是带有一定的审美功能。这一阶段的蜡染制品侧重于将传统蜡染制作工艺与现代艺术理念相结合，将植物染料与化学染料相互融合，以此来绘制具有现代审美特征和艺术特征的蜡染作品。第三阶段：文创功能，即将传统的蜡染作品与现代文化创意互相结合，从而设计和开发出更具代表性的主题蜡染产品。近些年来，国家对非物质文化遗产的重视程度越来越高，各式各样的“非遗”产品逐渐走入大众视野。因此，以文化创意促进传统蜡染产业发展，让传统蜡染产业重新被人们所认识、了解、喜爱，是蜡染产业文创功能的关键所在①。

2. 贵州蜡染产业的国际影响

1982年和1983年，两位杰出的贵州苗族妇女分别到加拿大和美国进行蜡绘表演，向世界展示中国的传统文化之美、艺术之美。在蜡染表演结束后受到许多国家的专家和观众的好评，蜡染也因此被赞为古老中国的奇迹；1992年，贵州省安顺市成功举办了首届蜡染艺术节；1997年，国际蜡染联展在贵阳举行。联展上，集中展出了一批贵州杰出艺术家的蜡染作品。本次联展不仅提高了蜡染产业的艺术层次和文化内涵，也向世界展示了贵州传统蜡染制品的魅力与独特②。自此，蜡染艺术走出全国，走向世界。贵州蜡染最早是以其富有神秘感的原始民族图案和悠久的民族传统文化吸引着世人的目光。但是，传统蜡染在生产制造过程中，由于技术和人工等因素，逐渐出现日晒褪色、水洗褪色、摩擦掉色、色彩单调的现象，尤其是在经济发展迅猛的当今社会，蜡染制品在手工、品种、色彩等方面陆续暴露出自身的发展缺陷，加上化学染料的肆意添加，传统蜡染产业在走出国门的同时，也面临着一系列亟待解决的问题。此外，蜡染作为贵州民族传统文化的精神象征和文化象征，在丰富社会文化和传承传统文化方面有着不可替代的作用。更需要在宣传力度方面、调整蜡染产业结构、专业人才队伍建设方面、体制改革方面加大调整力度和保护力度，助力贵州传统蜡染产业多元化发展，创新蜡染制品，提高蜡染产品在文化市场的竞争力，传承贵州蜡染产业的独特性和民族性，使贵州传统蜡染产业在民族传统文化中熠熠生辉、经久不衰。

三、贵州蜡染文化产业发展存在的问题

（一）宣传力度较小，产业欠缺知名度

近几年来，旅游业的大力发展，对扩大蜡染产业的知名度也起到了积

---

① 郑梦菲. 贵州蜡染的发展现状研究［J］. 美与时代（上），2018（09）：47-48.

② 周世英. 贵州蜡染回眸及未来发展的思考［J］. 贵州大学学报·艺术版，2003，17（04）：1-3.

极的助推作用。由于地域性和民族性的差异，大部分贵州传统蜡染产业保留了原生态的制作工艺，充分体现了各少数民族传统文化的独特性。另外，蜡染手工艺品中的各种花、鸟、虫、鱼的图案栩栩如生、几何勾勒出的绝美图形巧夺天工，带有浓郁的民族特色文化，具有很高的收藏价值和鉴赏价值。但是，目前我省对蜡染文化产业的宣传方式较为单一，方法简单粗暴。没有展开多渠道的宣传方式，也没有深度挖掘对宣传蜡染文化产业有益的形式。单一的宣传方式对提升蜡染产业的品牌影响力并没有实质性帮助。地方政府对蜡染制品的宣传力度和宣传方式缺乏行之有效的措施，致使企业生产蜡染手工艺品的从业者的积极性大大降低、外来消费者对蜡染制品没有充分了解导致蜡染文化产业成了无人问津的产业，在网络信息高速发展的当今社会，充分利用网络资源、新闻媒介对蜡染手工艺品进行全面的、大范围的宣传是提升蜡染产业文化的有效手段之一。另外，对每一道工序的严格把关，争取制造出更时尚、更耐用、耐观赏的蜡染手工艺品，也在无形中提升了蜡染产业的知名度和影响力。

（二）产业化发展受阻，缺乏创新性

产业化发展是快速提升贵州蜡染文化产业发展的有力措施，也是确保贵州蜡染产业得以可持续发展的重要因素。然而，产业化发展带来高产量的同时也带来了不可小视的品质问题。主要体现在以下几个方面：第一，为了追求经济利益最大化，加快蜡染产业制作速度，一味追求数量，而忽略了质量。蜡染制品的数量确实得到了大幅度的提升，但是蜡染制品的质量却让人担忧，从而导致蜡染成品的质量不达标的情况，削弱了蜡染制品在文化市场和经济市场的影响力。第二，假冒伪劣产品逐渐居多，真正的蜡染制品需要耗费大量的人力和物力，整个制作流程繁而有序，染料和图纹设计十分讲究。然而，企业或个人在蜡染制品的制作过程中为了节约成本、节约时间，随意添加化学试剂，在图案的设计上更是不注重美感，对环境造成极大污染，也违背了国家提出的建设资源节约型社会的初衷。第三，注重产业化批量生产，忽视了产品的创新性。在原生态的蜡染产业发展过程中，制作者会结合自身心理需求和对生活的感悟，将感情表达于蜡

染制品上，容易引起大家共鸣。目前的蜡染制品缺乏能够引起人们情感共鸣的内容，简而言之，就是缺乏创新性，既没有新元素融入，也没有新表达，不能让人们从精神上和文化上接受它。

（三）专业人才缺乏，传统技艺面临失传

随着社会经济的快速发展，加上近几年交通条件便利，贵州少数民族地区大部分年轻人纷纷选择外出务工就业，导致现在越来越多的少数民族地区的村庄成了空心村、留守村，尤其经济发展欠发达的贵州少数民族地区，情况更甚。青少年外出务工意味着要远离家乡，对传统蜡染技艺的学习和掌握将逐渐变得模糊和陌生。再加上现代年轻人对都市时尚文化的盲目崇拜，身上的服饰也由最初的具有民族特色的蜡染布料换成了牛仔短衫、西装革履等流行服饰，导致他们更加不愿意再接触蜡染艺术。另外，由于民族地区特殊的地理位置和落后的经济发展水平，对优秀人才的招揽和吸收效果甚微，加剧了蜡染产业的萎靡不振，缺乏完整的奖励制度，没有制定能够吸引专业人才的福利制度和薪酬体系，没有从根本上满足专业人才的精神需求和物质需求，也没有充分考虑当地居民对经济利益的诉求，具有劳动能力和学习能力的中青年纷纷选择外出务工，留守家中的均为缺乏劳动力的老年人和小孩子，致使蜡染文化产业出现断层现象，加之在市场经济快速发展的背景下，少数民族地区选择外出就业的人数呈逐年增加趋势，专业的蜡染技术人才匮乏更加突出。

（四）帮扶政策落实慢，企业发展困难

蜡染文化产业作为贵州少数民族传统文化载体，对内传承了贵州少数民族的精神生活和物质生活元素，对外宣扬了贵州悠久的民族传统文化和历史足迹。作为贵州一道最亮丽的风景线，蜡染制品向全国人民和全世界人民展示着它独特的美。由于大部分贵州少数民族地区地理位置较为偏远，社会经济发展差异化较大等因素，导致贵州传统蜡染文化产业发展缓慢。主要表现在政策帮扶落实慢，蜡染制品企业发展困难。在长期闭塞的民族地区，传统蜡染产业并没有得到充分展示与挖掘。再加上地方政府不重视蜡染文化产业的发展，认为这是一个见效慢、高投入的文化产业，短期内无法实现经济收益的产业。因此，蜡染产业很难得到相应的政策支持，民众和地方政府之间因为利益分配的问题容易引起冲突和矛盾，蜡染产业的发展缺乏合理的开发规划，政府对蜡染产业的扶持政策没有调动民众的参与性和积极性，致使国家颁发的各项政策难以得到落实，大部分仍旧是家庭作坊或小企业的运作模式，严重阻碍了蜡染行业的规模化生产和现代化发展，对提高当地的经济发展和实现居民的经济利益增收都是十分不利的。

四、贵州蜡染文化产业可持续发展路径建议

（一）拓展宣传渠道，提高蜡染品牌影响力

一是加强政府宣传。贵州蜡染文化产业发展想要取得长足发展，实现民族文化品牌的经久不衰，离不开地方政府的支持与引导，需要当地政府积极作为，充分发挥政府职能，给予蜡染制造企业最大限度地宣传力度，扩大当地蜡染手工艺品的知名度。加强政府的宣传力度一方面主要来自政策上的支持，有力的宣传政策是保障蜡染产业提高品牌影响力的主要方式。另一方面来自民间自发组织的各种节事庆祝、会议展销等活动，节事庆祝和会议展销等活动的开展是扩大蜡染产业知名度的有效途径。二是加强网络推广。信息化是当今社会的一个重要特征，充分利用网络信息传递的时效性和广泛性，通过制作符合蜡染产业文化的电子宣传单，在各大网络媒体和新闻媒介实行滚动播放，对蜡染产业的历史、文化、价值等各方面进行全面及时的介绍和宣传，使人们对蜡染产业有一个全新的认识，让原生态的蜡染产业通过网络走向更宽阔的文化市场。三是多渠道普及蜡染知识。聘请蜡染行业的专家学者，定期举行讲座或对蜡染的制作流程进行演示，以此增加人们对蜡染文化的了解、对蜡染制品能够采取积极有效的保护措施①；通过举办文艺汇演或者知识竞答的方式，对蜡染产业的发展

① 雷丽，项正文. 苗族传统蜡染的现状与保护对策［J］. 文山学院学报，2014，27（01）：27-30.

前景和未来的发展趋势做全面的宣传，在普及蜡染知识的基础上增强人们对蜡染艺术和制品的了解和认同。

（二）重塑蜡染产业理念，提升蜡染产业供给能力

一是从重“量”转向“质”和“量”并重。在追求产业化规模化的同时兼顾蜡染制品的质量，只有高质量的蜡染制品才能带来高经济收益，不能因为赶工期就缩短必要的制作流程和时间，以牺牲质量来换取量的提高，应坚信美好的事物都是值得等待的，在产业化发展过程中严格把好质量关，实现蜡染制品的“质”和“量”同步提升。二是坚持绿色发展理念。蜡染产业是污染较为严重的印染行业，对周围的自然环境具破坏性，传统蜡染制造业在制作工序中，排出的废水或废弃不用的蜂蜡，会给生态环境造成一定程度的破坏，化学试剂的使用则更加重了环境污染。因此，在贵州蜡染产业化发展过程中，应制定规范的污染综合治理方案、提高资源的回收利用率、设计开发出新的节能系统，减少资源浪费和环境污染，减少化学试剂的使用或者开发污染小甚至无污染的燃料，坚持走绿色发展之路。三是坚持传统与现代相结合。传统的蜡染制品具有浓厚的民族传统文化，但人们的审美观念随着社会发展和环境变化而改变，只有将传统的民族文化和记忆与现代的审美观念和时尚元素充分融合起来，才能适应社会的发展需求，开发出兼具传统与现代特质的创新型蜡染产品，使其既符合现代消费者的需求，又能传承传统蜡染中的精华元素，继而打造专业化、产业化的蜡染产业格局，实现蜡染文化产业的可持续发展。

（三）建立专业化人才队伍，保障蜡染产业经久不衰

一是坚持长期培养。贵州是少数民族居住较为集中的省份，也是传统蜡染文化产业发展较早的地方，可在中小学开设蜡染艺术课程，让更多人加入蜡染手工艺的学习和教育中，对蜡染的文化价值和欣赏价值有更多的了解，并在学习的过程中深化对蜡染产业的理解，为蜡染制品的传承和可持续发展奠定人才基础；同时在地方院校的课程设计中开设关于蜡染制作或蜡染制品保护与传承的课程，并定期邀请行业内的蜡染制作专家，或者

对蜡染产业发展有着浓厚兴趣并有一定研究基础和研究成果的专家学者到校开展蜡染相关的学术讲座和会议学习，促进爱好者和专家之间的思想交流，以此培养蜡染技艺方面的专业人才。二是组建专业化蜡染研发队伍。组建一支专业的人才队伍，以专业的角度和丰富的行业知识对蜡染手工艺品进行挖掘和创新，对蜡染的每一步制作工序和注意事项都有充分认识、理解，提升蜡染制品的民间影响力和社会影响力，对蜡染制品的保护、开发、工序、潜在价值等问题进行深入研究并撰写成籍，以便年轻一代对蜡染制品有更加全面的学习，使蜡染制品成为民间手工艺品中的翘楚①。三是以产业带动人才培养。通过政府主导、市场参与机制，在贵州少数民族地区建立蜡染产业基地，通过产业落地带动当地就业，着力解决蜡染从业人员的收入问题，让更多的人更加愿意参与到蜡染产业发展中来，实现产业发展与人才培养同步发展，让蜡染产业后继有人，持续发展。

（四）政策扶持精准到位，助力蜡染企业走出困境

一是优化产业模式。对于贵州少数民族来说，蜡染技艺是他们一代传一代的传家宝，蜡染产业家族式、作坊式发展模式较为普遍，形成规模化生产的蜡染企业并不多，大部分蜡染制造业还在采用传统的工作体制和分配方式，不利于提升效率和发挥规模效应。在优化产业模式方面，可采取“公司+个人+政府”的经营模式，优化产业结构、扩大生产规模、重组人员配置，解决蜡染产业规模较小的问题，促进蜡染制品的规范化、国际化、时尚化。二是实施奖补政策。蜡染文化产业是我国十分重要的非物质文化遗产，具有重要的传承性，对于民间蜡染技艺传承人应采取必要的奖励和补助措施，让他们能够潜心将蜡染技艺和文化传承下去，为蜡染产业的发展留住人才，同时对蜡染产业制定必要的奖补政策，对于在蜡染文化传承方面作出积极贡献的企业，进行必要的奖励或补贴，鼓励企业参与到蜡染产业发展中来，扩大蜡染产业格局。三是鼓励和扶持返乡创业。制定有关鼓励和扶持返乡创业的政策措施，从政策支持、融资渠道等方面为蜡

---

① 周祺芬．布依族蜡染工艺的传承与发展［J］．美与时代（上），2016（10）：39-40.

染从业人员返乡创业提供支持，引导具有蜡染技艺的外出务工人员返乡从事蜡染生产经营，通过人员回流和持续经营实现蜡染文化与技艺的传承，提升蜡染制品在民间手工艺品中的影响力，通过蜡染产业带动当地社会经济的可持续发展。

参考文献

[1] 余三春．供给侧改革下镇山村布依寨旅游业转型升级研究［D］．贵阳：贵州民族大学，2019.

[2] 王小广．供给侧结构性改革：本质内涵、理论源流和时代使命［J］．中共贵州省委党校学报，2016（02）：82-87.

[3] 杨丽．浅谈贵州丹寨传统蜡染文化现状研究［J］．西部皮革，2016（10）：51.

[4] 黄亚琴，项镇．贵州蜡染风格特点及其文化内涵解析［J］．纺织导报，2014（06）：149-152.

[5] 郑梦菲．贵州蜡染的发展现状研究［J］．美与时代（上），2018（09）：47-48.

[6] 周世英．贵州蜡染回眸及未来发展的思考［J］．贵州大学学报·艺术版，2003，17（04）：1-3.

[7] 雷丽，项正文．苗族传统蜡染的现状与保护对策［J］．文山学院学报，2014，27（01）：27-30.

[8] 周祺芬．布依族蜡染工艺的传承与发展［J］．美与时代（上），2016（10）：39-40.

贵州侗族节庆美食文化旅游资源的品牌化建设研究*

王月月　黄丽丽**

（贵州民族大学人文科技学院，贵州贵阳　550025）

摘　要：随着社会经济和人民生活水平的不断提高，旅游已经逐渐成为人们的一种生活方式，美食与节庆旅游相结合也成为热门话题。贵州省侗族地区素有“大节三六九，小节天天有”之称，节日美食资源具有一定的资源基础。近年来，贵州侗族地区的美食文化通过节庆活动逐渐为人们所熟知。然而，侗族地区当前在品牌的建设中还存在一些问题，如文化品牌内涵不够丰富、文化品牌传播渠道窄、文化体验感不足、参与性不强等，制约着侗族节庆美食文化旅游资源品牌化的发展。文章认为，提升贵州侗族地区的节庆美食品牌，需要通过深挖文化内涵、建立多元化的宣传体系、增强体验性等提升侗族节庆美食品牌的认知度、知名度、忠诚度、美誉度。

关键词：侗族；节庆；美食；品牌

---

* 基金项目：本文系四川省哲学社会科学重点研究基地川菜发展研究中心项目“贵州侗族节庆美食文化资源品牌化建设研究”（项目编号：CC19G19）的阶段性研究成果。

** 作者简介：王月月（1989—），女，汉族，贵州民族大学人文科技学院兼职副教授，上海大学2019级博士研究生。

黄丽丽（1997—），女，汉族，贵州民族大学人文科技学院2017级本科生。

节庆作为一种民俗活动，是人们在长期的生产、生活实践中形成的约定俗成的庆祝活动。通常，人们在举办庆祝活动时，往往会准备美味佳肴来表达节日情感。目前，节庆作为民俗类“非遗”、美食作为传统技艺类“非遗”，都已经有多个项目入选为各级非物质文化遗产代表性项目名录。节庆和美食作为“非遗”的组成部分，在“非遗+旅游”的发展方面也具有重要的作用。贵州省侗族地区在漫长的历史发展过程中，由于受自然环境、社会环境的影响，形成了独特的生产、生活方式，孕育了别具一格的节庆饮食文化习俗。近年来，贵州省十分重视对少数民族地区文化旅游资源的开发和利用工作，而且贵州侗族地区本为“大节三六九，小节天天有”之地。因此，侗族地区的节庆旅游成为发展“非遗+旅游”的重要形式之一。

一、侗族的节庆美食资源

贵州侗族地区的美食资源十分丰富，尤其是节日美食资源也独具特色。目前，贵州侗族地区节庆类国家级非物质文化遗产代表性项目 2 项，省级代表性项目 3 项（见表 1）。由此可见，贵州省侗族地区的节日美食资源具有一定的资源基础，为实现节日美食资源的品牌化建设研究提供了前提条件，也对当地的社会、经济、文化起到了一定的推动作用。

表 1 贵州侗族节庆类“非遗”省级以上代表性项目名录统计

<table>
<tr><th>类别</th><th>项目名称</th><th>申报地区</th><th>批次</th><th>级别</th><th>批准年份（年）</th></tr>
<tr><td rowspan="5">民俗</td><td>侗族萨玛节</td><td>贵州省榕江县</td><td>第一批</td><td rowspan="2">国家级</td><td>2006</td></tr>
<tr><td>侗年</td><td>贵州省榕江县</td><td>第三批</td><td>2011</td></tr>
<tr><td>小广侗族娶亲节</td><td>贵州省剑河县</td><td>第二批</td><td rowspan="3">省 级</td><td>2007</td></tr>
<tr><td>从江侗族老人节</td><td>贵州省从江县</td><td>第二批</td><td>2007</td></tr>
<tr><td>侗族翁普节</td><td>贵州省剑河县</td><td>第五批</td><td>2019</td></tr>
<tr><td>合计</td><td colspan="5">5 项</td></tr>
</table>

注：该表根据国务院公布的四批国家级非物质文化遗产代表性项目名录、贵州省人民政府公布的五批省级非物质文化遗产代表性项目名录整理而成，仅代表作者个人观点。

侗族地区还有许多目前未入选为省级以上的节日，如正月的吃相思、花炮节、牯藏节（四年一次），三月的讨葱节、谷雨节、摔跤节，六月的新米节、喊天节、吃新节、林王节等。在举办节日的过程中，美食一般也较为丰富，也是最具有民族特色的组成部分。《侗族风俗志》（杨筑慧，2006）从内容上对侗族节日进行了划分，认为可分为农事节日、祭祀性节日、纪念性节日等。本文借鉴其分类方法对侗族节日美食作简要介绍。

（一）农事节日美食

“二月二”是侗族地区的传统节日，也是镇远县等地的修桥补路节。相传，侗族的祖公、祖奶因这天架桥而发子发孙，因而侗家人纪念这天。每逢农历二月初二这天，侗家人带着粑粑、酸味冻鱼等美食去敬桥。“三月三”也是侗族地区的传统节日之一，侗家人制作黄草粑粑以示农忙即将到来。祭牛神的日子分为农历四月初八和六月初六，侗家人宰杀鸡鸭，以酒肉置于牛圈门上，表示对牛辛苦耕田的感恩。吃新节是夏粮收获后人们为了纪念杨姓款首带领款民夏季种植玉米成功而来。由于每个地方夏季糯稻成熟的日期不同，所以各个地方祭奠的日期也略有差异。在过节的前一天，每个家庭都会去田里抓鱼，取一些新鲜的大米和玉米把它们煮熟或者是与一些陈米混合着煮，同时，还会制作一些荤食，比如鱼、鸡、鸭之类的食物来祭祀祖先，然后和家人一起围着桌子吃饭。①

（二）年节美食

春节在侗族地区过得十分隆重，并且已经形成了相对固定的一套程序：腊月中旬开始人们已经陆续开始了准备活动，如打年粑、酿酒等，年底则更加忙碌。腊月二十七杀年猪，腊月二十八打米粑，腊月二十九（或

① 杨筑慧编著. 侗族风俗志［M］. 北京：中央民族大学出版社，2006：82.

三十）放水捉鱼，腊月三十晚上吃年夜饭[①]。大年初一早上，侗族女性挑新年的第一担泉水给全家人煮油茶，饭菜则食用前一天做好的，寓为年年有余之意。侗年是侗族人民的特有节日。节日前一天，侗族人们准备好豆腐和鱼虾，晚上用酸水煮熟，待之冷却为“冻菜”。节日当天，侗族人们以“冻菜”祭祀祖先，并宰杀猪羊、鸡鸭宴请亲朋好友。

（三）祭祀节日美食

贵州侗族过端午节除了普遍的划龙舟、包粽子外，也有其独特的庆祝方式。比如贵州侗族包粽子颇为讲究：侗族妇女一般在节前一天采草药，煮成香汤沐浴身体和头发，之后才包粽子。节日当天，侗族人们供奉祖先菖蒲酒，供奉祖婆粽子，在其菜肴上洒上自制的雄黄大蒜油。[②] 社节是侗族祭祀管五谷的大臣——社的节日，社饭是过社节的代表性美食。天柱县、三穗县、镇远县、黎平县等地区的侗族村寨家家户户煮“社饭”。制作社饭所需的蒿菜制作较为复杂，需要提前将采摘的蒿菜冲洗干净，然后切细装入布袋反复搓洗，再用文火焙干备用。糯米需煮半熟，去汤后加入蒿菜、腌肉、葱、花生米、猪油等拌匀，以文火焖熟，便成了一道美味的社饭。[③]

（四）纪念节日美食

侗族每年的四月初八过乌饭节。关于乌饭节的来源有一段美丽的英雄传说，乌饭节便是纪念女英雄的。乌饭是侗族同胞用“杨桐”树的嫩叶捣烂用水浸泡，然后用其汁液浸泡糯米蒸熟而成。之后，侗族同胞将乌饭当作馈赠亲朋好友的礼品。侗族林王节流行于锦屏县寨母一带，林王是明朝时期的农民起义英雄。过节前一天，当地侗族同胞便开始宰杀猪牛、捉鱼、磨豆腐、包粽粑。过节当天，家家户户前往古枫树（相传为林王所

---

① 由于各侗寨具体的习俗有所不同，因此所列日期活动为大致的日期，这里着重突出过年准备活动的大致流程。

② 少数民族端午习俗［EB/OL］. 人民日报海外版官网，（2017-5-24）. http://m.haiwainet.cn/middle/3542884/2017/0524/content_30931314_1.html.

③ 侗族社节［EB/OL］. 黔东南苗族侗族自治州人民政府官网，（2016-3-18）. http://www.qdn.gov.cn/dmqdn/lswh/201605/t20160518_3116318.html.

种）下祭拜，晌午过后开始享受盛宴。

二、侗族节庆美食文化旅游资源的品牌化建设概况

近年来，贵州侗族地区的美食文化通过节庆活动也越来越被人们所熟知，为文化品牌的建设提供了良好的资源基础。

（一）各地举办的节庆活动各具特色

侗族地区传统节庆活动丰富多彩，部分活动在沿袭的过程中形成了当代颇具特色的大型文化旅游节，如从江“侗族大歌”节、榕江“萨玛”文化艺术节、剑河“仰阿莎”文化周等。

从江侗族大歌节是贵州省从江县举办的民俗文化旅游活动，自 2003 年举办首届以来，于每年的 11 月 28 日举办，由此，“养心圣地 · 神秘从江”的文化品牌知名度不断提升①。在 2016 年举办的侗族大歌节中还举办了美食大赛，涉及的菜品有鲍汁扒香猪、鸿运金牌烤香猪、姜蓉鸡等，吸引了众多游客前来观看和品尝，同时也让更多人了解到了从江的美食文化，带动了许多客商来此投资。萨玛节是贵州侗族地区的传统祭祀节日。近年来，榕江县确立了“一庙一节一城”的建设任务，其中“一节”即指“萨玛节”。2018 年，榕江县被贵州省文化厅命名为“榕江县人民政府（侗族萨玛节）民间文化艺术之乡”②。萨玛节活动开展期间，美食活动也精彩纷呈。如 2017 年萨玛节期间的系列活动之一为美食活动，在县城开展“吃货夜市”一条街，通过榕江特色的侗族美食吸引游客。“仰阿莎”文化节的举办也日趋常规化，节庆活动中也开展了美食活动。如 2018 年剑河仰阿莎文化活动周于 9 月 28 至 10 月 7 日举行，其中苗侗家宴体验活动为美食

---

① 吴德军. 贵州从江第十五届原生态侗族大歌节将于 11 月 28 日举行［EB/OL］. 中国甘肃网，(2018-11-12). http://news.gscn.com.cn/system/2018/11/12/012058749.shtml.

② 榕江县人民政府（侗族萨玛节）民间文化艺术之乡［EB/OL］. 榕江县人民政府网，(2018-11-08). http://www.rongjiang.gov.cn/zwgk/bmxxgkml/wtgdlyj/201811/t20181108_40507895.html.

活动，游客可前往多家餐饮店品尝侗族家宴[①]。“仰阿莎”文化节活动多次被中央电视台、贵州电视台等省级以上媒体报道，提升了活动的知名度。

（二）知名度的提升带动了旅游经济增长

贵州侗族地区的特色传统文化引起了国内外的关注。2016 年，黎平县过“侗年”（农历十一月初三）举办了“万人合拢宴”。当天，侗族民众将 1700 张桌子摆成了长达 3.7 公里长的合拢宴，当地的 10380 名侗族民众围坐欢度节日。合拢宴也因其 3.7 公里的长度载入了《吉尼斯世界纪录大全》。[②] 2018 年春节，肇兴侗寨作为春节联欢晚会的分会场之一，以其浓郁的侗族风情为海内外所知晓，极大地提高了侗族地区在国内外的知名度，吸引了很多游客慕名而来。据统计，黔东南苗族侗族自治州 2019 年全年接待旅游 12892.98 万人次，比上年增长 19.3%，旅游总收入 1212.13 亿元，比上年增长 29.3%。从境外客源市场看，接待外国人 2.08 万人次，港、澳、台同胞 2.65 万人次。[③] 黎平县全年接待游客 580 万人次，同比增长 8.36%；旅游综合收入 49 亿元，同比增长 14.21%。[④] 玉屏侗族自治县 2019 年餐饮业销售额 19929 万元，增长 11.8%；接待旅游 824.67 万人次，比上年增长 26.2%；旅游总收入 61.25 亿元，比上年增长 15.6%。[⑤]

（三）节庆特色美食的美誉度不断提升

如前所述，侗族地区的特色美食数不胜数，随着节庆活动影响力的逐

---

① 来了：2018 剑河仰阿莎文化活动周将于 9 月 28 日至 10 月 7 日举行！［EB/OL］. 搜狐网，（2018-09-03）. https://www.sohu.com/a/251704975_190475.

② 贵州万名侗族民众庆节日 摆 3.7 公里合拢宴［EB/OL］. 搜狐网，（2016-12-02）. https://m.sohu.com/a/120468533_119778.

③ 州统计局. 黔东南州 2019 年国民经济和社会发展统计公报［EB/OL］. 黔东南苗族侗族自治州网，（2020-5-14）. http://www.qdn.gov.cn/xxgk/zdgk/tjxx/tjnb/202005/t20200514_60433668.html.

④ 县统计局. 黎平县 2019 年国民经济和社会发展统计公报［EB/OL］. 黎平县人民政府官网，（2020-7-28）. http://www.lp.gov.cn/xxgkml/jcgk/tjxx/202007/t20200728_61763226.html.

⑤ 玉屏侗族自治县统计局. 2019 年玉屏侗族自治县国民经济和社会发展统计公报［EB/OL］. 玉屏侗族自治县网，（2020-06-08）. http://www.yuping.gov.cn/zwgk/xxgkml/jcgk/tjxx/202006/t20200608_60985714.html.

年增加，侗族特色美食的口碑也渐渐走出侗寨，飘向全国。贵州侗族地区自古以来保留着一道特殊的美味——“牛瘪”。牛瘪取材于牛胃及小肠中未消化的食物，因侗族地区山区中草药丰富，侗家人认为牛食用的青草中有很多草药，认为这些未消化的食物仍具有一定的药用价值，故挤出汁液食用，也称其为“百草汤”。牛瘪一般用来做成火锅，然后配以其他食材。由于其味道特殊，成为游客眼中一道独特的食物，很多游客在当地的餐饮店进行品尝。侗族地区的腌制品由于其制作独特，便于携带颇受游客欢迎，成为很多游客乐于携带返程的“战利品”。最具有代表性的腌制品有腌鱼、腌肉、辣椒酱，其他的还有酸萝卜、酸菜、酸辣椒酱等等。这类腌制食品在当地的超市、农产品市场、商店等一般都有便携包装出售。侗族的节庆美食中通常不乏糯米制品，糯米既可做成糯米饭等主食，也可以其为原料制成油茶、米酒等。糯米、糯米糍粑、米酒等也成为游客“战利品”的必选项之一。

三、侗族节庆美食文化旅游资源品牌化建设的问题

从侗族地区当前节庆美食文化旅游资源品牌化建设的长远发展来看，当前在品牌的建设中还存在一些问题，如文化品牌内涵不够丰富、文化品牌传播渠道窄、文化体验感不足、参与性不强等，阻碍着侗族节庆美食文化旅游资源品牌化的发展。

（一）文化内涵不够丰富导致品牌认知度不高

节庆美食的表现形式多种多样，但文化内涵关系到人们精神层面的满足和游客的重游率，在文化品牌的提升中起着至关重要的作用。目前，侗族地区缺乏既懂侗族美食文化内涵，又懂塑造品牌、宣传品牌的复合型人才，对于美食文化的内涵挖掘不够，大多停留在浅层的直观含义。随着现代社会人们生活水平的提高，人们不再停留在饮食本身的需求上，而且更加注重精神层面的享受。因此节庆活动期间，游客品尝美食之余，越来越对美食所蕴含的文化含义感兴趣，如关于美食的传说、美食的制作过程、

美食的食材、美食的用途等。显然，在当前的节庆美食活动中，大多流于美食成品的销售，而美食文化内涵的挖掘还较为缺乏。文化内涵是民族文化独特性的体现，美食文化内涵的缺乏导致游客对侗族美食的认知度并不高，如腌制品其他民族同样也有，如何突出侗族特色需要深挖文化内涵以增强辨识度。

（二）宣传不足导致侗族节庆美食知名度不高

品牌的建立与发展需要长期的宣传，从而才能有效提高品牌的知名度。虽然侗族地区的美食已通过电视节目（如《航拍中国》）、电视台新闻报道、报纸报道等途径已经进行了宣传，然而在信息时代的今天，宣传量仍显不足。目前的宣传主体主要为政府和个体，政府的宣传主要通过官网、电视台等平台，个体主要通过自媒体平台。节庆活动归根结题是民众的活动，原本也源于人们缅怀祖先、庆祝丰收等活动形式。因此，节庆美食的宣传离不开个体。然而，当前由于自媒体平台丰富而多样，民众在抖音、快手等自媒体平台发布相关短视频时，多为随意性的，而缺乏一些高质量的短视频。总之，当前侗族地区节庆美食在宣传方面尚未建立多元化的宣传体系，影响了知名度的提升。

（三）参与性不足导致侗族节庆美食忠诚度不高

旅游活动即人们离开多年居住地，前往异地体验风情的一种活动形式。现代人们出游不仅局限于简单的游山玩水，而是非常注重体验性，即体验与自己往常不一样的生活。然而目前侗族地区的节庆美食活动仍停留在品尝的层面，即游客只是通过购买成品的形式来满足味蕾的需求，而缺少与游客互动的环节。如此，游客的旅游活动仍停留在对侗族美食走马观花的层面，穿梭于热闹的美食街中凭感官去购买美食，其体验侗族生活的目的实则尚未达到。由此，缺乏实际制作过程的参与，缺少了体验过程的乐趣，导致游客对侗族美食的体验感缺乏，购买的忠诚度不高。

四、侗族节庆美食品牌的构建路径

文章认为，提升贵州侗族地区的节庆美食品牌，需要通过深挖文化内涵、建立多元化的宣传体系、增强体验性等方面着手。

（一）讲好美食故事，提高侗族节庆美食的认知度

政府应引进创新型人才，实行相关的优惠政策和规定，优先解决人才匮乏的问题，着力培育创新主体，提升自主创新能力。节庆美食活动的举办要有创新的表达，将品牌赋予一种灵魂、理念，把文化内涵融入美食和节庆活动的场景当中，讲好侗族故事，正确定位，突出侗族节庆美食文化特色，提升游客的辨识度，减少同类品牌之间的竞争力。讲好侗族的美食故事，需要创新型人才深挖侗族美食的文化内涵，如搜集关于侗族美食的传说、美食的制作流程、美食的独特之处等，以短视频、漫画海报、照片等形式在节庆活动期间加以呈现，让游客了解更多关于侗族美食的各种信息，提高辨识度。

（二）构建多元化宣传体系，提高侗族节庆美食的知名度

随着现代互联网信息技术的发展，现在人人都离不开网络，而且手机不离手。大多数的信息接收都是来自网络，这就给侗族节庆饮食文化的宣传推广提供了重要的渠道。宣传主体可通过“旅游+节庆饮食文化”的宣传营销模式，在旅游攻略中下功夫，提高侗族地区的知名度，带动当地产业的发展，促进经济的繁荣。传统的宣传方式与现在的大众媒体（如抖音、微博、快手、网络直播等）相结合，以现代宣传模式为主，传统以及户外媒体为辅，发传单，在公交车身、地铁、火车站等人流量比较大的地方进行宣传。

（三）增强美食体验性，提高侗族节庆美食的忠诚度

侗族地区今后开展的节庆美食活动中，可充分利用人们猎奇和休闲的

心理，适当增设一些参与性较强的美食活动项目，增强与游客之间的互动，让游客在亲自参与和亲身体验的过程中体会到侗族美食文化的内涵和乐趣。侗族美食的制作原料多为侗族人家自己种植、自己养殖，比如水稻、蔬菜、稻花鱼、鸡在侗族村寨均属常见。节庆活动可根据不同活动的季节在节庆期间增设食材的获取活动，如邀请游客收割水稻、摘蔬菜、捉稻花鱼等，体验食材的获取；也可在美食制作的最后收尾环节，邀请游客一起完成，体验美食的制作。由此，游客在美食的制作过程中，融入了个人情感，使之体会侗族美食制作，有利于增加重游率、重购率，提升侗族美食在游客心中的情感地位。

（四）保持原汁原味，提高侗族节庆美食的美誉度

美食原汁原味的保持在于核心制作技艺的传承。一方面，餐饮店应注重保持核心技艺，对祖辈们传承的制作技艺精髓得以保持，可适当根据现代人们的口味进行微调，以适应当代游客的口味。另一方面，餐饮店应当注重诚信经营。在制作美食的过程中，保持原有食材、配料的应用，避免为了单纯追求经济利益而偷工减料，以次充好。由此，在保持美食制作的核心技艺、诚信经营基础上制作的美食，游客能够品尝到地道的侗家美食，提高对侗族地区的信任感，从而提升节庆美食品牌的美誉度。

参考文献

［1］王学思．全国非遗保护工作先进代表和传承人座谈活动举行［N］．中国文化报，2018-06-09．

［2］陈熠瑶．非遗与旅游融合十大优秀案例发布［N］．中国旅游报，2019-06-10．

［3］杨音南．侗族饮食文化的构成与特色探析［J］．民族论坛，2007（12）：17-19．

［4］刘畅．论侗族“萨玛节”的功能［J］．凯里学院学报，2016，34（05）：37-40．

[5] 陆景川. 侗年文化探析与开发利用 [J]. 贵州文史丛刊，2013 (04)：121-125.

[6] 杨筑慧编著. 侗族风俗志 [M]. 北京：中央民族大学出版社，2006：82.

[7] 吴德军. 贵州从江第十五届原生态侗族大歌节将于 11 月 28 日举行 [EB/OL]. 中国甘肃网，(2018-11-12). http://news.gscn.com.cn/system/2018/11/12/012058749.shtml.

[8] 榕江县人民政府（侗族萨玛节）民间文化艺术之乡 [EB/OL]. 榕江县人民政府网，(2018-11-08). http://www.rongjiang.gov.cn/zwgk/bmxxgkml/wtgdlyj/201811/t20181108_40507895.html.

[9] 州统计局. 黔东南州 2019 年国民经济和社会发展统计公报 [EB/OL]. 黔东南苗族侗族自治州网，(2020-05-14). http://www.qdn.gov.cn/xxgk/zdgk/tjxx/tjnb/202005/t20200514_60433668.html.

[10] 县统计局. 黎平县 2019 年国民经济和社会发展统计公报 [EB/OL]. 黎平县人民政府官网，(2020-07-28). http://www.lp.gov.cn/xxgkml/jcgk/tjxx/202007/t20200728_61763226.html.

[11] 玉屏侗族自治县统计局. 2019 年玉屏侗族自治县国民经济和社会发展统计公报 [EB/OL]. 玉屏侗族自治县网，(2020-06-08). http://www.yuping.gov.cn/zwgk/xxgkml/jcgk/tjxx/202006/t20200608_60985714.html.

乌蒙高地回族生计方式的变迁

——以威宁县中水镇S村为例

李　萍　谭厚锋*

（贵州民族大学民族学与历史学学院，贵州贵阳　550025）

摘　要： 乌蒙高地处于黔滇川交界，这一区域内回族社会文化及其生计方式具有极强的同质性。“马氏分支”“彝伦有序”体现了该区域回族社群的文化特征。而生计方式作为一种“谋生之计”，在乌蒙高地的回族社群中表现出惊人的相似。在S村“单一”的传统经济向“多元”的经济网络扩展愈加明显，呈现传统与当代和谐共生的图景。为促进当地社会再生产的能力，除其经济层面，也要透视其背后社会文化的重要作用。

关键词： 乌蒙高地；回族；生计方式

* 作者简介：李萍（1993—），女，回族，贵州民族大学民族学与历史学学院硕士研究生，研究方向：民族文化。

谭厚锋（1968—），男，侗族，贵州民族大学民族科学研究院研究员，硕士研究生导师，研究方向：西南少数民族文化。

一、S村地理人文概说

乌蒙高地位于滇黔川交界，具体包括贵州省威宁县、赫章县、六盘水市，云南省昭通市区、鲁甸县、宣威市区，以及四川省舒永县等，该区域的回族约聚居着40万人，主要以贸易和农业为主。这一区域与2012年国家划定的重点扶贫攻坚区的乌蒙山片区部分重叠。乌蒙高地的回族同胞中，马姓居多，其次是孔、张、虎、李、锁、刘等姓氏，少部分为齐、丁、牟等姓氏。重要的是，马姓又分为不同支系，即以居住地为名区分为“下坝马、松林马、马家屯马、蔡家地马、核桃树马、开化马、小瓦房马、河西马、客籍马、陆良马、陕西马、独林军（或独立居）马”12支马姓，便于马姓穆斯林实现族内通婚。而不知其中端倪之人便会感到疑惑。可以说，马姓分支是乌蒙高地独特的文化现象。乌蒙高地的回民社群具有文化同质性，其缘由是12支马姓是从黔滇川交界的回族社群中区分的，且多聚居于乌蒙山脉区域。① 而马氏分支则得益于刘吉阿訇“刘吉还是乌蒙高地传播经堂教育的第一人”② 在长期的历史发展过程中，他们逐渐形成了自己独特的经济生活方式。

石板河村（下文简称S村）位于威宁彝族回族苗族自治县中水镇的西南部，距县城117公里，距中水镇政府所在地15公里。S村是距中水镇最偏远的回族村落，处于云贵两省的交界地带，与云南省昭通市布嘎乡毗邻，距昭通市区18公里，故在社会生活上有着密切的联系。地理坐标：东经103°44′，北纬27°11′，东西长1.5公里，南北长3.4公里，占地面积6.4平方公里，耕地面积8315亩（约5.54平方公里）。辖五个村民组，一组至五组分别占有耕地面积1725亩（1.15平方公里）、933亩（0.622平方公里）、1652亩（约1.1平方公里）、2449亩（约1.63平方公里）、

① 卯丹. 诱以正教，引以中道——乌蒙高地阿訇刘吉的生命史与回族社群文化转型［J］. 北方民族大学学报（哲学社会科学版），2018（2）：96-106.

② 卯丹. 诱以正教，引以中道——乌蒙高地阿訇刘吉的生命史与回族社群文化转型［J］. 北方民族大学学报（哲学社会科学版），2018（2）：96-106.

1556亩（约1.04平方公里）。气候呈立体季风气候，年平均气温16.8摄氏度。年降雨量897毫米。全年无霜期194天，年日照总时数1466小时。（数据来源：S村村公所办公室）地形高低起伏，平均海拔1852米。五个村民组依傍三座大山而坐落，即“乔宝山”“大黑山”“大军山”。“大军山”因解放军于山上搭建瞭望架而得名，当时是为了更好地观察敌人的行动路线和发送电报，如今仅剩下“大军架遗址”。其中大军山最高海拔为2000米左右，也是中水镇海拔最高之处。森林覆盖率极低。“大军山”灌木丛数多，其次是果林以及“坟山”处的松树。河流呈东南东北流向。自21世纪初期家家户户修建蓄水池，以便农忙时节利用。2015年S水库修建竣工，位于S村的一组（滴水崖），水库对农业的贡献非同小可。该村有一条主干河流，秋冬季水流干枯，春夏两季水量较大。村里老辈人常提及一个故事：“有一年雨水特别多，河里起了‘蛟’了，一条大蟒蛇把河水堵住，周边的田地都遭殃了。”自20世纪80年代包产到户，村民不断开荒耕地，以致森林被砍伐，所剩微乎其微。特别到耕种时节雨水极其缺乏。石板河水库或地蓄水池乃是农忙时节灌溉田地的主要水源。近年来村民饮水来源多为井水。据了解，该村改革开放初期，人与自然和谐相处，可称“绿水青山”。该村一位50多岁的回族妇女回忆道：“在我小的时候，到山上去放羊，满山的松树和‘麻林林’（青冈树）。到雨季时背着箩筐去树林里捡菌子，很快就捡到一箩筐。时常可见野生动物，比如‘得勒’（狼）、兔子、野鸡等等。现在就不一样了……”

S村户数总计431户，人口总计有2133人（数据来源：S村村公所2016年末统计），是一个典型的回族聚居村落。该村有马、李、锁、张、何、齐、阮、牟等八姓回族。其中马姓居多，占该村总人口的半数以上，一定程度上印证了“十个回回九个马”的民间说法。该村仅有6户汉族，与回族穆斯林相处融洽。比如汉族朋友婚丧嫁娶，穆斯林送礼但未就餐。若汉族朋友设宴在清真餐馆，即可；再如在新建房屋以及种植庄稼时回族穆斯林与汉族之间互帮互助。该村中心位置则为清真寺。属于典型的“围寺而居”居住模式，并依此形成一个“教坊”①，呈现“大分散、小集中”的分布与居住格局。因“大分散”，乌蒙高地各地的清真寺只能各自独立，互不统属；由于“小集中”，每个地方的教坊只能是一个独立的宗教组织单位，这与西北地区盛行的“门宦”“教派”制度有本质的不同。20世纪80—90年代到21世纪初期，S村划为行政村落之前称为“青山”。该村人至牌坊或者花桥“赶场”（赶集），途经“稻田坝”（中水镇的坝子村落）时会被戏谑“青山黄脚杆”。“青山黄脚杆”乃有两层含义，一是S村的土壤与稻田坝的土壤在颜色上有所区别。S村的土壤为沙土或红壤，而稻田坝的其他村落的土壤则多属黄壤、水稻土以及棕壤。故而当S村的回族途经稻田坝时一看脚便知为“青山人”。二是约2015年之前，S村的经济发展水平较其他村落而言比较低，交通较其他村落闭塞。换句话说，“黄脚杆”一定程度带有贬义。稻田坝地势平坦、土壤肥沃且靠近水源，农业经济以果蔬为首且比较可观。如马家院子回族村落，地处一个大坝子内，居住着千户以上的下坝马姓的回族。他们利用有利的地理条件，几乎每家每户都有人从事种植、零售、饭馆、运输等商贸活动。而S村多贫瘠的土地，故只能种植一般的耐旱农作物，如烤烟、玉米、马铃薯，其收入不甚乐观。2015年前多以种植烟草为主，其经济结构单一，但其烤烟收入相对比较乐观。虽受现代化的影响，外出务工、服务业、经商等不断兴起，但仍处于起步阶段。

一定意义上说，此文是基于笔者对家乡的情怀与理论的现实意义。一是，笔者对S村有很深的亲切感与归属感，在调查过程中也比较得心应手。更重要的是，笔者欲用所学专业理论知识回报“生于斯，长于斯”的那片热土。二是，S村是一个回族聚居村，具有典型的经济生活特征和文化生活特征。S村“离不开土”到“离土不离乡”的变化历程，通过生计方式的多样化侧面反映该村历史文化变迁的轨迹。自20世纪70年代至今

---

① 教坊，是若干个回族穆斯林住户以清真寺为中心组合起来的宗教社区。唐宋时期的城市中有“市”“坊”之分；“市”是商业区，“坊”是居民区。这种社区形态在回族社会中得以保留并延续至今，一般被称为“教坊”或“寺坊”。详见：马宗保．试论回族社会的“坊”［J］．宁夏社会科学，1994（6）：16-22.

都大部分以种植烤烟“过日子”。随着时代的发展变化，于该村而言烤烟逐渐沦为“夕阳产业”，其“靠天吃饭，靠山吃山，靠水喝水”的生计愈来愈具有挑战性。面对这样的境况，当地村民如何自我调适是值得探讨的问题。本文的田野资料源于2018年10月、2019年5至6月以及2019年8月期间。

二、S村回族生计方式的选择及其困境

博兰尼（Karl Polanyi，又译波拉尼）认为，“一种经济是最有效地使用有限的资源获取和满足特定目的的过程，在方法上，他强调个体自利的行为动机和个人利益最大化，所谓理性的决定之形式论；一种经济是在人与环境的互动中满足物质需求的过程，强调文化和社会系统对个人选择的限定，即所谓实质论”[①]。小农经济早已有人类学、民族学以及社会学的前辈们研究，可谓“百花齐放”。恰亚诺夫提出了著名的“小农经济理论”。这一假说认为：一是，农民会根据家庭的消费，决定劳动投入的程度，而不是为了在市场上追求最大利润；二是，人口供养比例大的家庭劳动辛苦程度更高；三是，当一个家庭结构发生变化的时候，即家庭的消费随着人口的生长而增长的时候，农民将会增强劳动辛苦程度，以满足消费增长的需要；四是，劳动辛苦程度最强的农民通常也是生活水平最低的农民；五是，当劳动辛苦程度达到一个限度时，农民会放弃劳动。[②] 不过他这一理论，是把农民研究限定在“非资本主义的家庭农场”的“小农经济理论”中。

“乡土社会是个生活很安定的社会……向泥土讨生活的人是不能老是移动的，在一个地方生长下去，一直到死。”[③] 不但每个人生活的地方都是

---

① 徐杰舜，许宪隆主编．人类学与乡土中国：人类学高级论坛2005卷［M］．哈尔滨：黑龙江人民出版社，2006：9.

② A. 恰亚诺夫．农民经济组织［M］．萧正洪，译．北京：中央编译出版社，1996：1-28，70-89.

③ 费孝通．乡土中国［M］．北京：北京大学出版社，2012：32.

熟人社会，也不常背井离乡，即所谓“生于斯，长于斯，死于斯”的世代黏着。21 世纪前，S 村回族基本依靠种植农作物和经济作物谋生，特别是烤烟种植。21 世纪后，随着国家经济制度从计划经济向市场经济转变，S 村的回族除了农业外，开始兼营副业。教育的重视程度也逐渐提高，特别是从 20 世纪末期中学生和大学生逐渐递增。换句话说，改革开放前 30 年种植烤烟的历程，是农民在探索将生计手段向外部延伸用以补贴家用的过程，而后 30 年至今天则是农民在“摸清石头”之后试图抬起头来望着彼岸“踩着石头过河”的纠结期。这主要基于以下两个因素：一是，“劳动力缺乏”的现状。S 村 2133 人，除去老弱病残，年轻人上学或外出务工，劳动力下降。二是，历史上回族有善于经商的传统。S 村不断涌现到城镇做服务行业的从业者，如烧烤类、餐馆类、服装生意以及买卖烟叶等从业者。在市场经济深入发展和人口流动性极强的现代乡村社会，大部分村民不再仅仅依靠“一亩三分地过日子”。出现“乡村社会—农商工混合型”的经济网络扩展。

S 村的经济作物，烤烟便是绕不过去的支柱，其发展了约半个世纪（约 1970 年至今）。21 世纪初期以前，该村主要以自耕农为主，即“一拍三窝”、玉米以及马铃薯。种植的玉米和马铃薯数量有多有少，收成多则拿到集市上售卖，收成少则仅供家庭的日常三餐。“一拍三窝”，即地方用语，指的是当地人种三株烟苗的间距。烟农通常会问“今年某家有没有一拍三窝”。种植烤烟一直成为 S 村的主要收入来源，进一步说其是推动中水镇经济发展的中流砥柱。当地农户教育孩子通常都会说：“不好好读书，就回家一拍三窝。”每户人家都种植 15—20 亩（1—1.33 公倾）的烤烟，烤烟的收入约占全年收入的 80%。烟农每年腊月间开始向烟站报种烟的面积，需和烟草公司签订合同并交付押金。每户的种植面积少则 8 亩（约 0.53 公顷）左右，多至 20 亩（约 1.33 公顷）以上。三月份开始“撒烟子”，即培育烟苗，这时烟草公司会发放烟子的品种、薄膜、基质等。烟草公司发放的种子一般是“云烟九七”，但村民们会根据土地的实际情况适当培育其他品种的烟苗，比如砂壤适合栽种“贵烟二号”；红壤适合栽种“云烟百”；等等。而什么地壤栽种何品种，由他们长期以来种烟所积累的经验来做决定，当然前提是要完成烟草公司所指定的品种指标。在每年的4月至5月，是烟农栽烟的农忙季节。村里栽烟的农户起早贪黑，直到栽烟结束。当学生放假时，都会帮助家里栽烤烟。S村回族学子偶尔抱怨："种地（烤烟）太苦人了，几乎一年四季都在为烤烟忙碌，其除了投资成本加劳动力成本所赚到的仅仅能贴补家用，根本就不划算。"回族村民A说："有的全家外出打工，一家人四五人一起上班，算下来一个月也能存万元以上，而且还没有种地累人。"回族村民B说："我家'两个人'（夫妻俩）烤烟卖结束，便到厂里或工地上做工，两个月不到就能赚2万多元。再回想种烤烟就是怕的。但每当种植烟的季节不得不回来，因为还要照顾小孩上学。"一定程度上强调个体自利的行为动机和个人利益最大化。人们的劳动成果越来越无法支撑超重的经济生活负担，所以他们必须找到一个平衡点，即除种植以外，利用有限的时间以及劳动成本去获取较多利益。每年7月至8月则是烟农辛苦的时期，不分白昼的加班加点。白天，每逢"打烟"（烟农采摘成熟的烟叶）不管烈日艳艳还是细雨绵绵，都需人工"打烟"并用拖拉机运到烤房处。晚上，还需把烟叶整齐的编在烟棍上面，之后才挂入烤房经过7至8天的烘烤。然而，烟农烘烤烟技术的好坏直接影响烟叶出炉的质量。出炉的烟叶还需根据烟叶的质量，精心的按级别分类，当地人称为"理烟"。"理烟"是一个烦琐又细致的过程。每年9月至10月烟农开始卖烟叶，烟农将烟叶都运往中水镇烟叶收购站小站去售卖，收购员工会对烟叶依次进行门口预测、分级装筐、翻筐评级、司磅、入库成包、装车发货等步骤。而烟农则不分白昼地"理烟"，售卖烟叶则是烟农获得利润的时刻，但由于烟叶的质量级别不同，就会出现烟价不一的情况。随着市场经济的发展，烤烟的收入越来越不能满足人们的需求。

1995年至2015年，为S村种植烤烟的顶峰时期。新（旧）式烤房、运输工具、烘烤技术等等，也随着科学技术的进步逐渐改善。20世纪70年代，即农村公社时期，该村修建了首批旧式"土坯烤房"。那时该村一组和二组共用一间土坯烤房。20世纪80年代，几乎每户都拥有一所土坯烤房，但其采用自然通风排湿，操控性差，烘烤能力低。烟、火同一体，安全性差，易烤红、烤青，稍有不慎优质烟叶毁为“核桃叶”（烂烟）。当地人说：“下面几条‘龙’（大炉灶和小炉灶相拼接而成），上面挂着烟，一不小心，好烟变烂烟。”运输的工具基本是牛车或者马车。2008后新式烤房不断完善，拖拉机代替了牛车和马车。新式烤房又称大型密集烤房，发明于日本，中国于20世纪90年代末引进。采用强制通风，易操控，烘烤能力强（即装烟密度大），烘烤技术大大提高，烤、火分离，安全性高。主要采用了人工智能控制，安装“仪表”便于控制温度，更易掌握烟叶的生理生化过程（即变黄规律）。故出炉的优质烟叶不断增多。但人们在接受一些新事物时总有个适应期。该村起初推进新式烤房以及一些新型技术型设备时，该片区的负责人李某以及每个村民小组的“联保组长”都对烟农做了不少思想工作。烟农担心新式烤房能否烘烤出优质烟叶，更重要的是其结构不同旧式烤房，烟农不知如何操作。修建新式烤房的成本乃是烟草公司资助，有少部分人愿意拿出户头或借用户头修建多间新式烤房。而有的农户依然不愿意修建新式烤房。经过实践证明后，愈来愈多的烟农修建新式烤房。而由于户头被他人借用以及烟草公司的指标越来越少，故少部分烟农就只能租用他人的新式烤房。可见每一种新事物走进人们生活时，人们并不是立即能够适应的，而要经过时间的推敲以及实践的检验。当人们觉得新事物对自身有很大益处并且有更高的需求时，就会欣然地接受，并为我所用。2015年后该村烤烟种植规模开始下滑，烟草局对烟叶质量的要求越来越高，品质比较优质的烟叶能卖好价钱。但是由于常年耕种的烤烟农药使用频繁，土质越来越差。加之受气候影响愈加明显，自然种不出多少优质的烟叶。至少现在来看，烟农仅仅是“走不开”的父母，这种生计方式能够持续多久也是一个值得思考的问题。从农民自身看，种地绝非什么“种田就如种花，种田就如锻炼身体”或臆想中的“一半城市生活，一半乡村生活，半是农耕，半是农闲的共产主义社会”① 的浪漫景象，即使有“采菊东篱下，悠然见南山”之意趣也不能强行将游客猎奇之心态

① 安纳利斯·祖玛兹，范达娜·德赛，罗伯特·B. 波特. 农村生计发展研究指南［M］.（第二版·上册）. 杨先明，刘岩，等译. 北京：商务印书馆，2014.

加诸农民之现实生活中，这实属两码事。亦是选择，也隐藏着困境。

S村2019年开始种植魔芋的农户屈指可数。尽管刚刚起步规模不大，种植魔芋的尝试，也是烟农欲摆脱烤烟种植的尝试，是人们思维方式的转变过程，也是为了追求更高收益的目的。谈及魔芋种植的尝试，又不能跳过该村回族李某的背景。李某[①]在1993年进入中水镇烟叶站工作，至2017年退休。在烟草公司工作期间，一直负责该村的烤烟产业，他作为该村土生土长的本地人，对本村的实际情况了如指掌，在实施工作的过程中能够更好地与当地人沟通。他在烟草公司工作时，几乎每年都负责本村的烟农合同签订、收取肥料投资、发放烟种和薄膜、烟苗栽培和指导等等。2018年以后他不再专注于种植烤烟，也可能是由于年过60岁以及体力劳动不够，更重要的原因是他认为现在烤烟的发展趋势不利，种植成本高（资金投资和劳动力）。2019年初他一直寻找能够替代烤烟并且高收益的农作物，也一直在关注魔芋的种植方法与市场价格，开始尝试从烤烟种植转向魔芋种植。2019年3月回族村民李某和锁某[②]，两人一同前往云南省曲靖市，考察了全国最大的曲靖魔芋交易市场；参观曲靖当地的魔芋种植基地；还看到魔芋的副产品（魔芋面膜、魔芋酒、素毛肚等等）加工厂的多样性，感受颇深。李某说："二代魔芋种，1亩可种植1000株，魔芋种植一季后，需间隔7年才能在这片土里继续种植。种植魔芋跟气候与地理环境有很大关联。曲靖的海拔我是亲自测量过的，海拔1900多米，跟咱S村只差几十米，由此该村可种植魔芋。另外，判断某地能否种魔芋可看当地有无野生的魔芋，如有即可。但我们这里的人投资不起，比起烤烟种植，魔芋成本是相当高的，1亩魔芋需要6000元的投资。不过，1亩魔芋的效益相当于10亩（约0.67公顷）玉米和3亩（0.2公顷）烤烟的收益。"2019年6月，李某种植魔芋面积2.5亩（约0.17公倾），8325元的魔芋种投资，其从云南省曲靖市富源县富村镇购买185公斤，45元/公斤；过路费和邮费

① 访谈对象：李某，回族，1957年1月28日出生，高中文化，已婚，育有四子二女。李某是S村里尝试种植魔芋和金线莲的村民之一，但种植金线莲最终失败了。

② 锁某，男，回族，1984年8月5日出生，已婚，初中文化。锁某是S村里尝试种植魔芋的村民之一。

共830元；肥料投资共850元，高钾复合肥3包，后期追肥2包，每包170元；农家肥10000斤；魔芋“汰腐净”（农药）290元。此外还有人工投入——“掩盖松针”6车、除草及管理费等等。“掩盖松针”后魔芋地里不容易长杂草，也便于管理。综上，2.5亩（约0.17公顷）魔芋总计投资约10295元。锁某在“乔宝山”自家地里种植了约1亩（约0.07公顷）魔芋，投资相当于李某的一半。而这样高成本的投资和收益的不确定性，使村民望而却步。李某说：“曲靖每家每户种植魔芋的年收益可达20万元左右。曲靖还种植药材三七，价格在8元/克。之前曲靖收购的商人到昭通和威宁收魔芋，2元/公斤就被‘落了’（买了），贩子拿到市场上就卖了6元/公斤。”他认为村里大部分人对农业发展的认识较固化，很难转变思想观念，其也是40余年（1970—2019年）来对烤烟种植的坚守形成的惯性思维，欲摆脱却愈无力。李某道：“‘会林’（化名）买了3万元的魔芋种，在村里租了18亩（1.2公顷）左右的土地种植魔芋，他计划成立魔芋合作社，一个县只能成立一个合作社，我就和‘会林’商量，如果到时候情况允许的话我可以加入合作社。他预计明年租种100亩（约6.67公顷）。”最后，锁某感叹：“我们这里有的人思想太落后，一辈子种烤烟平房都很难修建，现在谋生的方式太多了。只是他们不愿冒着风险去尝试，一般都要等一些人种出魔芋来卖到好价钱，他们才会觉得自己也可以种植。曲靖那里的农民在10年前和我们这里一样，同样种植烤烟，后来人家改变为种植魔芋，经济效益比烤烟高出几倍。”

简而言之，该村村民依然过着自给自足的小农经济生活，“望天吃饭”成为他们的生计方式的标签。就在2019年端午节期间，当地种植的烤烟，从栽下烟苗开始，近数月干旱无雨烟农都望而叹之。一天下午，村民们期盼的大雨终于来临，马某飞①欣喜若狂地跑到门外说：“好了，好了……终于下雨了，这次应该会多下点，栽下去的烟苗有救了。”不料这场雨才持续了几分钟，马某飞便开始长吁短叹。农村生活并非安逸，事实上很多农户生活条件依然很艰苦。而随着土地越来越贫瘠，出现一部分农户“越穷

① 访谈对象：马某飞，女，回族，1987年10月2日出生，初中文化，已婚。

越垦，越垦越穷”的情况。尽管如此，当地人不会坐以待毙，其自身也随之变化，不断调适。

三、S 村经济网络的扩展

2015 年后，S 村的农业经济网络不断扩展。一是农业经济规模化、多样化。在俗称“滇之粮仓”的嵩明县（1983 年后隶属昆明市），有 20 余户在此种植大棚蔬菜，且都属家族内部的互相带动；3 户左右搞起小规模养殖，如村民锁某，自 2019 年起开始修建牛棚，小规模养殖了 20 头牛；有的开始尝试效益更好的作物，如魔芋种植、苹果种植，虽其收益未知，但也是回族村民的一种“大胆”尝试。大棚蔬菜从规模以及技术层面来说，的确进步不少，毕竟其成本不会低于 20 万元，每家租的大棚不低于 20 亩（约 1.33 公顷）。如张某所述：“种植大棚蔬菜比种植烤烟清闲些，更比打工好多了。疏土→挖窝→栽菜→施肥→打药→砍菜→售卖，靠自己精心管理，每个环节都不容忽视。”农户也是冒着一定的风险，倘若蔬菜价格下跌或蔬菜病虫害严重，对种植户来说也是一项挑战。一位种植大棚蔬菜的村民马某说：“前几天‘一水’（一季，大棚蔬菜 2 至 3 个月就成熟一季）菜都废了，还可能亏本，这菜也不好种，赌到一把算一把。”他们在现代化农业的推动下，发挥家族之间的组织能力，动员大家纷纷到基地租种大棚蔬菜，依然离不开“乡土”。藏在他们内心的“记忆”仍然实用。

二是季节性半工半耕。“在当今这个‘不完全的农村社会’里，人们对外界的依赖（特别是市场）日益加深，不得不外出赚取货币用以满足市场消费的需求，因而形成了不同类型的农民工群体。”① 在 S 村，季节性半工半耕指的是每年 3 月到 10 月在家务农，每年 11 月至次年的 2 月在外务工的生计方式。这依然属于“捆绑在土地上”的小农性质。农闲时外出务工，农忙还得回来耕种，他们的劳动方式跟随季节而变化。值得说明的

---

① 姜似海，陈志永．城镇化背景下山地农民生计方式选择困境的实证分析——以黎平县大稼乡俾嗟村为例［J］．贵州师范学院学报，2017，33（4）：41-51.

是，季节性半工半耕不同于“捆绑在土地上”的小农经济，尽管它们所能达到的目的或效果基本相同。2016 年至今，这种半工半耕类型的农户有 60 余户，占近七分之一的农户。这部分农户的特征依然是“上有老下有小”的牵绊，农业生产依然是许多农户生存的重要保障，但随着孩子不断成长，单单依靠土地获取生活资源，越来越难支撑整个家庭的开销。每天“面朝黄土背朝天”辛苦赚来的资金显得多么杯水车薪。故，半工半耕的生计方式是“上有老下有小”最佳的选择方式。季节性半工半耕生计方式的农户依然作为半自给自足的小农“捆绑在土地上”。只是一定程度上摆脱了“‘自我剥削’走向‘被剥削’，在‘泥土味’之外增加了‘铜臭味’，但‘铜臭味’往往容易驱使人们走向市场经济发达的城镇，甚至可以说他们处于进城居住的萌芽阶段”①。

三是弃耕务工，指年轻夫妇放弃农业生产，携家带子进城务工的生计方式。近年来，虽然 S 村出现少部分“抛荒者”或“准城里人”，但越发让其他村民羡慕。然而，这种“好日子”看上去很具有吸引力，但却不可持久。外出务工和生意人逐渐增长。老一辈父母感叹“越来越指望不上了”，并认为“他们不想回家是因为懒，不想种田”。事实上，十七八岁就开始外出务工的青年人（特别是“90 后”的青年人）已不再满足于鲁迅所说的“咀嚼一己小小的悲欢，并视之为大世界”，也有一些老辈人认为“年轻人有个体面的工作，是最有脸面的”。他们关于乡土社会的“记忆”究竟留存了多少。

四是经商之路渐增。乌蒙高地的回族善于经商，有着良好的经济组织和协作能力，与其他民族相比是较为突出的。② 在 S 村亦是如此。周边一些汉族对当地回族的评价是：“干忙回子，在哪都吃得开。”这在一定程度上反映了回族善于经商的传统。据了解，20 年前，回族村民“大竹安”（化名，男，已故）便在乌蒙高地区域做生意。1980 年左右，开始背菜籽卖，前往金沙江边背红糖售到本地。1985 年左右开始买卖牲畜。1990 年以

① 姜似海，陈志永．城镇化背景下山地农民生计方式选择困境的实证分析——以黎平县大稼乡俾嗟村为例［J］．贵州师范学院学报，2017，33（4）：41-51.

② 卯丹．乌蒙高地回族反贫困实践分析［J］．回族研究，2018（2）：86-89.

后开始做牛干巴生意，在老家收购牛肉往昆明售卖，就这样逐渐带动家族内部做起了牛肉生意。回族村民从事服务行业的不断增多，如马某飞，新婚后种植过 3 年烤烟，接着，开始“摸着石头过河”做生意。马某飞在服务行业探索了多年，2018 年在黔南民族医药专科学校开清真餐馆，由于生意不太乐观和家中有小孩，最终没能持久。2019 年在当地乡镇上又重拾餐饮业，但生意更加冷淡了。再后来通过观察摸索以及回族朋友的建议，她在镇上做起服装生意，其生意也做得有声有色。这一整个过程都是在探索，根据具体的环境调适生存方式，以满足自身需求，生活与生存的需求同样可以促进生计方式的转变。然而，如今“‘市场’不仅意味着一个做买卖的场所，更意味着人的一种观念形态”①。

在乌蒙高地各民族中，特别是少数民族中，相较而言，回族在教育方面是较为突出的，历史上该区域也不乏取得文武进士及举人等功名的回族。② 20 世纪 S 村在国家单位工作过的约 20 人，大部分属工人。21 世纪，S 村在职的国家公职人员有 30 余人，其中有教师、医生、公务员、工人等等。从 20 世纪至 21 世纪的公职人员职业有了明显的变化，得益于教育的发展。而在当代社会，近年来 S 村回族学子的高考升学率也有较佳的表现。回族对子女的教育极为重视，即使倾全家之力，也要让子女接受完整和优质的学校教育。S 村的父母为了抚养子女上学，以小农经济或经商为经济支撑。S 村对有知识的人极为尊重，村民以家中有一大学生为荣。如上面提及的李某，家中即有 5 个大学生，榜样式的激励会在村内乃至区域间相互鼓动，成为人们的正能量。或许，在 S 村甚至乌蒙高地区域，教育的社会再生产能力最为明显。

四、S 村生计方式变迁下的思考

文化自觉。所谓文化自觉，是借用我国著名社会学家、人类学家费孝

① 罗伯特·芮德菲尔德. 农民社会与文化：人类学对文明的一种诠释 [M]. 王莹，译. 北京：中国社会科学出版社，2013：40-70.

② 刘砺，李平凡. 明清时期贵州回族教育述略 [J]. 贵州民族研究，2016，37 (2)：160-164.

通先生的观点：“它指生在一定文化历史圈子的人对其文化有自知之明，并对其发展历程和未来有充分的认识。”同时，“血缘是稳定的力量。在稳定的社会中，地缘不过是血缘的投影，不分离的。‘生于斯、死于斯’把人和地的因缘固定了”①。在2000年以前，S村回族主要以烤烟、玉米等农作物为主要收入来源，生活水平较其他村落低，其他村落一些人会说“青山人（石板河村人）还是穷”。2000年后，S村走出去的人越来越多，有的烟农靠种植烤烟盖了平房，有的靠外出打工改善了物质生活条件。大批回族青年进城打工，与其他民族的交往交流交融得到加强。特别是辍学青年到外地打工，在感情以及恋爱观方面都深受现代文化的影响，通过调适来适应社会环境。回族与其他民族之间的不同文化体系互相接触，也促进了彼此之间的合作与交流。历史上，回族汉族各家族姻亲记忆奠定了民族和谐相处的文化基础，使得该区域各民族间在日常生活中互通往来，经济合作中诚信互助。他们“勤劳吃苦”且“敢于从商”，分散在各个地方谋生。正如S村回族“大竹安”通过家族力量将单个家族拧成“一股绳”，在地缘上形成一个以家族为单位的社会共同体。这个共同体在日常协作和经济往来时拥有先天的“亲缘性”。可以说乌蒙高地区域的回族亦是如此，对经济的发展能够发挥强大的组织力。

思想观念的转变。在2000年之前，S村回族的生计主要为农作物与经济作物；2000年之后，务工与经商渐增。其中务工更新了当地思想观念，生计方式变得多样化，不再一味地扎根于土地。在回族文化的规约下选择合适的生计方式，如清真餐馆、牛肉零售批发、小摊位农副食品等等行业。而该村位于滇东北昭通与黔西北威宁交界处，回族充分利用两省交界的地理便利，几乎每家每户都从事苹果、核桃、板栗等零售。回族生计方式从“自给自足”的小农经济向多元化转变，回族更全面更彻底地参与到整个社会的生产、生活之中。多种经济作物轮耕的方式，如烤烟与魔芋，不宜种植烤烟的田地，换种魔芋，因为魔芋生长周期较长，既能改善土壤又可增加收入。2000年后，小农经济已不再能满足人们日益增长的物质文

① 费孝通. 乡土中国［M］. 北京：北京大学出版社，2012：116.

化需求以及精神需求。村民开始摸着石头过河，去探求对岸的生活方式。出现了“打工潮”，而大部分人从事的工作属于体力劳动。该村回族越来越重视子女的教育，砸锅卖铁一定要让孩子读书。至今，该村已有一位博士研究生、一位在读硕士研究生，受过高等教育者100余人。该村教育的提升，既促进了“人的再生产”能力（而不是物的再生产），又促进了社会的良性流动和公平，更是社会稳定的重要基础。回族青年开始走进城市，依靠自己的智慧和知识，融入各社会阶层。

五、结语

总之，本文试图通过乌蒙高地回族生计方式变迁过程之具体案例，探讨良好的社会文化基础对经济发展的促进作用。在中国特色社会主义新时代的今天，面对全球化的经济、市场乃至文化冲击，人的流动性增强，生产生活方式呈现多样化。而在广袤的乌蒙高地，回族人民历经百年繁衍、发展，与良好的社会文化基础密不可分。部分青年人从农村流出，一定程度上削弱了农业生产的中坚力量。一定意义上说，不同历史阶段，一个民族的生计方式也是该民族的一种文化选择。乌蒙高地回民重视教育乃是社会再生产的鲜活动力，培养出的人才良性地融入当地的社会结构中，不仅仅切断了家庭贫困的延续，最紧要的贡献在于提供了充分的社会流动可能。乌蒙高地回族不管是传统“自给自足”或“半自给自足”的小农经济，还是外出务工、经商，以及服务业等活跃的经济行为。可见回民在面对不同时期的经济特征时，人们自然地对生存方式做出选择与适应，同时也是文化自觉与思想观念转变的过程。经济网络的扩展，不仅为当地注入了经济活力，创造了就业机会，也推动了地方经济的发展。在这个过程中，回族不仅能够发挥本民族的优势，同时吸收了其他民族的优秀文化，与时俱进。更重要的是，一个民族的发展，除了考虑能够被量化的经济层面，还要注意并重视社会文化基础，如此，诸多不确定的社会文化治理因素才能消解，在全面建成小康社会的同时才能营造出一个人民向往的美好生活图景。

参考文献

[1] 卯丹. 诱以正教，引以中道——乌蒙高地阿訇刘吉的生命史与回族社群文化转型 [J]. 北方民族大学学报（哲学社会科学版），2018（2）：96-106.

[2] 徐杰舜，许宪隆主编. 人类学与乡土中国：人类学高级论坛2005卷 [M]. 哈尔滨：黑龙江人民出版社，2006.

[3] A. 恰亚诺夫. 农民经济组织 [M]. 肃正洪，译. 北京：中央编译出版社，1996.

[4] 费孝通. 乡土中国 [M]. 北京：北京大学出版社，2012.

[5] 安纳利斯·祖玛兹，范达娜·德赛，罗伯特·B. 波特. 农村生计发展研究指南 [M].（第二版·上册）. 杨先明，刘岩，等译. 北京：商务印书馆，2014.

[6] 姜似海，陈志永. 城镇化背景下山地农民生计方式选择困境的实证分析——以黎平县大稼乡俾嗟村为例 [J]. 贵州师范学院学报，2017，33（4）：41-51.

[7] 卯丹. 乌蒙高地回族反贫困实践分析 [J]. 回族研究，2018（2）：86-89.

[8] 罗伯特·芮德菲尔德. 农民社会与文化：人类学对文明的一种诠释 [M]. 王莹，译. 北京：中国社会科学出版社，2013.

[9] 刘砺，李平凡. 明清时期贵州回族教育述略 [J]. 贵州民族研究，2016，37（2）：160-164.

民办博物馆市场化经营可行性研究

——以贵州民族民俗博物馆为例

杨 波*

（贵州民族大学民族学与历史学学院，贵州贵阳 550025）

摘 要：随着博物馆事业的不断发展，关于公益性的博物馆能否通过开发文创产品和开展博物馆旅游等方式进行市场化运作，越来越成为很多业内人士关注的话题。本文将以贵州民族民俗博物馆为例，通过文献归纳法、实地调查法、个案分析法和SWOT分析法探讨民办博物馆市场化运作的可行性。文章首先阐述贵州目前民办博物馆发展现状，指出民办博物馆市场化运作的趋势和道路。其次着重介绍和分析贵州民族民俗博物馆的市场化情况，如其市场化运作项目和开展博物馆旅游、文创产品开发、品牌营销等情况。最后分析博物馆公益性的性质和其在市场化“营利”的关系中，探讨民办博物馆市场化运作的可行性并提出市场营销办法。

关键词：民办博物馆；市场化；文创产品；市场营销

---

* 作者简介：杨波（1996—），男，汉族，贵州民族大学2019级硕士研究生。

一、前言

博物馆是科学研究机构、文化教育机关、物质文化和精神文化收藏所①，承担着为科学研究服务、为人民大众服务的责任。近年来，博物馆与文化产业的关系越来越密切，在不违背其本质的前提下，通过市场化运作，如开发文创产品，售卖门票，有偿的学术成果等活动获得一定的收益。它的市场化经营越来越受到许多业内人士的接受和认同。因为与公立博物馆相比较，民办博物馆接收到的国家财政的扶持力度小，数量少。一些民办博物馆依靠背后的大企业办馆，背后企业的经济实力已经解决了其资金短缺的问题。但对于一些经济实力较弱的民办博物馆而言，市场化运作所带来的收益是其持续发展的重要的经济来源。在这样的背景下，探讨民办博物馆市场化经营的可行性和合理性是有其必要的。

国内最近几年关于博物馆市场化研究的文献数量不断增多，取得了一定的成果。有涉及博物馆市场营销的模式、策略，西南交通大学硕士研究生王舒曦的《国歌展示馆市场营销策略研究》，通过宏观 PEST 分析法，从政治、经济、文化、技术四方面综合分析，运用 SWOT 分析法，为各个展示馆的市场化经营指明方向，并提出有用的发展策略②。博物馆与文化产业的关系方面，具有代表性的是《试论博物馆文化产业的市场化发展之路——以广西壮族自治区博物馆为例》，文章强调博物馆市场化并没有背离博物馆的属性，反而可以实现其精神和物质产品的多元化。

二、贵州民办博物馆发展及政策扶持概况

（一）贵州省民办博物馆市场化发展道路与趋势

1. 贵州省民办博物馆市场化发展道路

民办博物馆以三种形式存在，第一种是企业开办的民办博物馆，第二

---

① 刘冬华. 博物馆改革须从其性质和任务出发［G］//湖南省博物馆学会. 博物馆学文集 4. 长沙：湖南省博物馆学会，1994：5.

② 王舒曦. 国歌展示馆市场营销策略研究［D］. 成都：西南交通大学，2016.

种是个人开办的博物馆，第三种是国家支持、民间开办的博物馆。在贵州省内的民办博物馆，一般以第一、二种形式存在。通常得不到政府的直接资金支持，需要自筹资金办馆。我省真正注册登记的民办博物馆有 4 家，但是实际存在的民办博物馆有 10 家左右，因此博物馆之间的竞争是存在且比较激烈的，想取得竞争优势，首先品牌办馆是必由之路。其次要创新陈列方式，吸引更多潜在观众，民办博物馆在藏品上呈现出更强的主题色彩，换句话说藏品比较单一，那么要吸引更多的观众，就得创新陈列方式。最后是以人为本，21 世纪的博物馆更加重视人在博物馆发展道路中的作用，民办博物馆想要突破重围，这点就不能忽视，以人的需求为导向，正是市场化发展的方向①。

2. 贵州省民办博物馆市场化发展趋势

总体来说，我省博物馆市场化起步较晚，但新的环境督促博物馆得朝市场化发展。最能体现市场化的是文创产品的开发。各民办博物馆的藏品都以一定的主题存在，以藏品文化内涵为基础的文创产品的开发是可行的。另外，与旅游发展相结合也是近年来贵州民办博物馆市场化发展的趋势之一，博物馆承载着一个民族，一个地区的民俗传统，是现代文化旅游的必经之所，多数情况下都会出现在旅游线路中。近年来我省也为适应博物馆旅游发展的大势，大力提倡发展博物馆旅游。

（二）贵州省民办博物馆市场化发展政策扶持概况

1. 全国范围内民办博物馆市场化政策概况

全国范围内，民办博物馆的国家政策可以分为管理和规范，扶持和鼓励两个层面，第一个层面，国家政策出台的主要目的是使民办博物馆的管理更加规范化；第二个层面，政策文件主要是为了加强对民办博物馆的市场活力，例如允许非公有资本进入博物馆行业的运营。我国现行有效的，与民办博物馆相关的政策主要有如下 3 个文件：一是 2005 年 5 月国务院下

① 邱莉. 试论博物馆文化产业的市场化发展之路——以广西壮族自治区博物馆为例 [J]. 中国博物馆文化产业研究，2015 (00)：340-346.

发的《关于非公有资本进入文化产业的若干决定》。二是在同年12月，文化部（现文化和旅游部）出台了《博物馆管理办法》。三是2010年1月29日联合发布的《关于促进民办博物馆发展的意见》，该意见的目的也是为了落实中央关于深化文化体制改革的总体部署，进而进一步调动各方面的社会力量参与文化遗产保护和进行社会主义先进文化建设的积极性。以上的3个文件，针对的都是鼓励、支持、引导民间资本进入博物馆事业领域的。

2. 我省民办博物馆市场化发展政策概况

贵阳市文化和旅游局在2017年12月29日印发了《贵阳市促进民办博物馆发展实施办法（暂行）》，该实施办法从资金、税费、用地保障和监督管理4个层面来对民办博物馆进行扶持。详细如下：

> （1）资金扶持方面，每年市文化部门都会安排一定额度的资金，这笔资金的用途总体上是要用于扶持民办博物馆的发展。具体而言，首先是对民办博物馆的馆舍的建设给予补助，其次是对民办博物馆的陈列展览给予补助，最后是对于积极参与我省文化建设的民办博物馆，政府将通过购买服务的方式给予补助。
>
> （2）税费优惠方面，在该实施办法中明确规定的政策性优惠表现为减税。即针对民办博物馆自身的盈利所得、获取的捐赠收入以及其他的非营利收入，可以按照我国现行税法的相关规定享受一定比例的扣减。另外，针对我省博物馆在土地使用税方面有困难的问题，可按照相关规定给予税费的减免。
>
> （3）用地用房保障方面，最能体现的就是在博物馆的建设用地上给予优惠，在旅游文化区和文化产业园区的布局上，要事先考虑博物馆的用地问题，给予重视。支持民营企业、社会组织、个人利用自己的原厂房进行博物馆场馆建设。
>
> （4）监督与管理等方面，要求民办博物馆的运营和管理必须严格遵守国家的各项政策和法规，以及国家博物馆协会职业道德准则，依法自我管理，承担相应的社会义务。市文物行政部门将不定期对民办

博物馆进行其经费使用和业务开展情况的监督，检查和考评。

（三）我省民办博物馆概况

省文物局调查统计显示，目前我省登记注册并经过国家文物局向社会公布的民办博物馆有 4 家，未经过注册登记的有 10 家左右。

1. 遵义嘉丰民俗博物馆

遵义嘉丰民俗博物馆，2011 年宣布免费开放，展示黔北民间民俗文化，主要展示当地民族服饰，民俗工艺等展品。馆长吴军也是遵义人。该馆是我省较早的民营博物馆。

2. 日月圆博物馆

贵阳市区 2009 年开馆的日月圆博物馆，是贵阳市一民营企业家投资而修建的，投资数额上千万元，现在成为贵阳文化旅游的景点之一，其馆内藏品主要有陶器、瓷器、碑刻、少数民族服饰等。

3. 韦家贵家庭博物馆

坐落在三都自治县三洞乡板告村，馆舍是一栋平常的 150 平方米的水族木屋。博物馆藏水族的农作工具、生活用品、服装、鞋、帽、银饰配件、乐器、学习用具；有首批国家级非物质文化遗产“水族马尾绣”和“水书”，有清代时水族地区使用的钱币。关于馆长，韦家贵是一个仅有初小文化程度、土生土长的水族农民，30 多年前，改革开放的浪潮激发了他的商品意识，他开始将水族地区的马尾绣背带、绣花鞋、绣片和水族工艺品带入市场。经营中，他开始意识到本民族遗产的宝贵和价值，于是他就用经营的利润，一边做生意，一边收集水族文物。

2006 年，他把收来的水族物品分类整理、上架，在全国唯一的水族自治县办起了第一个家庭博物馆。几年来，美国国家博物馆馆长和比利时、法国、澳大利亚、日本和港、台的博物馆专家以及国内的专家学者慕名前来参观。

4. 贵州民族民俗博物馆

作为我省较早的一家民营博物馆，其藏品贵州施洞“破线绣”和“牯脏衣”等苗绣极品曾多次在联合国教科文组织和中国国家博物馆（微博）的相关活动上展出。

从地理位置上来看，贵州民族民俗博物馆坐落于白云公园绿漪湖畔，为一座白色的雅致仿古院落，距贵阳市区约 15 公里，占地面积 2831 平方米，楼高三层，7 个展厅，展出面积 2450 平方米，是目前贵州省唯一的一座展示全省丰富多彩、历史悠久的民族民俗文化的场馆。

从展馆陈列来看，主楼内共有 7 个展厅。一楼以少数民族服饰为主，有苗族、布依族、侗族等服饰。二楼主要收藏贵州黔东南苗族的苗银饰品，也有其他少数民族的生活、劳作、打猎的工具，透露出浓厚的生活气息。三楼是馆内刻意设置的互动区。在一个形似舞台的玻璃台上放置着织布机、风簸、纺车等器物，游客既可以在这里观看民族歌舞表演，也能自己亲手织布纺线，感受民族同胞的生活氛围。

该博物馆目前展出主题为“贵州非物质文化展”，绝大部分展品为贵州著名收藏家曾宪阳先生提供的贵州少数民族古老的传统服饰及生产、生活用品。博物馆主楼建筑内为文化展示和手工技艺展示，副楼和院落引进具有贵州本土特色的旅游产品商家入驻经营，使得整个博物馆区域成为一个“贵州文化的缩影”。当然，贵州不只这 4 家民办博物馆，笔者只简单介绍了其中 4 所。

三、贵州民族民俗博物馆市场化经营的 SWOT 分析

SWOT 分析法，是将与研究对象密切相关的各种主要内部优势、劣势和外部的机会和威胁，通过调查列举出来，并依照矩阵形式排列，然后用系统分析的思想，把各种因素相互匹配起来加以分析，从中得出一系列相应的结论的方法。结论通常带有一定的决策性①。将这种态势分析法运用到博物馆的市场化研究中，可以得出有效的分析结果。换言之，要研究民

① 张颖，李慧敏，侯冰洋，杨豪中．基于态势分析法（SWOT）的中国建筑博物馆发展及对策研究［J］．西安建筑科技大学学报（自然科学版），2011，43（05）：705-709.

族民俗博物馆市场化经营可行性，需要综合其市场化的内部优势、劣势，外部的机会和威胁进行分析，从而得出相应结论。

（一）竞争优势（strengths）

（1）旅游线路和地理位置上，位于风光秀丽的白云公园旁，紧邻中国风筝艺术馆、陈白秋原木艺术长廊和国际名茶楼等景点，完全可以作为旅行社和游客的旅游路线中转点。

（2）贵州民族民俗博物馆是目前贵州省唯一的一座展示全省丰富多彩、历史悠久的民族民俗文化的博物馆，它的唯一性就完全可以作为一个竞争点。另外，还有它的藏品的多民族性，贵州几乎包含了所有的少数民族，民俗博物馆正是以各民族民俗文化为主题，这也是其竞争优势之一。

交通便利，除了所处地段宽阔，方便私家车辆出入外，到达该地的公共交通也是非常便利的。在贵阳市区乘 70 路、71 路（始发站头桥）至终点站，236 路（白云快巴，始发站河滨公园，票价 3 元）、105 路中巴车在白云公园下，步行至公园北侧金园路 3 号就可到达。

（3）政策支持优势，我省越来越重视博物馆等相关文化产业在传播贵州省特色文化方面发挥的重要作用，民办博物馆基于其本身显著的民族性特征使得其在弘扬本民族文化发展方面具有不可比拟的优越性。近年来，贵州省旅游文化局发布了一些有利于民办博物馆发展的实施办法，体现在税收减免、土地征用优惠、财政扶持等方面。贵州民族民俗博物馆作为贵阳市甚至贵州省修建且运营较早的民办博物馆，因此也是政策扶持和鼓励的潜在对象。

（二）竞争劣势（weakness）

以上刚才分析了民俗博物馆的四点竞争优势，虽是我省民办博物馆的代表，其竞争劣势也是非常明显的，可以归纳为以下几个方面：

（1）藏品知名度不够，这一点我是在对比其他经营较为成功的民办博物馆之后总结出来的，任何一家博物馆，无论公立还是民办，藏品是其物质基础，世界上大多数知名的博物馆，最起码得有几件“镇馆之宝”。反观贵州民族民俗博物馆，藏品的知名度普遍不高，当然这里说的知名度也是相对的，也不能一概而论。

(2) 资金相对短缺，该馆是民办博物馆，因此一般情况下是得不到财政资金直接扶持的，虽然平时可以通过门票等方式得到一定的收入，但是这些收入只能维持博物馆的日常人员和物资开支。那么既然要市场化运作，广告需要资金投入，文创产品的开发也需要资金投入。总之，市场化的前期许多东西都是需要资金来运转的，但是目前来说，资金相对短缺是一个不可回避的问题。

(3) 人员配置不够完善，贵州民族民俗博物馆的人员配置只能维持运营，要想打造特色的品牌博物馆，那么现在的机构设置，人员配置是远远不够的。比如应完整的设立产业开发部、办公室、保卫部、藏品保管部、观众服务中心。

(4) 博物馆信息化水平低。博物馆信息化即是将这种信息化的思维和技术手段运用到博物馆运营中，使得博物馆各个部门和各项职能都能够通过计算机操作，以构成一个以藏品信息数据库为基础、以信息网络为支撑、以业务应用为核心的信息系统。但是从目前来看，贵州民族民俗博物馆的信息化水平仍然较低。

(5) 馆舍规模小。相对于省博物馆这样的馆舍建筑，民俗博物馆的建筑规模还是相对较小的，主楼主要分为三层，每层陈列物品不一样，一楼主要是以少数民族服饰为主，二楼主要陈列苗族银饰，三楼是一个观众的互动区。如此看来，虽然博物馆馆舍的修建要考虑充分利用这一问题，但是贵州民族民俗博物馆馆舍较小这个问题还是存在的，特别是在节假日观众较多的时候，馆舍空间可能无法容纳来访的游客。

（三）外部机会（opportunities）

外部机会是博物馆市场化发展过程中的外部因素，如是否有新的产品、新市场、新的消费需求，竞争对手失误等①。

---

① 崔晓霞. 博物馆发展的市场因素分析［J］. 文物世界，2003（5）：73-75.

（1）新的市场。在博物馆加强与高校合作的今天，民族民俗博物馆是民族大学合作的首选。博物馆可以定期开展校园小型陈列展览，或者让老师带领学生来到馆内参观学习，这样做无形中可以提高博物馆的影响力。

（2）潜在观众多。博物馆的观众可以分为社会公众、目标观众、博物馆观众和目标观众群①，随着博物馆的持续运营，博物馆自身的知名度和影响力会随着时间增强，博物馆的历史韵味也会在时间中得到沉淀，更多的观众会亲自到馆参观，成为博物院观众的一员。

（3）竞争对手实力相对较弱，当然，这里只是在分析民办的博物馆，贵州民族民俗博物馆是我省较早的民办博物馆，相对于其他博物馆，在藏品、陈列、机构等方面都比较成熟。

（4）文创产品需求增加。人们的生活水平不断提高，根据需求层次理论和现实状况，人们的消费越来越重视精神方面的愉悦，文创产品背后本身就包含丰富的文化，人们对文创产品的需求会因此而增加。

（四）外部威胁（threats）

（1）替代品增多，其一，在选择参观博物馆时，在贵阳，省博物馆可能会是首选。其二，在文创产品的售卖中，许多企业也可以生产许多相似的文创产品且物美价更廉。

（2）会出现新的竞争对手，虽然我省目前登记注册的民办博物馆不多，但是近几年来，许多新的博物馆陆续建立，这无疑增加了民俗博物馆的竞争对手。但是，目前最大的对手还是贵州省博物馆。

四、民族民俗博物馆市场化发展面临的问题

（一）人员配置、机构设置不够完善

在人员配置上，目前该馆的工作人员数量比较欠缺。体现在讲解员、

① 张俊龙.《以观众为中心：博物馆的新实践》——来自欧美博物馆界的前沿经验［J］. 科学教育与博物馆，2019，5（1）：83-84.

文物保管员，甚至保安人员上。另外，缺乏高文化素质的人才，当然，作为民办博物馆，与公立博物馆相比，该馆在优质人员吸引力度上是不能和省博物馆相比的。整体而言，民俗博物馆的机构设置不能完全满足其市场化的需要。

（二）资金不足

民办博物馆一般由企业出资、企业家个人出资、收藏爱好者个人筹资。民族民俗博物馆主要是第一种，因此筹资能力比较弱，可持续发展能力，特别是应变能力比较差。因此，经营成本与收益难以实现良性循环，后期开展市场化前景比较堪忧。

（三）缺乏线上销售平台

许多经营比较成功的博物馆均有自己的线上商铺，比如故宫博物院在淘宝天猫上就有自己的商铺，线上线下商铺合作使得文创产品的销售额达到最大化。目前，贵州民族民俗博物馆并没有自己的线上商铺，就靠现在入驻的几家实体商店是完全不够的。

（四）文创产品开发力度不足

文创产品的开发需要专门的团队，目前，贵州民族民俗博物馆缺乏这样的团队。另外，文创产品的开发意识不强。故宫博物院通过几件文创产品就可以年入 10 亿元，给所有的博物馆展示了看起来不可能达到的成就，让所有因为资金短缺问题而经营困难的博物馆看到文创开发的重要性。民族民俗博物馆的藏品和文化内涵是丰富的，完全可以依托藏品和其后的文化内涵进行文化创意产品的开发。

五、建议与对策

（一）以市场化发展为导向

组建可以满足博物馆市场化发展的需求的人员配置和组织机构。民族民俗博物馆应该加大优质人才的引进，提高人员专业化水平。在机构设置上，可以向西方董事会制的人员配置学习，在人员设置和机构设置上满足市场化发展的需要。

（二）设立文创产品开发部

整合馆内人力物力和财力，成立一个文化创意团队或者增设文创产品开发部。团队成员可兼收文理艺专业的人才。但要杜绝模仿、抄袭、照搬的行为，应立足于本馆文物藏品和文化要素，生产有创意的文化产品和衍生品。

（三）加强合作，招商引资

适当的招商引资，不要违背博物馆公益性文化事业的本质，博物馆可通过加强与企业公司、旅行社等合作，邀请商铺入驻等行为获得额外收益，保证其日常工作的正常运转。

（四）加强宣传，品牌办馆

博物馆市场化运作，就是要将市场化的理论与方法付诸博物馆的运营中，需要做好市场宣传，市场营销，增强自身竞争能力。同时提高办馆质量，进行品牌办馆，品牌营销。

六、总结

在大力扶持和发展文化产业的时代背景下，文化产业已经成为国家和地区发展的可持续动力点，民办博物馆作为文化产业中的一员，在文化产业发展中起到基础性的作用，所以研究它的市场化就显得十分重要了。贵州是经济发展相对落后的地区，文化产业的发展比较滞后，民办博物馆的市场化发展程度也不高，但有很大的潜力。本文通过对贵州民族民俗博物馆的个案分析，发现目前我省民办博物馆市场化、产业化发展程度虽低，目前发展仍然面临着很多问题，但是从政策环境、人文环境、经济环境方面来看，有着很大的优势，前景十分光明。

参考文献

[1] 刘冬华. 博物馆改革须从其性质和任务出发［G］//湖南省博物馆学会. 博物馆学文集4. 长沙：湖南省博物馆学会，1994：5.

[2] 王舒曦. 国歌展示馆市场营销策略研究［D］. 成都：西南交通大学，2016.

[3] 邱莉. 试论博物馆文化产业的市场化发展之路——以广西壮族自治区博物馆为例［J］. 中国博物馆文化产业研究，2015（00）：340-346.

[4] 张颖，李慧敏，侯冰洋，杨豪中. 基于态势分析法（SWOT）的中国建筑博物馆发展及对策研究［J］. 西安建筑科技大学学报（自然科学版），2011，43（05）：705-709.

[5] 崔晓霞. 博物馆发展的市场因素分析［J］. 文物世界，2003（5）：73-75.

[6] 张俊龙.《以观众为中心：博物馆的新实践》——来自欧美博物馆界的前沿经验［J］. 科学教育与博物馆，2019，5（1）：83-84.

穿在身上的非物质文化遗产

——屯堡女性服饰研究

柴　智*

（贵州民族大学社会学与公共管理学院，贵州贵阳　550025）

摘　要： 屯堡文化被称作汉文化发展史上的奇迹，600 多年饱经风霜的明朝遗风，是屯堡人世世代代固守坚持传承下来的。屯堡女性服饰从过去隐匿在石头城堡里乏人问津到如今成为穿在身上的非物质文化遗产，已然成为屯堡文化的显性标识之一。本文将“凤阳汉装”作为研究对象，意在探析其族群文化的精神内涵以及对其未来传承发展的思考。

关键词： 屯堡；女性服饰；非物质文化遗产；传承

明初，为实现“开一线以通云南”之目的，中央王朝在贵州的各驿道沿线广设卫所、遍列屯堡。① 咸丰《安顺府志》有记载：“郡民皆客籍，惟寄籍有先后，其可考据者，屯军堡子，皆奉洪武敕调北征南。……领十二

---

* 作者简介：柴智（1990—），女，满族，贵州民族大学社会学与公共管理学院 2019 级硕士研究生，研究方向：民俗学（含民间文学）。

① 张原．在文明与乡野之间：贵州屯堡礼俗生活与历史感的人类学考察［M］．北京：民族出版社，2008：2.

操屯军；安插之类，散处屯堡各乡，家口随之至黔。”① 据史料考证，屯军的家属先后从江南凤阳一带迁徙至此，世世代代落土黔中。如今人们所谈论的“黔中屯堡”以安顺为中心，约1400平方公里，有30余万明朝屯军后裔称自己为屯堡人。

在屯堡社区长达600多年的繁衍生息中，屯堡人固执坚守着世代相袭的生活方式，构建了独具特色的屯堡文化。当明代遍布全国的屯堡在各个地域同化消失之后，黔中屯堡文化成为目前国内具有唯一性的地域文化现象。② 因此，“安顺屯堡文化”被列入贵州省首批省级非物质文化遗产代表作名录，③“屯堡服饰”则被列入贵州省第二批省级非物质文化遗产代表作名录。④ 在这场浩浩荡荡的“非遗热潮”推动下，屯堡数百年来紧闭的大门逐渐被凿开，越来越多的文化工作者、研究者、爱好者慕名前来。作为屯堡文化的显性标识，屯堡女性服饰在斗转星移的历史长河中摸索着延续、传承。

一、固执坚守的族群标识

历史朝代的更迭导致服饰标准随之而改变，在这600多年的发展进程中，屯堡服饰的变迁出现了“男从女不从”的特殊形态。过去屯堡男性因为经商频繁外出的需要，服饰的变化速度较之女性更快，但目前屯堡男性的服饰已经普遍汉化，只有少数的年长者仍然穿着屯堡传统的男性服装。相比之下，屯堡女性服饰对故土文化近乎固执的坚守传承，不得不令人为之惊叹。作为屯堡社区较具族群标识的代表元素之一，屯堡女性服饰成为

---

① （清）常恩总纂，安顺市地方志编纂委员会点校．安顺府志［M］．贵阳：贵州人民出版社，2007：306.

② 肖远平．屯堡文化及其产业化路径研究［J］．贵州民族大学学报（哲学社会科学版），2017（05）：24-35.

③ 第一批省级名录［EB/OL］．贵州省非物质文化遗产保护中心，（2012-05-02）．http://www.gzfwz.org.cn/gjml/sj/dypsy/201804/t20180416_21606405.html.

④ 第二批省级名录［EB/OL］．贵州省非物质文化遗产保护中心，（2012-05-02）．http://www.gzfwz.org.cn/gjml/sj/depsy/201804/t20180416_21606614.html.

屯堡人这个特殊族群区别于其他少数民族和后来汉族移民的显著标志。而其之所以能够延续和传承，族群认同心理功不可没。对于这份守着岁月、遗世而独立的存在，其中缘由值得我们深思。

（一）人地环境的封闭性

提到封闭性，不得不联想到“孤岛文化”这一高频率热词，学界对其的认识和解读角度是多样的：其一是认为这种现象是由于异地风俗移植到相对封闭的环境中，历史事象是以“遗存物”的方式保存下来而形成的。① 其二是基于“屯堡相望，寇来不可为暴”之原则，② 认为屯堡社区之所以能够将古老的民族文化保留完好，主要原因来源于屯堡社区紧密分布的地理特点。其三是通过对明代疆土管理体制和屯堡人“调北征南”的身份分析，认为屯堡人世代生活在严格的军事管制环境下，从而导致了其文化的封闭性。③ 其四则是一种相反的观点态度，丰富的汉民族文化迁入使贵州“比同中州”，加之成为交通要塞之地，因此认为屯堡社区并不符合“孤岛”的文化特质。此外，屯堡地理位置分布的紧密性也并不能简单等同于封闭性。④

综上所述，对于“封闭性”或者“孤岛”的表述及成因，仁者见仁智者见智。在笔者看来，即便是“孔道大通”的黔中，相较于富庶发达的江南地区而言，其仍旧是“禹贡荒服之地”，相形见绌不言而喻。因此，初来此地的屯军及后裔无论是主动还是被迫选择了这份孤立，其实都不难理解，并因而形成了一定意义上的人地环境封闭性，或者说是一种主流文化意识。不过，600 年人事变迁，今天的屯堡文化已然经过无数次的重整和建构，如果仅仅将屯堡女性服饰得以传承的原因归结为“封闭性”造成

---

① 朱伟华．建构与生成：屯堡文化及地戏形态研究［M］．桂林：广西师范大学出版社，2008：6.

② 张原．在文明与乡野之间：贵州屯堡礼俗生活与历史感的人类学考察［M］．北京：民族出版社，2008：55.

③ 燕达，高嵩撰文，高冰摄影．六百年屯堡：明王朝遗民纪事［M］．贵阳：贵州人民出版社，2002：147.

④ 张原．在文明与乡野之间：贵州屯堡礼俗生活与历史感的人类学考察［M］．北京：民族出版社，2008：56.

的，那确实不够全面准确。

（二）移民身份的优越性

“我们的祖先是骑着高头大马来的。”相较于当时刀耕火种的少数民族半原始状态，屯堡人带有一种天生的优越感和自豪感。首先是地域优越感，江南地区作为当时政治经济文化发达的中心地带，无论是农耕水平、工匠技艺、教育层次还是生活方式，都随着“征南”和“填南”潜入了黔中地区。其次是身份优越感，军人浴血奋战世代为国戍守边疆，因而卫所屯军在当时有着特殊的地位，他们驱赶当地的世居少数民族，圈地扎营，修筑堡垒。少数民族文化在他们眼中无疑是野蛮落后的。

客观上人地环境的封闭加之主观上对自身移民背景的高度认同，屯堡女性将这种对故土的思念转化为对故土文化的执念，并通过穿在身上的服饰这一显性文化标识淋漓展现。也正是因为这些原因，屯堡独具明代汉族特色的建筑风格、儿化音、言旨话、佛事活动、地戏花灯才能得以保存。

（三）族群活动的多样性

屯堡社区的节庆活动一年四季从不间断，种类繁多、形式各样，令人眼花缭乱，但当地的屯堡女性却乐在其中。九溪村有一首刊印在小册子上的节庆指南——《念佛十二月》[①]，供当地女性了解一年之中的各种节日及其意义，能够熟练掌握这些信息会被视为“有文化”，因此颇受欢迎。

屯堡女性服饰特征的延续离不开丰富的族群活动，多姿多彩的各式传统节日、神会、佛会使得屯堡女性族群意识不断得以巩固和加强。相比传统社会中的其他社区，屯堡女性因为更多的外出活动机会，她们更需要也更乐于打扮和展示自己。此外，紧密联系的社区生活，使她们更易保持统一的行为规范和审美标准，而服饰作为最突出、最能彰显族群身份的文化元素，也因此得以长久延续。

---

① 张原．在文明与乡野之间：贵州屯堡礼俗生活与历史感的人类学考察［M］．北京：民族出版社，2008：159.

（四）家庭地位的重要性

道光《安平县志》记载："男子善贸易，女子不缠脚，一切耕耘，多以妇女为之。家祀祭神，多力善战，间入行伍，衣冠与汉人无异。"① 由此可见，黔中屯堡社区与传统的"男耕女织"性别分工有所不同，其以"男商女织"或"男商女耕"为之替代。正如笔者在云山屯进行田野调查时所收集到的信息：

> 我们这原来算（云峰八寨中的）老大，但是现在倒霉啦。以前寨子很兴旺，有（约）1300户，（约）6000人，赶场很热闹，（寨子外面的人）杀猪来卖。以前戏班上门来唱戏，唱川戏，要唱半年，有钱人家自家点一本，没钱的就两家三家合点一本。寨子里面男人经商，卖盐巴、油、鸦片、洋纱，女人织布。以前有钱人躲土匪，都上我们这里。②

经调查资料的整合表明，屯堡女性除了承担传统的家庭事务，还协助屯军防守、下田间耕作、进城卖茶叶、主持佛会、朝山进香等等。屯堡女性所扮演的社会角色数量远超普通乡村妇女，这使得她们获得在其个人家庭和社区中的较高地位，也因此在屯堡女性服饰的传播中拥有一定代表性和话语权。

二、古朴秀丽的凤阳汉装

据《安顺府志》载："妇人以银索绾发髻分三绺，长簪大环，皆凤阳汉装也，故多江南大族，至今科名尤众。余皆勤耕务本，男妇操作风俗皆同，已见于前。"③ 这就是明太祖朱元璋老家汉族妇女的正统装束——"凤

① （清）刘祖宪纂修. 安平县志（卷5）［M］. 贵州省图书馆油印本，1964.

② 访谈对象：Z婆婆，女，78岁；访谈地点：Z婆婆家中；访谈时间：2020年1月5日；访谈人：柴智。

③ （清）常恩总纂，安顺市地方志编纂委员会点校. 安顺府志［M］. 贵阳：贵州人民出版社，2007：306.

阳汉装”。

在屯堡当地流传的一句俗语形象地描绘了“凤阳汉装”的精髓：“头上一个罩罩，耳上两个吊吊，腰上两个扫扫，脚上两个翘翘。”① “头上一个罩罩”是指屯堡地区已婚妇女独树一帜的发式。她们将头发分成三绺，左右两绺盖住耳朵后与另一绺一同挽成发髻盘在脑后，再用马尾编织的发网罩住，插上玉石或银制的“梅花管簪”，最后用青纱、青布或白布折成宽约一寸半的布条包在头上。相比起来，屯堡未婚少女的发型则简单很多，只需在脑后束起一条长长的发辫即可。“耳上两个吊吊”主要用来形容屯堡女性惯用的银制耳饰，常见的耳坠款式有树叶、鱼、圆珠等形状。屯堡女性偏爱各式各样的银制饰品，如银手镯、银戒指、银耳饰等，款式简洁朴素，和其服装一样符合江南地区秀丽典雅的审美风尚。“腰上两个扫扫”是指黑丝丝绸腰带，一般称其为“丝头系腰”。丝头系腰下垂的丝线要长度一致，才能保证走起路来显得生动好看，每个屯堡女性出嫁时都要由男方给女方准备。整个屯堡社区只有鲍屯拥有制作丝头系腰的技术，且传男不传女，要一个星期才能制作完成一根丝头系腰。中华人民共和国成立以前，系腰在双堡的场上要用四五百斤谷子才能换，后来也要卖到100 块钱一根。② 随着屯堡旅游开发，其价格逐渐水涨船高，现在一根丝头系腰要 1000 元以上。在丝头系腰的外面她们还会系上围腰布，既在劳作时起到保护作用，也成为一种装饰品。至于“脚上两个翘翘”，是指屯堡女性自己缝制的凤头绣花鞋。据说是因为明代女性崇尚缠足，鞋尖上翘是根据缠足后的“新月状”而设计的。然而屯堡女性却因为贵州地貌多山地丘陵，以及在男子外出打仗时必须承担起繁重的家庭事务，因此逐渐不尚缠足。但在以“三寸金莲”为美的传统社会，尖头绣花鞋可以在视觉上显得脚小而秀气，因此也被保留延续了下来。

屯堡女性上身着右衽制的大襟长袍，下身着青布长裤。领口为圆领，

① 张馨予．高原山地上的“凤阳汉装”——贵州安顺屯堡服饰研究［D］．贵阳：贵州师范大学，2017.

② 燕达，高嵩撰文，高冰摄影．六百年屯堡：明王朝遗民纪事［M］．贵阳：贵州人民出版社，2002：126.

长度约到小腿肚，两侧开衩，颜色以蓝、青等冷色调为主，领口和袖口有刺绣纹样的花边称作“押条”，袖宽一般在30厘米左右，袖口折挽至腕关节以上。因此，“大袖子”也成为屯堡“孃孃”们对自己服装的亲切昵称。

屯堡女性的服饰没有常服和盛装之分，这是与其他少数民族服饰的区别之一。就贵州世居人数众多的苗族而言，其服饰种类繁多，黔东南的苗族服饰不下200种，以夺目的色彩、繁复的装饰著称。特别是苗族姑娘出嫁时的盛装，耗费十几年心血，从苗家女儿出生起就开始准备，而定制一套完整的苗银嫁妆大约要用十几斤苗银，约合六七万块钱。相较之下，屯堡女性服饰则再次印证了其秀丽古朴、端庄大方的特点，只有颜色和少许样式上存在差别，主要用以区分女性年纪大小。此外，“襟”也是区别其与大部分少数民族服装的显著特点，“襟”即衣襟，也称为“衽”。我国古代汉族人的上衣多有“交领右衽”的说法，也就是衣领的左襟要压住右襟，在右手的方向系紧固定，此称为右衽。而左衽服装一是指代已经离世的人，二则是代表蛮夷荒芜地区的服饰特点。因此，“交领右衽”被汉族人民世代沿袭下来。①

杨正权在《论祖先崇拜与西南民族服饰文化》一文中就此问题有过探讨：在我国西南少数民族聚居地区，左衽服饰习俗的产生和发展虽然是多方面的原因构成的，但最重要的一点还是源于中国人对祖先崇拜的原始信仰。例如土家族妇女的衣着特色就是袖子大而且短、左衽；哈尼族男子多穿青蓝布无领左衽上衣；黔西北地区的彝族人会将死者生前的右衽上衣反过来让其穿着；等等。此外，“左即是北”的认知在彝族和哈尼族的族群文化中均有体现，他们认为自己的祖先来自北方，传承左衽着装就是尊左，尊左便是尊祖。②

三、屯堡女性服饰的传承发展

非物质文化遗产是人类特殊遗产的一种表现形式，是人类社会发展进

---

① 徐秀云. 汉语服装词语的语义和文化涵义研究［D］. 南京：南京师范大学，2012.

② 杨正权. 论祖先崇拜与西南民族服饰文化［J］. 云南学术探索，1995（04）：56-61.

程中不可或缺的精神财富和文化力量。近年来，包括屯堡女性服饰在内的黔中屯堡文化确实得到了社会各界的广泛关注，但仍然存在一些问题有待我们深入挖掘。尤其是屯堡社区的自然资源和人文环境得到关注和开发，其中以天龙屯堡最为人们所熟知。当地村民纷纷加入屯堡文化的宣传和保护工作中，在推广文化和旅游资源的同时，实现了乡村振兴、脱贫致富。但凡事都包含两面性，天龙屯堡中虽然穿着传统服饰的年轻女性数量增多了，但大襟长袍搭配牛仔裤或高跟鞋的景象却屡见不鲜，与此同时，在一些规模较小或开发程度较弱的屯堡村寨，仍然只能看到上了年岁的屯堡女性穿着传统服饰。

在讨论屯堡女性服饰的传承发展这一问题上，正确认识非物质文化遗产的特征意义，有助于我们实现其保护和传承的有效探索。首先，非物质文化遗产是传承的。虽然非物质文化遗产是以“不同于物质”的形式存在，但和物质文化遗产一样，都具有传承性的特点，主要指其具有被人们享用、继承和发展的性质。其次，非物质文化遗产是活态的。“活态性”已经成为非物质文化遗产的核心特质，对于非物质文化遗产的传承发展，需采用动态保护的方式，让孕育文化的大环境自然地存在，让其文化得以自然地生长。实现对非物质文化遗产活态的保护，能够有效促进其生命的延续，实现可持续发展。最后，非物质文化遗产是大众的。它来源于民间大众，被人们发现、供人们传承和发展，是人类社会实践的结果，其传承发展和创新变革都离不开“人”的作用。

“鱼儿要放在水中看”，非物质文化遗产无法脱离其生存环境而存在，整体性保护是至关重要的，否则将不能实现其活态的深度保护。作为屯堡服饰文化传承和发展的主体，在屯堡社区中扶植手艺的传承人是很有必要的，非物质文化遗产的保护不仅要看到“人”的重要性，还需要将传承发展的权利义务赋予文化持有人主体，使之具有人民性的特点。此外，包括政府机构、学术研究者、文化爱好者、旅游团队等群体，同样是可以推动非物质文化遗产发展壮大的有力载体。

屯堡女性服饰得以传承的关键在于明晰族群坚守的意义，而发展的关键则在于将其转变为一种文化自觉。文化自觉是一个艰巨的过程，首先要认识自己的文化，理解所接触到的多种文化，才有条件在这个正在形成中的多元文化的世界里确立自己的位置。[①]“生产性保护”概念的提出为非物质文化遗产的保护传承提供了新思路，屯堡女性服饰具有生产、商品以及市场属性，具备天然的生产性质。[②] 如今屯堡人需要深刻认识自己的以及外来的文化，才能在发展进程中摸索出门道，才能将屯堡女性服饰转变为一种文化自觉。

笔者在九溪村进行田野调查时，拜访了国家级非物质文化遗产项目安顺地戏代表性传承人顾之炎的徒弟，提起其师父和屯堡文化的故事掩不住地骄傲：

> 习近平主席讲的，十八大会议讲的，要把我们中国民间的文化永远地传下去，没有古老的文化，有些就不知道前朝后患……我们到韩国去演出，代表中国去参加过世界民间艺术展示；我们到北京去参加非物质文化遗产展示，代表我们贵州；到湘西参加民间艺术展示，我们都去，我们去了20个人。我们到韩国，是贵州省（文化厅）副厅长带队，在贵州省文化厅待了7天，然后到浙江去又待了几天，文化部的领导同志带我们去，带我们坐飞机去，九几年坐飞机是不简单的哦，我们去韩国是韩国的飞机，回来是我们中国的飞机，回来文化部又接我们就餐，然后再回到我们安顺来，这就是我们安顺地戏与服饰展示这些。[③]

现在，ZSF也带领十四五个徒弟，由于对屯堡文化及其影响力的切身体会，多年来尽心尽力传授弟子们唱地戏、制作脸子、制作屯堡女性服饰，希望凭借自己的力量，让更多人认识、了解、发扬屯堡文化。

---

① 费孝通. 对文化的历史性和社会性的思考［J］. 思想战线，2004，30（02）：1-6.

② 黄孝东，徐业鑫. 非物质文化遗产生产性保护的探索与实践——以山西东湖醋园为例［J］. 西北民族研究，2020（01）：187-199.

③ 访谈对象：ZSF，男，65岁；访谈地点：ZSF家中；访谈时间：2020年1月5日；访谈人：柴智。

四、结语

明代汉族服饰文化自形成至今600多年的历史，随着时间的推移，唯独在黔中屯堡社区中传承保留下来，确实可称得上是汉文化发展史上的奇迹。但其实黔中屯堡在明末奢安之乱和清末咸同大起义中均遭受重创，各村寨战乱连连、劫后余生的村民流离失所。如今呈现在我们面前的屯堡女性服饰与明代汉族女性服饰已然存在一些不同，这600多年来屯堡文化的传承变迁并非一成不变，而是在不断地冲突和融合中延续下来。

过去的几十年间，年轻一代人追逐潮流，摒弃传统文化的现象并不少见，村寨里鳞次栉比的水泥砖瓦房、花花绿绿的现代时装都是历史的记录，记录着屯堡人与其传统文化的渐行渐远。屯堡社区经历了一个从变化到突变的过程，这是源于大批外来因子的涌入，为石头城堡带来新鲜活力的同时，也在不断催化改变着其原有的发展轨迹。正如当代作家冯骥才曾说："人类文明的转换所向披靡。这是因为，这种转换是历史的大势所趋。是一种进化。但是我们不能因此就抛却了农耕时代的文明创造。它们是数千年的历史阶段留下的巨大的财富。"① 同样，一项非物质文化遗产能够依然活跃于民众的生产生活之中，一定是历史和大众的双重选择，一定是顺应时代发展潮流的。因此，在这社会进步发展的洪流中，文化内涵也正在转变的屯堡女性服饰能否经受住更大的考验，能否在未来绽放出更耀眼的光彩，成为我们必须思考的问题。

① 冯骥才. 紧急呼救——民间文化拨打120［M］. 上海：文汇出版社，2003：1.

乡村振兴背景下贵州传统村落保护研究*

王砂砂　赵　艺**

（贵州民族大学人文科技学院，贵州贵阳　550025）

摘　要： 传统村落是孕育中国乡土文化的重要载体，随历史发展自然形成，是地区文化的积淀，更是区域“土根文化”的象征。自2018年国家实施乡村振兴战略以来，乡村建设成为我国脱贫攻坚和全面建成小康社会的重要举措，而乡村的建设需重视传统村落的保护与发展。现全国有国家级传统村落共6819个，主要分布在贵州、云南、湖南等23个省4个自治区4个直辖市，其中贵州省有国家级传统村落724个，数量居全国第一。贵州作为全国以及西南地区少数民族主要聚居省份，具有传统村落数量众多、形式多样、发展差异大等特点。因此，梳理贵州传统村落保护现状，总结贵州传统村落保护经验，探究贵州传统村落保护和发展模式，为更好

* 基金项目：本文系2020年贵州省高校人文社会科学研究青年项目“贵州传统村落保护与乡村振兴协同发展研究”（项目编号：286）的阶段性成果。

** 作者简介：王砂砂（1987—），女，汉族，贵州民族大学人文科技学院讲师，贵州民族大学2020级博士研究生，研究方向：民族学、社会学。

赵艺（1997—），女，汉族，贵州民族大学2020级硕士研究生，研究方向：民族学。

的全面助力乡村振兴建设。

关键词：传统村落；保护；乡村振兴

我国是农业大国，村落形式千姿百态。传统村落是我国乡土文化传承的重要土壤，孕育了地区民族文化生态形态。自2012年第一批中国传统村落名单公布以来，尤其是国家实施乡村振兴战略以来，传统村落的保护和发展成为乡村建设的重要环节。2018年9月26日，中共中央、国务院印发了《乡村振兴战略规划（2018—2022年）》，强调在乡村建设中应顺应村庄发展规律和演变趋势，根据不同村庄的发展现状、区位条件、资源禀赋等，进行分类推进乡村振兴，不搞一刀切。2020年12月29日，习近平在中央农村工作会议上，强调在实施乡村建设行动过程中，要合理确定村庄布局分类，注重保护传统村落和乡村特色风貌。2021年1月4日，中共中央、国务院关于全面推进乡村振兴加快农业农村现代化的意见中，强调在实施乡村建设过程中要明确村庄布局分类，加强村庄风貌引导，保护传统村落、传统民居和历史文化名村名镇。基于此，各地区应积极主动抓住机遇，遵从传统村落保护和发展的内在规律，以传统村落中的文化价值为核心点，深入挖掘传统村落文化的创造性转化和创新性发展，增强文化自信，实现传统村落文化资源与乡村振兴有效融合发展，重塑村落文化价值体系，探索传统村落保护与乡村振兴协同发展的有效机制。

一、传统村落的概念、特性

（一）传统村落的概念

2000—2010年，我国自然村锐减92万个，其中包括大量传统村落。[①] 2003年，冯骥才大力推动中国民间文化遗产与古村落的抢救工程，认为中国的物质文化遗产最大的是长城，而非物质文化遗产最大的就是古村落。

① 胡彬彬，李向军，王晓波．中国传统村落蓝皮书：中国传统村落保护调查报告（2017）［M］．北京：社会科学文献出版社，2017.

此后，不仅学界开始关注传统村落的保护问题，政府部门也开始高度重视，为了合理有效地保护传统村落中物质和非物质文化遗产资源，2012年9月，经国家传统村落保护和发展专家委员会第一次会议决定，将惯称“古村落”统一规范为“传统村落”，正式提出“中国传统村落”的概念，并公布了全国首批入选《中国传统村落名录》的名单。

传统村落是中国农耕文明的鲜活载体和中华民族的精神家园，是具有重要价值的历史文化宝库。① 传统村落又称为古村落，是指形成年代较早，拥有物质形态和非物质形态文化遗产，具有较高的历史、文化、科学、艺术、社会、经济价值的村落②。传统村落是村民日常生活的场域，与定格在某一特定时代的建筑有所不同，传统村落的各种传统建筑、古树名木等历史并不是单一的、停滞不前的，而是呈现出一种动态化发展，随时代的变迁而不断地更替，不断积淀了我国优秀的传统民族文化，凝固了一代又一代的民族情感。

（二）传统村落的特性

我国传统村落具有复杂性和脆弱性两大特性。传统村落的复杂性主要体现在两个方面，一是各地村落数量分布不均。在国家五批6819个传统村落的分布中，各省传统村落的分布在数量上相差较大。其中贵州省为724个，居全国第一，依次是云南省、湖南省、浙江省、山西省和福建省，分别为708个、658个、636个、550个、494个，以上6个省份传统村落数量均在450个以上，均属于传统村落数量分布大省；其次是安徽省、江西省、四川省、广西壮族自治区……重庆市等12个省、自治区、直辖市，其传统村落数量在450个到100个；然后是海南省、甘肃省、内蒙古自治区……天津市等13个省、自治区、直辖市，传统村落数量均在100个以内，其中天津市仅有4个（见表1）。数据显示，我国传统村落分布在数量上存

① 刘春腊，徐美，刘沛林，等．传统村落文化景观保护性补偿模型及湘西实证［J］．地理学报，2020，75（2）：382-397.

② 卢松，陆林，徐茗，等．古村落旅游地旅游环境容量初探——以世界文化遗产西递古村落为例［J］．地理研究，2005，24（4）：581-590.

在较大差距，使得各省级行政区在对传统村落的保护方面面临的困难程度不同；二是传统村落多集聚在少数民族地区。如传统村落分布最多的贵州，村落数量占比全国第一，约 10.62%，有 17 个世居少数民族；其次是被称为“民族博物馆”的云南，传统村落数量占比全国第二，约 10.38%；然后是有苗族、侗族、土家族、瑶族、回族、壮族等 9 个世居少数民族的湖南省，传统村落总数位列全国第三，约占全国传统村落比重的 9.65%。从这些数据分析中可以得到，中国传统村落大部分都集聚在少数民族地区，而其他地区就相对较少，如上海、天津等，拥有传统村落的数量极少。因此，我国传统村落的保护具有复杂性特点。

表 1　我国各省级行政区国家级传统村落数量统计表

单位：个

省、自治区、直辖市	贵州	云南	湖南	浙江	山西	福建	安徽	江西	四川	广西
传统村落数量	724	708	658	636	550	494	400	343	333	280
省、自治区、直辖市	广东	河北	湖北	河南	山东	青海	陕西	重庆	海南	甘肃
传统村落数量	263	206	206	205	125	123	113	110	64	54
省、自治区、直辖市	内蒙古	西藏	江苏	辽宁	北京	新疆	黑龙江	吉林	宁夏	上海
传统村落数量	46	35	33	30	22	18	14	11	6	5
省、自治区、直辖市	天津	6819								
传统村落数量	4									

注：此表根据中国传统村落网公布的五批《中国传统村落名录》整理而成，如有疏漏请批评指正。

传统村落具有脆弱性。随着我国经济快速发展，贵州省交通环境和对外交流进一步开放，隐藏在深山里的传统村落不断接收着外界新的信息，在这个过程中展现出各种问题和呈现出一种“脆弱化”，尤其是在旅游开发模式下，这种脆弱性就更加显著，且慢慢形成了乡村“过疏化”现象。随着乡村“过疏化”蔓延，我国传统村落正在急剧消失。① 西南地区大部分传统村落也都出现一种“空心化”或“过疏化”的状态，年轻人大量流出，传统村落人才的驻留变得越加困难。抑或是因旅游开发，传统村落村民为迎合市场需求做出的让步，使得村落已然失去了独有的特色。此外，村落出现部分青年人盲目崇拜西方文化，忽视或无视村落传统建筑、乡村文化等物质精神文化，低估传统村落民族文化生态价值，此行为在一定程度上也加快了村落的消亡。传统村落在从农业社会转向工业社会的过程中，村落族群生计方式、思想观念等发生转变，村落村民在追求生活水平提高的同时更加注重现在建筑的美观、舒适、安全等方面，这类带有现代性建筑的钢筋混凝土被村落村民自觉和不自觉地选择。另外，传统村落民间工艺技能人才流失，村落青年人顺应社会经济发展外出创业、务工等，导致村落工艺技能传承人缺少，甚至出现断层或濒临危机等现象。

二、贵州传统村落保护和发展现状

（一）贵州传统村落概况

贵州是一个多民族聚居的西南地区省份，有苗族、布依族、侗族等 18 个世居民族，少数民族人口占全省总人口的 37.9%，民族聚居的村寨约有 6000 多个。贵州有“八山一水一分田”的地理特征，形成了传统村寨依山傍水的自然景观和人文风貌，以及各村落之间聚族而居的阶梯式、平谷式、傍水式等“山水—田园—村落”的村落格局。截至目前，贵州省有五批名录共 724 个国家级传统村落，占全国传统村落总数的 10.6%，数量跃

① 唐晓梅，杨戴云．黔东南苗族侗族传统村落保护发展对策研究［J］．民族学刊，2018，9（03）：25-30，104-105.

居全国传统村落第一。在国家相关部门公布的五批传统村落中，贵州各地区分布的传统村落有所差异。在各地区中，传统村落最多的是黔东南，为409个，约占贵州省传统村落总数的56.49%，居中国市（州、地、盟）第一；其次是铜仁、黔南、安顺，分别为110个、68个、67个，约占贵州省传统村落总数的15.19%、9.39%、9.25%；接着是遵义、黔西南、六盘水，分别为39个、11个、10个，约占贵州省传统村落总数的5.39%、1.52%、1.38%；最后是贵阳和毕节，分别为7个、3个，约占贵州省传统村落总数的0.97%、0.41%（见表2）。如表2所示，贵州传统村落主要集中在黔东南、黔东北以及黔西南三个区域，呈现出多民族的文化多样性，而其他地区则相对较少，尤其是贵阳和毕节两个地区，传统村落的数量未超过10个。

表2　贵州省传统村落中各地区传统村落的数量及比重

	贵阳	六盘水	遵义	安顺	毕节	铜仁	黔西南	黔东南	黔南
传统村落数量（个）	7	10	39	67	3	110	11	409	68
该地区传统村落占总体传统村落比重（%）	0.97	1.38	5.39	9.25	0.41	15.19	1.52	56.49	9.39

注：此表根据中国传统村落网公布的五批《中国传统村落名录》整理而成，如有疏漏请批评指正。

（二）贵州传统村落保护现状

贵州传统村落保护始于20世纪80年代初，在国家对传统村落保护相关政策的引领下，贵州省在传统村落保护方面总结了一些成功经验，形成了具有贵州特色的保护模式。其中西江苗寨、肇兴侗寨、占里侗寨等都是贵州传统村落保护和发展的典型代表，也是传统村落和乡村旅游协同发展的示范村落。

1. 实施法律法规，让传统村落保护有法可依

2003年贵州省开始实施《贵州省民族民间文化保护条例》；2005年出台《贵州省文物保护条例》；2012年出台《贵州省非物质文化遗产保护条例》；2015年颁布了《贵州省人民政府关于加强传统村落保护发展的指导意见》，成立了传统村落保护发展工作领导小组，设立省传统村落保护发展扶持资金，2015年扶持资金1亿元，2016年至2020年每年的扶持资金均达1.5亿元以上；2017年颁布了《贵州省传统村落保护和发展条例》，这是中国第一部传统村落保护和发展的省级条例。同时，贵州各地还出台了《黔东南苗族侗族自治州民族文化村寨保护条例》等；2019年2月，黔东南州榕江县检察院对该县栽麻镇政府怠于履行传统村落保护职责进行行政公益诉讼，成为全国检察机关保护中国传统村落依法提起诉讼的首例案件。这些法律法规的颁布出台都标志着贵州省对于传统村落的保护已经开始进入法治化轨道，均从法律层面强化了对传统村落文化的保护。

2. 建立生态博物馆，实行整体性“活态”保护

活态传承的保护模式侧重于保护传统村落的原生态，强调传统村落的“原汁原味”“真实性”“完整性”。生态博物馆的建立被视为最典型的活态传承保护方式，是源自西方的一种保护理念，即“生态博物馆 ”，又叫“活态博物馆”。以六枝特区梭嘎乡生态博物馆为例，为了保护当地丰富的非物质文化遗产和自然环境，通过建立生态博物馆，实行整体性“活态”保护，为村落中的非物质文化遗产和物质文化遗产保护提供生存空间。如黎平县堂安侗寨、锦屏县隆里古城等生态博物馆的建设。

3. 建立传统村落数字博物馆，“一村一档”保护模式

在大数据发展背景下，贵州省从2018年开始采取信息化手段，将传统村落的传统建筑、古树木等进行建档立卡。贵州省启动100个传统村落，通过分类归档建立数据库，实施“一村一档”的建立档案保护模式，通过建立传统村落文化资源档案库和传统村落利用信息监管系统的保护模式，试图从整体上将传统村落文化与生态环境结合起来保护。

4. 建立传统村落示范点，引领周边发展

贵州省以民族文化为特色资源，重视民族文化的传承发展，通过示范

点的建设，实施贵州传统村落保护工程，以提升村民文化认同感和文化自信，助力乡村振兴。2020 年贵州省通过遴选六盘水市陆家寨村、黔南州拉片村、安顺市天龙村、铜仁市枫香溪村等 15 个传统村落以开展示范村建设，针对每个示范村的发展现状制定实施方案，深度挖掘各地区民族文化资源特色，形成示范村引领作用，以点带线促面推动传统村落保护工程，辐射带动周边传统村落发展，有效促进传统村落的保护。

（三）传统村落保护发展模式

自“十九大”提出乡村振兴战略以来，中央一号文件多次提出要保护好传统村落，实现全面乡村振兴。2020 年 12 月，习近平在中央农村工作会议上强调，坚持把解决好“三农”问题作为全党工作的重中之重，再次强调全面推进乡村振兴，强调从中华民族伟大复兴战略全局看，民族要复兴，乡村必振兴，强调在实施乡村建设行动时，要合理确定村庄布局分类，注重保护传统村落和乡村特色风貌，加强分类指导，强调要科学把握各地差异和特点，“因地制宜”实施保护和发展，不搞统一模式。贵州传统村落数量庞大，各村落特色不一，村落资源也不尽相同，在贵州传统村落进行保护和发展的过程中，更应因地制宜，针对村落资源环境进行分类指导，科学把握各村落资源优势，精准实施保护和发展。

1. 就地保护式发展

就地保护以坚持“修旧如旧”的原则，在维持原有状况的基础之上进行修护，促使传统村落的保护与发展同步进行目前，从我国传统村落保护的实际情况来看，并不是对每一个传统村落进行整体性的保护，更多的是对村落某一处有价值或是文化保存完好的街道或是庭院进行保护。就地保护模式主要从宏观角度出发，分析每一个传统村落的整体风貌特征，了解整个传统村落的整体格局和框架，进行就地保护。强调在村落发展经济建设的过程中，不以大拆大建为手段，更多的以就地取材，以创新创意来提升村落形象，促进传统村落的生态环境与乡土文化协同发展。

2. 村旅结合式发展

旅游开发保护模式是最常见、最广泛的一种传统村落保护和发展的模式，强调将传统村落发展为乡村旅游景区，主要以旅游介入村落，通过吸引外地人来此旅游消费而获得村落的发展基金。这是一种以“传统村落+旅游”的开发模式，村民通过旅游收入意识到村落保护的重要性，一方面把旅游收入的发展基金用于传统村落的改造、修复和维护。另一方面，传统村落经济发展起来后，村民可以不用外出就业而积极主动参与村落的建设。在贵州，民族旅游发展看西江。西江千户苗寨，被称为是中国乃至全世界最大的苗族聚居村寨，有着多彩的民族文化和良好的生态环境，由于当地政府和开发商注重对村落的个性化开发，深入挖掘村落的地方特色和文化内涵，利用村落自身的资源优势，将西江资源优势转化为经济资本，打造出独特的民族文化生态旅游景区品牌。西江旅游的成功发展吸引了更多游客，从而带动了当地的经济发展，提高了村民的文化自信，增加了当地人的就业机会。

3. 生态博物馆式保护发展

传统村落的保护并不是单一的，或是选择性的保护，而是整合性、协同性的保护，更是互动性的乡村生活现象。在对传统村落整体保护的理念下，通过整合分析、结合贵州传统村落实际情况，积极探索生态博物馆保护传统村落发展路径。以往的生态博物馆最大的特点就是强调保护、保存、展示自然和文化遗产的真实性和完整性，更是一种强调“活态”保护的方式，但在所谓“活态”保护模式下，实施保护政策者要坚持以人为本的理念，不能因过度保护而忽视了村民对美好生活追求的权力。此外，为了提高本地人的自主管理、自主修建和自主构想的意识，让村民有意识地参与传统村落保护工作，共同保护、守护村落里的文化资源，提高文化自觉性。

4. 多主体共谋式发展

传统村落的保护不是一方力量所能实现的，需整合地方政府、文化企事业单位、旅游企事业单位、研究单位、个体志愿者等多方力量在财力、人力、策力等多方位投入，提供村落保护的物质资源和智慧能力，激发村落内生动力，形成村落良性运行。改革开放以来，我国经济快速发展，城镇化建设也取得一定成就。一直以来，医疗、教育等重要资源都集中在城市，这在一定程度上弱化了对乡村建设的资源投入。因此，在国家层面，2017 年 10 月，党的十九大报告首次提出乡村振兴战略；2018 年，中央一号文件对实施乡村振兴战略进行了全面部署，实施乡村振兴战略，指出解决人民日益增长的美好生活需要和不平衡不充分的发展之间矛盾的必然要求；同年 3 月，习总书记提出“五个振兴”的科学论断，从产业、人才、文化、生态和组织层面全方位带动乡村振兴；同年 5 月，中共中央政治局审议《乡村振兴战略规划（2018—2022 年）》，明确到 2020 年全面建成小康社会，而全面建成小康社会关键在乡村。自此，从国家层面到各相关企事业单位以及社会团体都积极投身于对传统村落的保护和发展当中，以期借助各方力量带动村落发展，全面振兴乡村。

三、传统村落保护与乡村振兴协同发展

2018 年 3 月 8 日，习总书记提出“五个振兴”的科学论断，从乡村的产业、人才、文化、生态，以及组织全方面振兴乡村。传统村落作为乡村振兴战略实施的主战场之一，需系统把握传统村落文化发展的特点和规律，解决好村落的产业发展、生态保护、社会治理与文化传承的关系，从产业、人才、文化、生态、组织的全面振兴中培育传统村落文化的恢复力和可持续发展能力。[①] 可见，未来国家会加大对乡村的建设力量，而传统村落的保护与发展则是乡村建设中的重要部分。

（一）传统村落保护与产业振兴

产业振兴是基础。乡村产业发展是乡村振兴第一要务，也是促进农村产业发展和解决农民就业的关键。传统村落产业发展可依托于村落农耕文化、民族文化资源和旅游业的发展，且是解决村民就业的有效路径。

一是回归农业产业，传承千年农耕文明。在乡土社会里，土地是农民

① 何艳冰，张彤，熊冬梅．传统村落文化价值评价及差异化振兴路径——以河南省焦作市为例［J］．经济地理，2020，40（10）：230-239.

的根，而农业生产是传统村落中村民赖以生存的方式。在未来，农业将成为一种理想的职业，农民将是一种职业身份。因此，发挥村民在传统村落保护中的积极主动性，回归农业产业在村落的主体性地位，让农民成为一份光荣的职业，让农业生产成为同第二、第三产业一样受到人尊重和重视的产业，有效利用村落中现有的传统农业基础，转变创新农业生产方式，走因地制宜的规模化产业发展和“微农业、小农经济发展”多样化农业产业振兴之路。

二是走文化资源产业化道路，传承传统手工技艺。贵州传统村落不乏宝贵的民族文化资源和适合产业化发展的传统手工技艺，走出一条属于贵州的“指尖上的特色经济”传统手工产业发展道路。贵州自实施“非遗+扶贫”发展模式以来，在全国以振兴传统手工扶贫背景下，依托于全国开展的传统工艺工作站，贵州传统工艺工作站的实施取得了较好的效果，不仅带动了多地区村落的“非遗”产业化发展，同时解决了留守农村妇女的就业问题，带动了当地的经济收入和提高了村民家庭的生活质量。如丹寨在依托于村落资源的情况下，成功实验了“非遗+扶贫”的产业模式，在依托于万达小镇“井喷式”的旅游发展的同时，村民通过当地苗族蜡染技艺，以“公司+合作社+手工艺人”的模式，研发家具、服饰等系列新产品，带动了当地上百名农村妇女就业并成功脱贫，实现了“指尖技艺”向“指尖经济”的转化。

三是依托旅游产业，实现村落产业振兴。旅游产业的发展是以“1+N”的效应模式，通过旅游发展带动当地农业产业、工业产业和第三服务业全方面产业的复苏，是一种“1+N”的辐射效应。旅游是一种满足游客“吃、住、行、娱、购”全方面需求体验的社会活动，集聚的旅游效应可以带动周边饮食、住房、交通、商店的全方位发展，是乡村产业振兴的重要途径。如西江千户苗寨，通过村落自身资源优势，带动了当地旅游发展，增加了传统手工技艺银饰、苗绣等艺人的经济收入，促进了村落内及周边的村民就业等。

（二）传统村落保护与人才振兴

人才振兴是关键。乡村振兴，要以人才为先，进一步明确人才是乡村振兴的重要战略资源，把强化乡村人才振兴，支持、开发乡村人才资源以及合理配置乡村人才放在首要位置。

第一，本土人才队伍建设。俗话说“高手在民间”，发挥传统村落村民的积极主动性，激发村民参与村落的建设，是乡村振兴的首要任务。因此，当地政府或是乡村发展的建设者应做到“人与事配合，事得其人，人尽其才”，在人事与人人的搭配合作上，要发挥人的最大主观能动性，激发人才活力。通过培育壮大“领头雁”“带头羊”队伍，以满足乡村经济、文化、社会、生态等全方位振兴，培育一批多元化的农村实用人才。根据贵州传统村落的发展现状及未来需求，建立一套包括农村电商人才、手工艺品营销人才、乡村旅游人才、乡村文化产业创新人才、农业环境保护人才等在内的农村实用人才体系和培育机制。

第二，引进外来人才，为村落振兴凝聚多方力量。“落叶归根”是中国传统文化的体现，大部分城市人都是从农村走出去的，或者他们的祖辈是从农村走出去的。因此，这些人身上有着浓厚的乡土之情，他们愿意回到乡村，为乡村做出自己的贡献。这部分人有文化、有知识、有资金、有见识，他们的回归，成为村落建设的重要力量，也是乡村人才振兴的重要来源。这部分人才在乡村文化建设中建言献策，为传统村落的保护和发展提供各种有效的建议和途径。当地政府应从政策、制度和体制机制上给愿意返乡的人才提供最大的保障，从而吸引更多外出人才返乡，通过这些返乡人才的示范作用和影响去吸引更多的人才来建设乡村。

第三，加强人才下乡，完善人才激励和保障制度。传统村落发展需各类型人才，仅靠乡村自然形成的人才队伍是远远不够的，难以满足现代村落发展的需求，还需完善人才激励和保障制度。2020 年中央一号文件指出，推动人才下乡，需培养更多爱乡村、愿意扎根乡村的人才。因此，在培养村落人才过程中，要畅通各类人才渠道，加快人才输出，支持大学生、退役军人等到农村，加快破除影响和制约乡村人才振兴的体制机制，尤其是引进传统村落保护与发展方面的人才，以更好地保护和发展传统村落，避免村落中居民乱搭乱建等乱象。

（三）传统村落保护与文化振兴

文化振兴是灵魂。一方水土养一方人，一种文化需要一方水土，而水土则是培育文化的土壤，文化则是村落振兴的源头活水。对于传统村落而言，“地方性知识”具有明显的地域性特色和丰富的文化内涵，是村民在长期生产生活中自觉形成的文化传统和地方认同感，对于增强村民的精神风貌具有重要的作用。

一是注重保护传统村落中优秀传统文化的传承。传统村落是以农耕文明为主体的传统文化，其中包含了勤俭节约、吃苦耐劳、善良朴素等美德，具有凝聚人心、教化群众、淳化民风的重要作用。二是加强传统村落中历史古迹的保护。传统村落中的传统建筑、宗族祠堂、古树古木等都是乡村发展变迁的见证，是村落历史印记的载体，具有独特的传统文化资源优势。三是重视传统村落的文化认同感。村落中共同的生活环境和生产资源，促使村民产生相似的生活习惯和行为习惯。在这些共同习惯基础之上，村民能够产生情感上的共鸣共识，可以增强村民之间的凝聚力和认同感。乡村文化能够凝聚人民群众对村落的价值共识，充分挖掘乡村文化价值，促进物质财富和精神财富的共赢局面，进一步保护传统村落的乡村文化血脉，不断激发乡村文化的内生活力，振兴乡村文化。

（四）传统村落保护与生态振兴

生态振兴是根本。贵州的发展得益于“绿水青山就是金山银山”，村落生态环境是传统村落保护的重要基础和保障。生态振兴为人才振兴提供宜居环境，同时推动产业振兴的可持续发展。贵州传统村落56%以上分布在黔东南苗族侗族自治州，是一个冬无严寒、夏无酷暑，植物资源、水资源和动物资源丰富具有良好生态的地区，大多数村民都是依山傍水而居。因此，居住在此的民族大都有崇尚自然、热爱自然、尊重自然与自然和谐相处的崇拜自然的情怀，有利于推动保护传统村落的生态。例如第一批国家级传统村落黔东南岜沙苗寨，有着独特的树木崇拜文化，过年过节要祭祀古树、生命树。有着“生也一棵树，死也一棵树”的习俗，在岜沙苗寨，村里的孩子诞生之时便会为其种上一棵树，这棵树会伴随孩子一起成长，等孩子老去去世后，便会砍下这棵树作为棺材，埋葬在农林深土里，不设墓碑、不设坟头，然后在埋葬棺材处再种上一棵树。在岜沙一棵树就是一个灵魂。岜沙的树文化，值得当下生态文明建设经验的借鉴。

（五）传统村落保护与组织振兴

组织振兴是保障。一个村庄的发展，除了发挥“带头羊”“领头雁”的个人能力和实力外，一个团结且有战斗力的村“两委”班子也很重要。俗话说，“农村富不富，关键看支部。”在传统村落的建设中党的基层组织发挥重要作用，是农村各种组织和各项工作的领导核心，也是确保党的路线方针政策和决策部署贯彻落实的基础。实施传统村落发展重要的是要抓基层打基础，以加强农村基层党建为引领，强化农村基层党组织建设，确保实施乡村振兴的正确航向，振兴传统村落的领导力、凝聚力、推动力、治理力，激发传统村落组织振兴活力。

四、总结

在新时代乡村振兴战略背景下，乡村建设成为当下热点和未来国家建设的重中之重，而被列入“中国传统村落”的村落保护和发展也备受各界关注。传统村落承载着中华民族几千年的农耕文化，是中华民族文化文明的根据地，是城镇化建设过程中不可忽视的重要部分。改革开放以来，随着国家经济发展快速上升，城乡差距不断拉大，同时还需要强调的是不只城乡差距变大，乡乡差距也存在较大差异，从全国传统村落发展来看，东西部地区差距是存在的，村村之间的差距也是存在的，发展得好的村落成为人们向往的居住地，而发展不好的村落呈现出严重的凋敝。在传统村落保护与发展的道路上，贵州一直在探索适合各村因地制宜的发展模式，并取得了一定的成绩。目前，贵州传统村落保护与发展模式主要为就地保护发展模式、村旅结合保护发展模式、生态博物馆保护发展模式、多主体共谋保护发展模式四种。在对传统村落保护与发展中强调保护与发展的协同运作，但在具体实施过程中，仍然出现传统村落保护与发展“矛盾化”的局面。因此，在传统村落的保护中应强调“以人为本”的发展理念，借助乡村振兴战略的政策支持，全方位建设村落，发展村落经济，发挥传统村落内生动力，通过进一步挖掘整合村落物质、非物质文化遗产资源，激活传统村落中的多元性价值，从而探索出一条传统村落保护与发展的共融共享共建的有效路径，促进乡村振兴战略与传统村落的有机结合，形成协调共进的发展关系。

参考文献

[1] 卢松，陆林，徐茗，等. 古村落旅游地旅游环境容量初探——以世界文化遗产西递古村落为例 [J]. 地理研究，2005，24 (4)：581-590.

[2] 何艳冰，张彤，熊冬梅. 传统村落文化价值评价及差异化振兴路径——以河南省焦作市为例 [J]. 经济地理，2020，40 (10)：230-239.

[3] 朱启臻，卢可荣. 中国“三农”问题研究 (之二)：乡村旅游与农村社区发展 [M]. 北京：中国农业大学出版社，2008：175-178.

[4] 刘秋美，朱元，代申勇，廖军，刘松，邹金江. 侗族村落传统风貌保护与文化传承研究——以天柱县木杉村为例 [J]. 贵州农机化，2020 (04)：7-13，24.

[5] 唐晓梅，杨戴云. 黔东南苗族侗族传统村落保护发展对策研究 [J]. 民族学刊，2018，9 (03)：25-30，104-105.

[6] 常光宇，胡燕. 探索传统村落集群式保护发展 [J]. 城市发展研究，2020，27 (12)：7-11.

[7] 陈志文，胡希军，叶向阳，叶剑楠. 中国传统村落有机体生长内在逻辑研究 [J]. 经济地理，2020，40 (11)：225-232.

[8] 吴平. 美丽乡村建设中传统村落保护与营建——以贵州省黔东南州为例 [J]. 中南民族大学学报 (人文社会科学版)，2020，40 (06)：27-33.

［9］王美，陈兴贵．传统村落“整体活化”理路分析［J］．云南民族大学学报（哲学社会科学版），2020，37（06）：25-33.

［10］胡彬彬，李向军，王晓波．中国传统村落蓝皮书：中国传统村落保护调查报告（2017）［M］．北京：社会科学文献出版社，2017.

［11］任越，刘思嘉．基于 GIS 的传统村落文化建档式保护模型构建［J］．档案学研究，2020（04）：69-74.

［12］张晶．美丽乡村建设背景下传统村落保护与发展策略探析［J］．城市发展研究，2020，27（08）：37-43.

［13］邹君，刘媛，刘沛林．不同类型传统村落脆弱性比较研究［J］．人文地理，2020，35（04）：56-63，120.

［14］高璟，吴必虎，赵之枫．基于文化地理学视角的传统村落旅游活化可持续路径模型建构［J］．地域研究与开发，2020，39（04）：73-78.

［15］李芳，高信波．城乡规划中传统村落的改造路径［J］．建筑经济，2020，41（08）：139-140.

［16］王鑫宇．乡村振兴战略下传统村落建筑文化保护的现实路径［J］．山西财经大学学报，2020，42（S1）：17-19.

［17］负禄，戴继明．“美丽乡村”背景下岭南古村落探源及建设思考——以梧州市 11 个古村落为例［J］．美术学报，2020（02）：108-114.

［18］黄学军．古村落传统文化遗产的数字化保护与传承［J］．人民论坛，2020（08）：140-141.

［19］陈兴贵，王美．反思与展望：中国传统村落保护利用研究 30 年［J］．湖北民族大学学报（哲学社会科学版），2020，38（02）：114-125.

［20］孙九霞，黄凯洁，王学基．基于地方实践的旅游发展与乡村振兴：逻辑与案例［J］．旅游学刊，2020，35（03）：39-49.

［21］李志玲．完善传统村落保护性发展的机制［J］．中国党政干部论坛，2020（02）：70-72.

乡村人才振兴问题研究综述

张皓云*

（贵州民族大学人文科技学院，贵州贵阳　550025）

摘　要：“实施乡村振兴战略，必须破解人才瓶颈制约”，乡村振兴过程中，人才振兴是关键。通过查阅乡村人才振兴相关文献，从乡村人才振兴重要性、乡村振兴的人才困境以及探索如何实现人才振兴等方面进行梳理，试图为后续的研究和分析提供思路和线索。

关键词：乡村振兴；人才；研究综述

一、引言

党的十九大报告中强调要“实施乡村振兴战略”，并提出了“产业兴旺、生态宜居、乡风文明、治理有效、生活富裕”的总体要求。2018 年 2 月 4 日，中共中央、国务院发布 2018 年中央一号文件《中共中央国务院关

* 作者简介：张皓云（1985—），女，贵州民族大学人文科技学院，副教授，硕士，研究方向：社会学。

于实施乡村振兴战略的意见》，围绕实施乡村振兴战略定方向、定思路、定任务、定政策，坚持问题导向，对统筹推进农村经济建设、政治建设、文化建设、社会建设、生态文明建设和党的建设作出全面部署。2018 年全国“两会”上，习近平总书记在参加山东代表团审议时再次强调：“实施乡村振兴战略是一篇大文章，要统筹谋划，科学推进。”从推动乡村产业振兴、人才振兴、文化振兴、生态振兴、组织振兴等方面，对如何实施乡村振兴战略作了更进一步的论述和分析。2018 年 9 月，中共中央、国务院印发了《乡村振兴战略规划（2018—2022 年）》，明确提出了要“强化乡村振兴人才支撑”。“实施乡村振兴战略，必须破解人才瓶颈制约”，乡村振兴过程中，人才振兴是关键。通过对我国乡村振兴中人才建设、人才振兴研究的相关文献进行梳理，试图总结出学术研究的趋势与不足，为后续的研究和分析提供思路和线索。

二、乡村人才振兴学术研究的主要内容

（一）乡村人才振兴的重要性

党的十九大报告中指出“乡村人才振兴是实施乡村振兴战略的必备要素和重要资源”，《中共中央国务院关于实施乡村振兴战略的意见》强调“汇聚全社会力量，强化乡村振兴人才支撑”，《乡村振兴战略规划（2018—2022 年）》，明确提出了要“强化乡村振兴人才支撑”。乡村振兴涵盖了产业振兴、人才振兴、文化振兴、生态振兴、组织振兴五个方面的内容，但最关键的是人才振兴，人才振兴是乡村振兴的前提、基础。赵秀玲（2018）认为，党的十九大提出“乡村振兴”发展战略为乡村人才成长提供了广阔背景和有效机遇，应确立新时代乡村人才发展战略构想，这是“乡村振兴”的关键也是动力源之所在[1]；田书芹、王东强（2020）强调了人才振兴是乡村振兴的核心引擎与关键环节[2]；林克松、袁德梽（2020）人才振兴是乡村振兴战略的核心和关键环节，决定着乡村振兴战略的成败[3]。

（二）乡村振兴的人才困境

乡村振兴面临着人才困境。方中华（2019）认为乡村振兴，人才为先，人才是乡村振兴的重要战略资源，但从大环境来看，我国农村地区的实用人才占比依然不高，人才紧缺现象依然明显[4]；常一青（2015）以武陵山区为例对民族地区乡土人才队伍建设进行研究，认为民族地区经济社会发展亟须乡土人才资源，乡土人才队伍建设还存在一些问题，如人员失衡、培训低效、培养资金匮乏、人才管理经验不足、人才评价体系不健全等，应完善乡土人才工作机制，优化人才队伍组成结构，增强人才培训实效性，搭建乡土人才队伍建设平台，创新乡土人才激励机制[5]；王富忠（2020）认为，受农业农村发展的多种因素影响，乡村振兴战略的实施与成效面临着人才瓶颈制约[6]；杨璐璐（2018）认为农村留守人员呈现年龄大、数量少等问题，农忙时期人手不够、现代农业人才短缺问题突出[7]；霍军亮和吴春梅（2018）认为部分基层党组织人员的教育水平较低、工作能力较弱且后备队伍不优，优秀基层干部人员的短缺严重制约着乡村组织力的提升[8]；卞文忠（2019）提出乡村振兴各环节都存在人才短缺问题，各方面都需要引进更多优秀人才[9]；吴敏（2013）分析了近年来贫困山区新农村建设因人才缺乏产生了起步慢、不平衡、持续难等突出问题，抓好“乡土人才”队伍的建设是突破贫困山区新农村建设人才瓶颈的重要途径，必须从实际出发，做到“五个结合”[10]。

（三）乡村人才振兴的实现路径

2018年中央一号文件《中共中央国务院关于实施乡村振兴战略的意见》强调：“实施乡村振兴战略，必须破解人才瓶颈制约。要把人力资本开发放在首要位置，畅通智力、技术、管理下乡通道，造就更多乡土人才，聚天下人才而用之。”乡村振兴，人才是关键，将从不同的角度探索如何实现人才振兴。

培养培育各类乡村人才。刘艳婷（2020）强调了农村实用人才的重要作用，农村实用人才教育培训在大力推进社会主义新农村建设的当前，显得尤为重要[11]；许纯洁（2019）认为高校的根本任务是培养人才，培养新型乡土人才是民族地区高校服务国家战略和经济社会发展的重要任务和光荣使命[12]；杨璐璐（2018）运用人力资本投资理论，认为政府应以加强培训平台建设为抓手从农民就业需求出发，提高农民的相关领域专业化能力，提升农民职业教育质量[7]；苏迪、韩红蕾（2020）指出，开放大学应从产教融合，完善开放教育服务体系，实现开放教育与信息技术的深度融合，培养一支懂农业、爱农村、爱农民的乡村教师队伍，以及继续推进重大规划项目进展等方面，探索新时代开放大学创新发展之道[13]；林克松、袁德梽（2020）认为职业教育要在助力乡村人才振兴中大有可为，必须构建“1+N”融合行动模式[3]；郭丽君、陈春平（2020）分析了当前我国高等农业院校人才培养存在的问题，指出为满足乡村振兴农业人才培养的本土化诉求，亟须从培养目标、课程体系和评价机制等方面大力变革高校农业人才培养方式，进而全面加快“三农”事业发展步伐[14]。

新乡贤是乡村振兴的重要力量。应小丽（2019）认为吸纳外部新乡贤是乡村人才振兴的另一个重要途径，新乡贤具有“增强村庄有机团结，赋予可持续的内源性发展动能”的作用[15]；姜亦炜（2019）等人进一步指出新乡贤有助于实现国家“政治秩序”与社会“道德秩序”在基层的汇聚[16]；钱再见和汪家焰（2019）从新乡贤助力乡村振兴的人才流入机制出发，指出需要通过建立健全各种激励和规范机制，推动新乡贤“回得来”“留得住”“干得好”[17]。

引进各类人才，建立乡村人才机制。蒲实、孙文营（2018）提出了人才振兴的具体政策，认为加强乡村人才建设必须就地取“才”、多方聚“才”、实践育“才”、重用贤“才”[18]；殷梅英（2018）提出构建新时代学习型党支部思想，加强基层干部的素质和能力，提高服务村民意识，乡村干部要“懂农业，爱农村，爱农民”[19]；蒋和平（2019）等人针对乡村振兴中出现的一线生产人员、农业技术人员和产业管理人员短缺问题，指出企业应增加产业生产力，提高工人生产效率，农业上要完善农技推广体制，积极引进相关产业人才，加速土地流转，大力促进农民收入持续增加[20]；张红宇（2018）认为在乡村振兴过程中要积极弘扬企业家精神，当地政府对企业要给予适当的优惠政策，企业家要发挥示范带头作用，引领小农户共享劳动成果[21]；王富忠（2020）指出乡村振兴必须把人才资源开发放在首要位置，既要大力开发内生型人才，还要积极吸引外来人才献身农业农村。建立乡村人才机制，包括选拔、引进、管理、激励、培养培育等机制，以此保证乡村振兴战略人才供给和人才可持续发展，为农业农村现代化建设和全面建成小康社会提供坚实的人才基础[6]；李博（2020）乡村振兴中的人才振兴需要加大对以新型职业农民为主导的农村实用人才的培育力度，积极发挥村“三委”及村党员的核心作用，吸纳返乡就业、创业人员参与乡村振兴，为乡村培养更多的乡村教师、医生等专业人才，进一步补齐农业科技人员短板，进而促进乡村振兴中的人才振兴[22]；亓玉芳（2020）认为优质农业人才是推动乡村振兴发展的核心力量，也是现阶段广大农村发展的重要短板，在全面推进乡村振兴进程中，为充分把握时代发展，整合乡村优势资源，就需要以完善人才培养机制为基础，研判农村人才需要，整合多元育人力量，全面推动乡村振兴发展[23]；曹丹丘、丁志超（2020）等人以青岛市乡村人才振兴的实践举措为例，分析总结鼓励吸引城市人才和培育造就乡土人才支撑乡村振兴两条路径[24]；涂华锦、邱远、赖星华（2020）基于河源市科技人才下乡助力乡村振兴存在的问题的深度分析，提出应通过政策激励、人才开发、机制保障、平台建设、项目推动等举措，鼓励、引导广大科技人才开展下乡行动[25]；田书芹、王东强（2020）结合各地乡村人才振兴具体实践，从强化制度性供给体系、优化资源性统筹内容、构建整体性治理框架提出了推动乡村人才振兴的政策建议[26]；在王文强（2019）看来，在中国快速推进的城镇化进程中，乡村人力资源向城市单向流出，给乡村发展带来了前所未有的挑战，乡村振兴必须将人才振兴置于城乡融合发展和农业农村现代化目标任务之中，让更多的人才留在乡村和流回乡村，为此需要以相关措施引导更多的人才智力汇聚到乡村振兴的洪流中来[27]；周晓光（2019）对当前乡村振兴中的不同人才进行分类，从而在构建不同人才类型与乡村振兴逻辑关系的基础上提出乡村振兴中人才振兴的有效路径[28]。

三、小结

“实施乡村振兴战略，是党的十九大作出的重大决策部署，是决胜全面建成小康社会、全面建设社会主义现代化国家的重大历史任务，是新时代‘三农’工作的总抓手。”乡村振兴涵盖了产业振兴、人才振兴、文化振兴、生态振兴、组织振兴五个方面的内容，其中人才振兴是关键，是前提和基础，人才振兴对乡村振兴具有重要意义，当前的重要任务是“强化乡村振兴人才支撑”。从相关的研究成果可以看到，专家学者们从不同的角度对乡村振兴过程中人才面临的困境进行分析和研究，并提出了如何实现人才振兴的路径和对策，其研究成果对如何建立合理的人才机制、如何通过人才振兴推动乡村振兴和发展有较为重要的指导价值和理论意义。

参考文献

[1] 赵秀玲. 乡村振兴下的人才发展战略构想 [J]. 江汉论坛，2018（04）：10-14.

[2] 田书芹，王东强. 乡村人才振兴的核心驱动模型与政策启示——基于扎根理论的政策文本实证研究 [J]. 江淮论坛，2020（01）：10-17.

[3] 林克松，袁德梽. 人才振兴：职业教育“1+N”融合行动模式探索 [J]. 民族教育研究，2020，31（03）：16-20.

[4] 方中华. 乡村振兴如何破解人才瓶颈 [J]. 人民论坛，2019（09）：57.

[5] 常一青. 民族地区乡土人才队伍建设的现状、问题及对策研究——以武陵山区为例 [J]. 中南民族大学学报（人文社会科学版），2015，35（01）：7-12.

[6] 王富忠. 乡村振兴战略视域下乡村人才机制建设研究 [J]. 农业经济，2020（08）：48-50.

[7] 杨璐璐. 乡村振兴视野的新型职业农民培育：浙省个案 [J]. 改

革，2018（02）：132-145.

［8］霍军亮，吴春梅．乡村振兴战略背景下农村基层党组织建设的困境与出路［J］．华中农业大学学报（社会科学版），2018（03）：1-8.

［9］卞文忠．别让“人才短板”制约乡村振兴［J］．人民论坛，2019（01）：76-77.

［10］吴敏．贫困山区新农村建设中“乡土人才”队伍建设刍议［J］．理论导刊，2013（03）：79-80.

［11］刘艳婷．农村实用人才教育培训探究——评《人才振兴：构建满足乡村振兴需要的人才体系》［J］．中国教育学刊，2020（11）：118.

［12］许纯洁．民族地区高校新型乡土人才培养：时代使命与实现路径［J］．广西民族研究，2019（02）：90-95.

［13］苏迪，韩红蕾．乡村振兴战略下开放大学助推乡村人才振兴的研究［J］．成人教育，2020，40（09）：28-32.

［14］郭丽君，陈春平．乡村振兴战略下高校农业人才培养改革探析［J］．湖南农业大学学报（社会科学版），2020，21（02）：80-85.

［15］应小丽．乡村振兴中新乡贤的培育及其整合效应——以浙江省绍兴地区为例［J］．探索，2019（02）：118-125.

［16］姜亦炜，吴坚，晏志鑫．荣誉与尊严：乡村振兴中的基层荣誉体系建设——基于浙江省新乡贤组织的调研［J］．浙江学刊，2019（04）：168-181.

［17］钱再见，汪家焰．“人才下乡”：新乡贤助力乡村振兴的人才流入机制研究——基于江苏省L市G区的调研分析［J］．中国行政管理，2019（02）：92-97.

［18］蒲实，孙文营．实施乡村振兴战略背景下乡村人才建设政策研究［J］．中国行政管理．2018（11）：90-93.

［19］殷梅英．以组织振兴为基础推进乡村全面振兴［J］．中国党政干部论坛，2018（5）：86-88.

［20］蒋和平，王克军，杨东群．我国乡村振兴面临的农村劳动力断代危机与解决的出路［J］．江苏大学学报（社会科学版），2019，21（1）：

28–34.

[21] 张红宇. 乡村振兴战略与企业家责任 [J]. 中国农业大学学报（社会科学版），2018，35（1）：13–17.

[22] 李博. 乡村振兴中的人才振兴及其推进路径——基于不同人才与乡村振兴之间的内在逻辑 [J]. 云南社会科学，2020（04）：137–143.

[23] 亓玉芳. 农业人才教育培育助力乡村振兴——评《新型农民教育知识》[J]. 热带作物学报，2020，41（12）：2625–2626.

[24] 曹丹丘，丁志超，高鸣. 乡村人才振兴的现实困境与路径探索——以青岛市为例 [J]. 农业现代化研究，2020，41（02）：181–189.

[25] 涂华锦，邱远，赖星华. 科技人才下乡助力乡村振兴的困境与实践——基于广东省河源市的田野调查 [J]. 中国高校科技，2020（04）：83–86.

[26] 田书芹，王东强. 乡村人才振兴的核心驱动模型与政策启示——基于扎根理论的政策文本实证研究 [J]. 江淮论坛，2020（01）：10–17.

[27] 王文强. 以体制机制创新推进乡村人才振兴的几点思考 [J]. 农村经济，2019（10）：22–29.

[28] 周晓光. 实施乡村振兴战略的人才瓶颈及对策建议 [J]. 世界农业，2019（04）：32–37.

生态环境损害赔偿磋商与诉讼衔接法律制度研究*

周婷婷**

（贵州民族大学人文科技学院，贵州贵阳　550025）

摘　要：妥善处理好生态环境损害赔偿案件是构建生态文明制度建设的重要组成部分。磋商与诉讼是解决生态环境损害赔偿案件的两类途径，但由于理论研究对其进行的探讨尚处于起步阶段，国家也未出台具体的立法制度，并且该类案件与环境民事公益诉讼案件又存在很多重合交叉的地方，使司法实践中处理生态环境损害赔偿案件时常常面临一些问题和困难。因此，理清磋商与生态环境损害赔偿诉讼、生态环境损害赔偿诉讼与环境民事公益诉讼的衔接问题，对妥善处理好生态环境损害赔偿案件及其立法制度具有重要的理论和现实意义。

关键词：生态环境；磋商；损害赔偿诉讼；环境公益诉讼

---

* 基金项目：2018 年贵州省教育厅高校人文社会科学研究规划项目“生态环境损害赔偿磋商与诉讼衔接制度研究”（项目编号：2018gh01）的研究成果；2017 年贵州省教育厅教育科学规划课题“高校法学专业实践教学改革研究”（项目编号：2017B031）的研究成果。

** 作者简介：周婷婷（1984—），女，贵州桐梓人，贵州民族大学人文科技学院法学院副教授，生态文明法治建设研究院副院长，贵州民族大学硕士研究生导师，律师，研究方向：民事诉讼法学。

一、问题的提出

生态环境是人类赖以生存的物质条件，但随着社会的发展，以牺牲生态环境为代价换取经济发展的事件层出不穷，为遏制或减少该事件的发生，应当制定严格的生态环境损害赔偿担责制度。党中央、国务院高度重视生态环境损害赔偿工作，近年来，国家先后出台了《生态环境损害赔偿制度改革试点方案》（以下简称《试点方案》）、《生态环境损害赔偿制度改革方案》（以下简称《改革方案》），以及《最高人民法院关于审理生态环境损害赔偿案件的若干规定（试行）》（以下简称《环境损害赔偿规定》）。但由于生态环境损害赔偿诉讼与环境民事公益诉讼存在交叉重合之处，给司法实践造成了一些困境，因此，需要理清他们的关系以及处理好如何适用和衔接的问题，才能更好地解决这些诉讼案件，达到切实有效推进生态文明建设的目标。本文首先分析生态环境损害赔偿磋商与诉讼、然后从分析生态环境损害赔偿诉讼与环境民事公益诉讼的现行立法着手，分析他们的共性与特性，最后分析生态环境损害赔偿诉讼与环境公益诉讼的衔接问题，期望对司法实践起到一定的参考作用。

二、生态环境损害赔偿磋商与诉讼衔接问题

磋商与诉讼均是处理生态环境损害赔偿案件的两种方式，对于两种方式的关系，我国先后出台了三部文件进行了规定，包括《试点方案》第2条①和第4条第四款②；《改革方案》第2条③和第4条第四款④；《环境损

---

① 《试点方案》第2条：“未经磋商或磋商未达成一致，赔偿权利人可依法提起诉讼。”

② 《试点方案》第4条第四款：“磋商未达成一致的，赔偿权利人应当及时提起生态环境损害赔偿民事诉讼。赔偿权利人也可以直接提起诉讼。”

③ 《改革方案》第2条：“磋商未达成一致，赔偿权利人可依法提起诉讼。”

④ 《改革方案》第4条第四款：“磋商未达成一致的，赔偿权利人应当及时提起生态环境损害赔偿民事诉讼。”

害赔偿规定》第1条①。对以上条文进行仔细对比可知，提起生态环境损害赔偿诉讼有三种情形，一是磋商未达成一致；二是未经磋商；三是无法进行磋商。第二种和第三种情形实际上表述的是同一情形，即未进行磋商的情形。《改革方案》删除了《试点方案》中关于未经磋商的情形，仅规定了磋商未达成一致的这一种情形，从制度设计的本意以及司法实践需要的角度出发，应当包括第二种或第三种情形。值得肯定的是，最高人民法院在《环境损害赔偿规定》中沿用了《试点方案》中两种情形的规定，将磋商未达成一致和无法进行磋商两种情形均作为提起生态环境损害赔偿诉讼的前提。

对于磋商是否是提起生态环境损害赔偿诉讼的必备前置条件，三个文件规定各不相同：《试点方案》规定，磋商不是诉讼的前置条件，赔偿权利人可以经过磋商后提起诉讼，也可以不经过磋商，直接提起诉讼。《改革方案》规定，磋商是诉讼的前置条件，赔偿权利人应当先进行磋商再进行诉讼，未经磋商不能直接提起诉讼。《环境损害赔偿规定》规定，并未明确磋商是诉讼的前置条件，仅规定磋商未达成一致或者无法进行磋商，可以提起诉讼。《改革方案》出台后，《试点方案》被废除，意味着应当遵循《改革方案》的规定，磋商是诉讼的前置条件。磋商作为解决生态环境损害赔偿案件的新方式，是通过实践不断探索创新而形成的，经过了实践的不断积累和总结，累积了一定的经验，最终以制度的形式得以确立。从司法实践来看，磋商作为诉讼的前置条件，其发挥了良好的作用，对处理生态环境损害赔偿案件具有重要的理论和实践意义。此外，对于磋商后是否一定要提起诉讼，三个文件的规定如下：《试点方案》和《改革方案》中前部分用“可提起诉讼”的表述，后部分用“应当提起诉讼”的表述；《环境损害赔偿规定》用“可以提起诉讼”的表述。从国家设立磋商与诉讼制度的初衷来看，磋商后应当提起诉讼，而不是可以提起诉讼。生态环境遭到损害后，赔偿权利人应当主动积极与赔偿义务人磋商，磋商不能达

① 《环境损害赔偿规定》第1条：“……磋商未达成一致或者无法进行磋商的，可以作为原告提起生态环境损害赔偿诉讼。”

成一致或者无法进行磋商，赔偿权利人应当及时提起诉讼，这是赔偿权利人的权利和职责，这种保护生态环境的权利和职责是必须要行使和履行的，其不能放弃和转让。若立法规定磋商后可以提起诉讼，那赔偿权利人可以选择不提起诉讼，这与赔偿权利人担负保护生态环境的权利和职责相违背，因此，从立法的前后一致性和严谨性角度出发，立法文件应当将“可以提起诉讼”相关的规定统一修改为“应当提起诉讼。”

三、生态环境损害赔偿诉讼与环境民事公益诉讼的共性与特性

（一）生态环境损害赔偿诉讼与环境民事公益诉讼的共性

对《改革方案》和《最高人民法院关于审理环境民事公益诉讼案件适用法律若干问题的解释》（以下简称《环境公益诉讼解释》）进行仔细分析可知，生态环境损害赔偿诉讼与环境民事公益诉讼的共性表现为：1. 起因行为同一性。两类诉讼均是由于污染环境、破坏生态的行为而引起的。2. 适用范围部分一致性。《改革方案》第 3 条①规定，生态环境损害赔偿诉讼适用于环境要素和生物要素的不利改变，以及生态系统功能退化的情形。《民事诉讼法》第 55 条第一款②和《环境公益诉讼解释》第 1 条③规定，环境民事公益诉讼适用于已经损害社会公共利益或者具有损害社会公共利益重大风险的情形。前者环境要素和生物要素的不利改变，以及生态系统功能退化，正是后者社会公共利益遭到损害的具体表现形式。3. 诉讼目的一致性。生态环境损害赔偿诉讼与环境民事公益诉讼的目的均为使被

① 《改革方案》第 3 条：“本方案所称生态环境损害，是指因污染环境、破坏生态造成大气、地表水、地下水、土壤、森林等环境要素和植物、动物、微生物等生物要素的不利改变，以及上述要素构成的生态系统功能退化。”

② 《民事诉讼法》第 55 条第一款：“对污染环境、侵害众多消费者合法权益等损害社会公共利益的行为，法律规定的机关和有关组织可以向人民法院提起诉讼。”

③ 《环境公益诉讼解释》第 1 条：“法律规定的机关和有关组织依据民事诉讼法第五十五条、环境保护法第五十八条等法律的规定，对已经损害社会公共利益或者具有损害社会公共利益重大风险的污染环境、破坏生态的行为提起诉讼，符合民事诉讼法第一百一十九条第二项、第三项、第四项规定的，人民法院应予受理。”

污染的环境、被破坏的生态得以恢复或者修复。4. 地域和级别管辖一致性。《环境损害赔偿规定》第 3 条①和《环境公益诉讼解释》第 6 条②分别对生态环境损害赔偿诉讼案件和环境民事公益诉讼案件的地域和级别管辖作了具体的规定，两类诉讼案件通常均是由损害行为实施地、损害结果发生地或者被告住所地的中级以上法院管辖，经批准程序，可以由部分中级人民法院和具备审理条件的基层法院管辖。

（二）生态环境损害赔偿诉讼与环境民事公益诉讼的特性

生态环境损害赔偿诉讼与环境民事公益诉讼的特性表现为：1. 适用范围差异性。《改革方案》第 3 条③规定，生态环境损害赔偿诉讼适用于环境要素和生物要素的不利改变，以及生态系统功能退化的情形。《环境公益诉讼解释》第 1 条④规定，环境民事公益诉讼适用于已经损害社会公共利益或者具有损害社会公共利益重大风险的情形。前者适用于生态环境已经遭到损害的情形，而后者既适用于生态环境已经遭到损害的情形，又适用于生态环境具有损害重大风险的情形，由此可知，后者的适用范围比前者更广。2. 起诉主体不一致。《环境损害赔偿规定》第 1 条⑤规定，生态环境损害赔偿诉讼的起诉主体为省级、市地级人民政府及其指定的相关部门、机构，或者受国务院委托行使全民所有自然资源资产所有权的部门。

---

① 《环境损害赔偿规定》第 3 条（因该法条内容较多，为简化行文，故不详述）

② 《环境公益诉讼解释》第 6 条（因该法条内容较多，为简化行文，故不详述）

③ 《改革方案》第 3 条："本方案所称生态环境损害，是指因污染环境、破坏生态造成大气、地表水、地下水、土壤、森林等环境要素和植物、动物、微生物等生物要素的不利改变，以及上述要素构成的生态系统功能退化。"

④ 《环境公益诉讼解释》第 1 条："法律规定的机关和有关组织依据民事诉讼法第五十五条、环境保护法第五十八条等法律的规定，对已经损害社会公共利益或者具有损害社会公共利益重大风险的污染环境、破坏生态的行为提起诉讼，符合民事诉讼法第一百一十九条第二项、第三项、第四项规定的，人民法院应予受理。"

⑤ 《环境损害赔偿规定》第 1 条："具有下列情形之一，省级、市地级人民政府及其指定的相关部门、机构，或者受国务院委托行使全民所有自然资源资产所有权的部门，因与造成生态环境损害的自然人、法人或者其他组织经磋商未达成一致或者无法进行磋商的，可以作为原告提起生态环境损害赔偿诉讼……"

《民事诉讼法》第55条[①]规定，环境民事公益诉讼的起诉主体为法律规定的机关和有关组织，从目前的立法层面理解，包括检察机关和环保组织。3. 起诉条件不一致。生态环境损害赔偿诉讼的起诉条件为因污染环境、破坏生态造成了环境要素和生物要素的不利改变，以及生态系统功能退化。换言之，生态环境确已遭到破坏、污染才能提起生态环境损害赔偿诉讼。环境民事公益诉讼的起诉条件为存在已经损害社会公共利益或者具有损害社会公共利益重大风险的污染环境、破坏生态的行为。换言之，生态环境确已遭到破坏、污染或者具有遭到破坏、污染的重大风险便可以提起环境民事公益诉讼。两者对比起来，后者起诉条件较前者更宽泛。此处分析的起诉条件与前述的适用范围实际上同属一个问题，只是从不同的角度去阐述。4. 民事责任承担方式不同。《环境损害赔偿规定》第11条[②]规定的生态环境损害赔偿诉讼的民事责任承担方式，与《环境公益诉讼解释》第18条[③]规定的环境民事公益诉讼的民事责任承担方式均主要包括六类，其中五类相同，一类不相同，具体来说，前者是修复生态环境，后者是恢复原状。生态环境遭到损害后，最理想的目标便是将生态环境恢复到没有被损害前的状态，但事实上，有的生态环境一旦遭到损害是难以再恢复到原始状态的，只能最大限度地进行修复，甚至有的生态环境遭到损害后是无法进行修复的，或者进行修复已没有实际意义，在这样的情况下，人民法院仍判决恢复原状，这与维护生态环境的实际需要不相符合，因此，生态环境损害赔偿诉讼中的修复环境的民事责任承担方式的表述较环境民事公益

---

① 《民事诉讼法》第55条："对污染环境、侵害众多消费者合法权益等损害社会公共利益的行为，法律规定的机关和有关组织可以向人民法院提起诉讼。人民检察院在履行职责中发现破坏生态环境和资源保护、食品药品安全领域侵害众多消费者合法权益等损害社会公共利益的行为，在没有前款规定的机关和组织或者前款规定的机关和组织不提起诉讼的情况下，可以向人民法院提起诉讼。前款规定的机关或者组织提起诉讼的，人民检察院可以支持起诉。"

② 《环境损害赔偿规定》第11条："被告违反法律法规污染环境、破坏生态的，人民法院应当根据原告的诉讼请求以及具体案情，合理判决被告承担修复生态环境、赔偿损失、停止侵害、排除妨碍、消除危险、赔礼道歉等民事责任。"

③ 《环境公益诉讼解释》第18条："对污染环境、破坏生态，已经损害社会公共利益或者具有损害社会公共利益重大风险的行为，原告可以请求被告承担停止侵害、排除妨碍、消除危险、恢复原状、赔偿损失、赔礼道歉等民事责任。"

诉讼中的恢复原状的表述更恰当。此外，前者立法对民事责任承担方式的排序，是将恢复生态环境和赔偿损失排在第一和第二的位置，由此可知，对于生态环境损害赔偿案件的诉讼，首要任务就是要修复环境，不能修复的，才用赔偿损失等其他责任方式代替。5. 审判庭不同。《环境损害赔偿规定》第 3 条第四款①规定，生态环境损害赔偿诉讼案件由法院环境资源审判庭或者专门法庭审理。《环境公益诉讼解释》未对环境民事公益诉讼案件的审判庭作出特别规定。6. 审判组织不同。《环境损害赔偿规定》第 4 条②明确规定，人民法院审理第一审生态环境损害赔偿诉讼案件的审判组织，应当由法官和人民陪审员组成合议庭。而对于人民法院审理第一审环境民事公益诉讼案件的审判组织，《民事诉讼法》、《最高人民法院关于适用〈中华人民共和国民事诉讼法〉的解释》（以下简称《民诉法解释》）、《环境公益诉讼解释》均未进行规定，在《人民陪审员法》第 14 条③和第 16 条第二项④进行了规定，由人民陪审员四人和法官三人组成七人合议庭。尽管两类诉讼案件的第一审审判组织都规定的是合议庭，但前者没有对合议庭人数和法官、人民陪审员的人数进行明确规定，而后者作了具体明确的规定。

四、生态环境损害赔偿诉讼与环境民事公益诉讼的衔接

（一）赔偿权利人提起生态环境损害赔偿诉讼后，法律规定的机关和有关组织提起环境民事公益诉讼

对赔偿权利人提起生态环境损害赔偿诉讼后，是否允许法律规定的机

---

① 《环境损害赔偿规定》第 3 条第四款："生态环境损害赔偿诉讼案件由人民法院环境资源审判庭或者指定的专门法庭审理。"

② 《环境损害赔偿规定》第 4 条："人民法院审理第一审生态环境损害赔偿诉讼案件，应当由法官和人民陪审员组成合议庭进行。"

③ 《人民陪审员法》第 14 条："人民陪审员和法官组成合议庭审判案件，由法官担任审判长，可以组成三人合议庭，也可以由法官三人与人民陪审员四人组成合议庭。"

④ 《人民陪审员法》第 16 条第二项："人民法院审判下列第一审案件，由人民陪审员和法官组成七人合议庭进行：……（二）根据民事诉讼法、行政诉讼法提起的公益诉讼案件。"

关和有关组织提起环境民事公益诉讼的问题，《环境损害赔偿规定》第16条①作出了明确规定，只要后者符合起诉条件，人民法院应当受理。换言之，立法对于上述问题，给出了肯定的答案。同时对于受理的人民法院和审判组织，立法也进行了明确，两类诉讼由同一人民法院受理并由同一审判组织审理。两类诉讼尽管在起因行为、部分适用范围和诉讼目的方面具有共性，但在部分适用范围、起诉主体和起诉条件等方面具有差异性，两类诉讼并不等同，国家也采取由不同立法文件作出不同规定的做法。因此，在前者诉讼被提起后，应当允许符合条件的后者诉讼被提起，这样的做法符合现行设置的立法制度。

（二）法律规定的机关和有关组织提起环境民事公益诉讼后，赔偿权利人提起生态环境损害赔偿诉讼

对法律规定的机关和有关组织提起环境民事公益诉讼后，是否允许赔偿权利人提起生态环境损害赔偿诉讼的问题，《环境损害赔偿规定》未进行规定。由于两类诉讼在部分适用范围、起诉主体和起诉条件等方面具有差异性，两类诉讼并不等同，从最大限度保护生态环境的角度考虑，应当是肯定的答案，在前者诉讼被提起后，应当允许符合条件的后者诉讼被提起。从制度设置的完整性出发，建议在《环境损害赔偿规定》第16条后增加1条或者增加一款，对该问题进行明确规定，即“在环境民事公益诉讼案件审理过程中，同一损害生态环境行为又被提起生态环境损害赔偿诉讼，符合起诉条件的，应当由受理环境民事公益诉讼案件的人民法院受理并由同一审判组织审理。”

（三）人民法院受理生态环境损害赔偿和民事公益诉讼案件后的审理和裁判

人民法院受理因同一损害生态环境行为提起的生态环境损害赔偿诉讼

① 《环境损害赔偿规定》第16条：“在生态环境损害赔偿诉讼案件审理过程中，同一损害生态环境行为又被提起民事公益诉讼，符合起诉条件的，应当由受理生态环境损害赔偿诉讼案件的人民法院受理并由同一审判组织审理。”

案件和民事公益诉讼案件后应当如何开展审理和裁判工作，《环境损害赔偿规定》第17条[①]进行了明确规定，从该条规定来看，人民法院应当优先审理和裁判生态环境损害赔偿诉讼案件，而对于已经受理的民事公益诉讼案件，应当采取中止审理的做法，待前者案件审理完毕后，就后者案件未被涵盖的诉讼请求依法做出裁判。对于诉讼中止的法律规定，《民事诉讼法》第150条第一款[②]进行了明确。人民法院采取中止审理民事公益诉讼案件的做法所适用的法定情形，与《民事诉讼法》第150条第一款[③]的前四项情形明显不相符，经仔细分析可知，与第五项情形也不相符，具体来说，环境民事公益诉讼案件是一类独立的诉讼案件，人民法院应当独立审理该类诉讼案件，其并不以生态环境损害赔偿诉讼案件的审理结果为依据，因此，《环境损害赔偿规定》采用中止民事公益诉讼案件，优先审理和裁判生态环境损害赔偿诉讼案件的做法与《民事诉讼法》关于中止诉讼的规定相冲突。对于处理法律冲突问题，根据上位法优先于下位法的原则，《民事诉讼法》属于基本法，《环境损害赔偿规定》属于司法解释，遵循基本法优先于司法解释的逻辑，《环境损害赔偿规定》的规定应当无效。此外，对于《环境损害赔偿规定》中涉及的“就未被涵盖的诉讼请求依法做出裁判”的问题，在司法实践中也会造成适用的困惑，重点在于如何定义“未被涵盖的诉讼请求”，两类诉讼在责任承担方式问题上不完全相同，对于同一损害行为，要求的责任承担方式不同，就该问题是否属于“未被

---

① 《环境损害赔偿规定》第17条：“人民法院受理因同一损害生态环境行为提起的生态环境损害赔偿诉讼案件和民事公益诉讼案件，应先中止民事公益诉讼案件的审理，待生态环境损害赔偿诉讼案件审理完毕后，就民事公益诉讼案件未被涵盖的诉讼请求依法做出裁判。”

② 《民事诉讼法》第150条第一款：“有下列情形之一的，中止诉讼：（一）一方当事人死亡，需要等待继承人表明是否参加诉讼的；（二）一方当事人丧失诉讼行为能力，尚未确定法定代理人的；（三）作为一方当事人的法人或者其他组织终止，尚未确定权利义务承受人的；（四）一方当事人因不可抗拒的事由，不能参加诉讼的；（五）本案必须以另一案的审理结果为依据，而另一案尚未审结的；（六）其他应当中止诉讼的情形。”

③ 《民事诉讼法》第150条第一款：“有下列情形之一的，中止诉讼：（一）一方当事人死亡，需要等待继承人表明是否参加诉讼的；（二）一方当事人丧失诉讼行为能力，尚未确定法定代理人的；（三）作为一方当事人的法人或者其他组织终止，尚未确定权利义务承受人的；（四）一方当事人因不可抗拒的事由，不能参加诉讼的；（五）本案必须以另一案的审理结果为依据，而另一案尚未审结的；（六）其他应当中止诉讼的情形。”

涵盖的诉讼请求”，此外，即使两类诉讼的诉讼请求都是主张赔偿损失，但就赔偿损失的具体费用主张不相同，是否属于“未被涵盖的诉讼请求”。因此，对于《环境损害赔偿规定》第 17 条的立法设置是否能在司法适用过程中发挥应有的作用，值得理论和实践不断进行探讨和总结。

（四）生态环境损害赔偿诉讼案件的裁判生效后，法律规定的机关和有关组织提起民事公益诉讼

生态环境损害赔偿诉讼案件的裁判生效后，人民法院对法律规定的机关和有关组织提起民事公益诉讼是否受理的问题，《环境损害赔偿规定》第 18 条第一款①作了人民法院应予受理的规定，但存在三个前提条件，一是因同一损害生态环境行为；二是有证据证明；三是存在前案审理时未发现的损害。若因同一损害生态环境行为，在生态环境损害赔偿案件的裁判生效后，法律规定的机关和有关组织可以提起民事公益诉讼，这一做法是否会违反民事诉讼中的既判力理论②，这是一个值得弄清楚的问题。按照既判力理论来理解，人民法院作出的裁判发生法律效力后，当事人不得就本案的诉讼标的（法律关系）再次提起诉讼，也就是说，法律规定的机关和有关组织不能就同一损害生态环境行为提起民事诉讼，而《环境损害赔偿规定》规定的是可以提起民事诉讼，该规定违反了既判力理论。但仔细分析可知，由于破坏污染生态环境的行为造成的损害具有广域性、隐蔽性、长期性、反复性、累积性等特点[1]，起诉主体在起诉时难以或不能发现全部损害，在这样的情况下，若一律禁止其他法定主体对未发现的损害提起诉讼，这不符合维护生态环境公共利益的需要。民事诉讼中既判力理论的初衷是禁止当事人滥用诉权和法院重复审判，而生态环境损害赔偿诉

---

① 《环境损害赔偿规定》第 18 条第一款：“生态环境损害赔偿诉讼案件的裁判生效后，有权提起民事诉讼的机关或者社会组织就同一损害生态环境行为有证据证明存在前案审理时未发现的损害，并提起民事公益诉讼的，人民法院应予受理。”

② 既判力，是指法院作出的判决发生法律效力后，当事人和法院都受该判决所判定的内容拘束。既判力的这种拘束力表现为：当事人在判决生效后不得就该判决所判定的权利义务和民事法律关系另行起诉，即对既判的案件不能再提出相异的诉讼主张，法院也不得在后诉中再作出与该判决所判定的内容相矛盾的判断。见宋朝武主编．民事诉讼法学［M］．2 版．北京：高等教育出版社，2018：50.

讼案件中的起诉主体并不是主观上故意不在同一诉讼中对全部损害提出主张，而是由于客观原因难以或不能发现全部损害，因此，现行立法采取允许法定主体因同一损害生态环境行为可以提起民事诉讼的做法，并未违反既判力理论设立的宗旨。

（五）民事公益诉讼案件的裁判生效后，赔偿权利人提起生态环境损害赔偿诉讼

民事公益诉讼案件的裁判生效后，人民法院对赔偿权利人提起的生态环境损害赔偿诉讼是否受理的问题，《环境损害赔偿规定》第 18 条第二款①作了人民法院应予受理的规定，但存在三个前提条件，一是因同一损害生态环境行为；二是有证据证明；三是存在前案审理时未发现的损害。对于该规定是否违反民事诉讼中的既判力理论，论证的理由与前文一致，此处不再赘述。

五、结语

2018 年起全国试行生态环境损害赔偿制度，《环境损害赔偿规定》对生态环境损害赔偿的磋商与诉讼衔接制度的规定尚不完善，需要不断进行理论研究和实践探索。本文的观点主要基于对现阶段实施的文件和司法解释的理解，以及结合司法实践经验而形成，期望随着不断进行的理论研究和实践探索，协调处理好磋商与诉讼的衔接问题，构建具有中国特色的生态环境损害赔偿制度。

---

① 《环境损害赔偿规定》第 18 条第二款："民事公益诉讼案件的裁判生效后，有权提起生态环境损害赔偿诉讼的主体就同一损害生态环境行为有证据证明存在前案审理时未发现的损害，并提起民事公益诉讼的，人民法院应予受理。"

参考文献

[1] 刘慧慧. 生态环境损害赔偿诉讼衔接问题研究 [J]. 法律适用, 2019 (21): 23-33.

[2] 王晓光. 论生态环境损害赔偿诉讼的若干基本关系 [J]. 法律适用, 2019 (21): 11-22.

甘南藏族自治州非物质文化遗产保护现状*

刘 媛**

（兰州大学西北少数民族研究中心，甘肃兰州 730000）

摘 要：甘南藏族自治州历史悠久，幅员辽阔，拥有丰富的非物质文化遗产资源，其中有8项国家级非物质文化遗产，48项省级非物质文化遗产项目。近年来，甘南州加强了非物质文化遗产项目的保护力度，在制定法律条例、举办各类展演活动、借助“扶贫”发展“非遗”事业等方面取得了不俗的成绩。但也存在着传承人老龄化严重、专业人才与资金匮乏、群众参与度低等问题。本文建议通过立足学校，培养新时代传承人；依托各类高校，加强专业培训；依靠“非遗”保护的各类主体，可通过促进“非遗”发展等方式促进甘南州非物质文化遗产的保护与发展。

关键词：甘南藏族自治州；非物质文化遗产；传承方式

---

* 国家社科重大项目“藏族民间苯教经书‘莱坞四典四部广经’的分类整理及研究”项目编号：15ZDB115的阶段性成果，2016年度兰州大学科研创新团队培育项目“苯教古籍文献精选本整理及其数字化建设”项目编号：16LZUJBWTD011的阶段性成果。

** 刘媛，兰州大学西北少数民族研究中心2018级硕士研究生，研究方向：藏族非物质文化遗产。

一、甘南州非物质文化遗产保护的有效措施

（一）有理有据的法律保护

2015年8月甘南藏族自治州第十五届人大常委会第二十六次会议公布施行《甘肃省甘南藏族自治州非物质文化遗产保护条例》①（简称《条例》），这标志着甘南州的非物质文化遗产保护进入有法可依的时代。《条例》按照"保护为主，抢救第一，合理利用，继续发展"的方针，通过挖掘、保护、传承、发展，开创甘南州非物质文化遗产保护工作的新局面。甘南州实施"文化撑州"战略，将文化旅游产业确定为全州两大首位产业之一，相继出台《实施文化撑州战略建设文化甘南的意见》《甘南州推进华夏文明传承创新区建设实施意见》《甘南州藏羌彝文化产业走廊建设实施意见》《加快推进文化产业发展的实施意见》等政策措施，这些措施都将积极促进甘南州非物质文化遗产的保护和发展②。

（二）形式多样的保护方式

甘南州鼓励支持传承人开展传承活动等，"非遗"传承群体不断扩大，技艺、素质、传承能力不断提升，先后累计推荐甘南州126名"非遗"传承人参加了天津大学③、上海工艺美术学院、西北民族大学④等举办的培训，培养非物质文化遗产学员200多人。西北民族大学承办"非遗"传承

---

① 甘南藏族自治州人民代表大会常务委员会. 甘肃省甘南藏族自治州非物质文化遗产保护条例［EB/OL］. 中国新闻网，（2015-07-31）. http://www.chinanews.com/m/cul/2015/07-31/7440994.shtml.

② 甘南州围绕"四大板块"大力发展文化产业［EB/OL］. 甘南日报，（2018-11-05）. http://gn.gansudaily.com.cn/system/2018/11/05/017076942.shtml.

③ 天津大学面塑与木雕技艺非遗传承人研修班正式开班［EB/OL］. 中国社会科学网，（2019-07-17）. http://ex.cssn.cn/zx/zx_gx/news/201907/t20190717_4935609.shtml? COLLCC=1666618090&from=groupmessage.

④ 年轻视角看非遗 甘肃高校非遗传承人成果展开幕［EB/OL］. 搜狐网，（2018-06-09）. https://m.sohu.com/a/234738003_100182918.

人培训计划①。2017 年甘南州依托国家级、省级传承人在甘肃民族师范学院举办了主题为“传承文化遗产，弘扬民族精神”非物质文化遗产进校园晚会②。

甘南州建成甘南藏族歌舞演艺基地（合作）、拉卜楞藏传佛教文化基地（夏河）、甘南藏医药生产基地（碌曲、合作、夏河）、迭部腊子口生态文化基地（迭部）、“格萨尔”演绎与“格萨尔”影视推广基地（玛曲）等 7 个文化产业基地项目③。甘南州还通过文字、影像等多种形式保护非物质文化遗产。州、县市政府相继出版发行了《甘南州历史文化丛书》(共 23 册)、《甘南藏族民歌》(共 4 册)、《甘南州藏戏剧本集》《夏河县非物质文化遗产》《舟曲非物质文化遗产丛书》等丛书。

(三) 丰富多彩的“非遗”展演

甘南州藏族唐卡、卓尼洮砚制作技艺、甘南“南木特”藏戏、甘南“锅庄舞”、藏族服饰、藏族弹唱、藏族民歌等项目，在尼泊尔、台湾、香港、深圳、上海、天津、北京、成都、西安、兰州、敦煌等地参加了非遗展示展演和文博会④；洮砚参加过多次“全国文房四宝艺术博览会”⑤；2017 年和 2019 年举办了甘南“南木特”藏戏展演⑥；举办了“文化和自然遗产日”系列活动、非遗产品、图片展等活动⑦。

---

① 西北民族大学“中国非物质文化遗产传承人群研培计划”2017 年高级研修班学员作品选［J］. 西北民族大学学报（哲学社会科学版），2018（1）：封 2.

② 甘肃民族师范学院组织开展藏区“非遗”进校园系列活动［N/OL］. 甘肃日报，（2017-07-18）. http://edu.gansudaily.com.cn/system/2017/07/18/016763937.shtml.

③ 甘肃民族师范学院组织开展藏区“非遗”进校园系列活动［N/OL］. 甘肃日报，（2017-07-18）. http://edu.gansudaily.com.cn/system/2017/07/18/016763937.shtml.

④ 甘南州组团参加第十五届中国（深圳）国际文化产业博览交易会［EB/OL］. 临潭发布网，（2019-05-23）. https://m.sohu.com/a/316079204_120060485.

⑤ 甘肃省洮砚协会参加第三十七届中国文房四宝艺博展［EB/OL］. 国家旅游地理网，（2016-04-19）. http://www.cntgol.com/huicui/2016/0419/58292.html.

⑥ 全州“南木特”藏戏展演在碌曲尕秀拉开帷幕［EB/OL］. 甘南州文旅局官网，（2019-09-11）. https://m.baidu.com/sf_baijiahao/s? id=1644387116729056798&wfr=spider&for=pc.

⑦ 甘南州临潭县举办 2019 年“文化和自然遗产日”非遗展示暨文艺汇演系列活动［EB/OL］. 甘肃省文化和旅游厅官网，（2019-06-12）. https://m.sohu.com/a/320095461_120026097.

甘南州通过九色甘南“香巴拉”旅游艺术节，各县（市）举办的大型民俗活动、重大节日活动，对国家、省、州级非物质文化遗产进行大力宣传、展演活动[①]。如：夏河拉卜楞寺每年举行的正月、二月、七月大法会上，甘南州优秀的民族民间文化精品——酥油花、“桑欠木”“哈欠木”、佛殿音乐“道得尔”等得以集中展示[②]。甘南州主办“非遗进校园”活动，深入大中小学开展甘南“南木特”藏戏、洮砚制作技艺、唐卡制作技艺、藏族弹唱、锅庄舞、刺绣、剪纸等精品项目进校园公益展示展演，受益学生6万人次[③]。州博物馆、州文化馆、县（市）民俗馆、“非遗”展馆始终坚持对外免费开放，年接待群众8万人次[④]。

（四）“非遗+扶贫”的助力

甘南州一方面组织帮助省级以上的非物质文化遗产项目的传承人积极申报，争取传习补贴。另一方面鼓励继承人进行开发生产，成立扶贫就业工坊。截至目前，以甘南藏族唐卡、卓尼洮砚制作技艺等传统工艺振兴为主的非物质文化遗产项目生产、加工公司已达18个，完成了从输血到造血的改造。2017年3月，甘肃省共有15项国家级“非遗”代表项目列入第一批《中国传统工艺振兴计划》，甘南州的甘南藏族唐卡、卓尼洮砚制作技艺两项入选[⑤]。

2019年甘肃省文旅厅与省扶贫办联合下发《关于做好省级非遗扶贫就业工坊申报工作的通知》，支持在全省贫困县组织开展省级“非遗”扶贫就业工坊建设，确定将夏河县善源民族工艺品有限公司等91家单位认定为

① 甘南州香巴拉旅游艺术［EB/OL］. 新华网，（2018-03-19）. http://www.xinhuanet.com/travel/2018-03/19/c_1122560588.htm.

② 晒佛，祈求众生平安，拉卜楞寺的这个大法会引人注目［EB/OL］. 甘肃省文化和旅游厅，（2019-08-20）. https://baijiahao.baidu.com/s?id=1642103031589353465&wfr=spider&for=pc&isFailFlag=1.

③ 我校组织开展藏区“非遗”进校园系列活动［EB/OL］. 甘南民族师范学院官网，（2017-07-14）. http://www.gnun.edu.cn/info/1003/8503.htm.

④ 甘南州文化广电与旅游局非遗科内部资料。

⑤ 文化和旅游部 工业和信息化部关于发布第一批国家传统工艺振兴目录的通知［EB/OL］. 非物质文化遗产司官网，（2018-05-21）. http://zwgk.mct.gov.cn/auto255/201805/t20180523_832908.html.

甘肃省级“非遗”扶贫就业工坊，其中甘南州12家单位认定为省级“非遗”扶贫就业工坊[①]，分别是：夏河县善源民族工艺品有限公司；卓尼县万荣洮砚文化艺术品有限公司；卓尼县德琴巧手民俗文化旅游发展贸易公司；卓尼县望杰藏式建筑技艺有限责任公司；卓尼县炫丽民族服饰加工有限责任公司；临潭县洮绣传承开发责任有限公司；临潭县双龙民族工艺铜器加工有限责任公司；临潭县洮砚产业基地传习所；临潭县锦绣洮绣艺术有限责任公司；临潭县洮艺芭手绣加工有限责任公司；舟曲县泉城手工艺品有限公司。这些“非遗”扶贫就业工作坊在促进甘南州“非遗”保护和经济发展发挥着重要作用。

二、甘南藏族自治州非物质文化遗产保护存在的问题

（一）传承人老龄化严重

少数民族非物质文化遗产最为根本的特征就是“活态性”，其具有的物质方式是被某一民族的后代即个人、集体、群体所认同、传承、更新的[②]。传承人是非物质文化遗产知识和技艺的承载者和传递者，是少数民族非物质文化遗产传承的主体。截止到2019年12月，甘南州9位国家级非遗传承人全是20世纪60年代左右的老人，平均年龄达66岁，60位省级传承人的平均年龄是58岁，国家级和省级传承人的老龄化都十分堪忧。甘南州“非遗”传承人老龄化严重，传承人们没有足够的精力收授徒弟和开展传承活动，这样严重影响甘南州“非遗”的持续发展。随着现代社会的不断发展，交通的日益便捷，越来越多的藏族人走出山村，进入城市工作和生活，传统文化和技艺在农村已进入无人传承的困境。

---

① 甘肃省文化和旅游厅　甘肃省扶贫开发办公室关于支持设立省级非遗扶贫就业工坊的通知［EB/OL］. 甘肃省文化和旅游厅网站，（2019-12-18）. http://wlt. gansu. gov. cn/ywwj/30090. jhtml.

② 贾银忠主编. 中国少数民族非物质文化遗产教程［M］. 北京：民族出版社，2008：10.

（二）保护模式过于陈旧

截至2020年，甘南州尚未建立成熟的“非遗”数字化体系，未将现代科技与“非遗”保护结合起来。甘南州目前主要通过文字形式静态地保护非物质文化遗产；饱含浓郁藏民族特色的宣传片——《梦幻香巴拉》《甘南》等着重为甘南地区的旅游做宣传，未深入“非遗”项目的保护和传承上；甘南州政府和博物馆官网呈现的“非遗”信息仅是文字和图片，没有详细展现“非遗”项目的全貌；甘南州也没有建立专门的网站来介绍和宣传甘南州的非物质文化遗产文化；甘南州各类“非遗”相关的文化基地和文化产业项目基础薄弱，尚未形成产业规模。甘南州的非物质文化遗产的宣传主要是借助各类节日活动，其经济价值主要借助于旅游发展，许多“非遗”项目本身的价值尚未开发，还未摸索出适宜的发展模式。

（三）专业人才与资金匮乏

甘南州的非物质文化遗产是极具民族性、地域性和季节性的，如：正月法会、二月插箭节、四月娘乃节、五月庙会、六月采花节、七月赛马节、九月尕巴等，这些项目时间性非常强，必须要按时下乡普查、搜集、拍摄第一手资料；藏族唐卡、藏医药、砚台制作技艺、佛宫音乐“道得尔”、榻板房制作技艺等专业性要求高。甘南州的绝大多数“非遗”项目属于藏族群众，绝大多数“非遗”传承人只会说藏语而不懂汉语，而“非遗”工作人员的藏语水平不高，对农区、牧区的藏语不甚精通，交流有很大障碍；从事“非遗”项目的工作人员，大都没有经过专业的训练与培训，不了解“非遗”项目的历史渊源、文化背景和传承谱系，制约着他们开展各类工作；“非遗”工作人员对“非遗”事业没有深刻的认识，各类工作难以深入。由于甘南州非物质文化资源十分丰富，在搜集整理中，需要一定的专业设备（如数码照相机、摄像机、电脑等）才能完成申报资料。但是，甘南州财政有限，经费投入少，无力购置高端设备，这严重制约了非物质文化遗产的保护工作有效开展。甘南州同时也缺乏技术人员，难以独立完成高质量的音像、图片等资料，这在很大程度上影响申报效果。

（四）公众参与度低

甘南州的总面积为4.5万平方千米，下辖一市七县（合作市和夏河、玛曲、碌曲、卓尼、迭部、临潭、舟曲七县），是一个以藏族为主体的多民族聚居区，辖区内面积广阔，民族众多，很多“非遗”项目是老百姓日常生活的一部分，老百姓们随时随地都能接触到，由于对“非遗”的重要性没有清楚认识，很少参与到“非遗”保护事业中来，在“非遗”保护中也只充当观众的角色，个人、家庭、社会和学校没有发挥“非遗”保护的主体作用，只是被动地参与，公众对“非遗”保护的参与度特别低。甘南州很多“非遗”项目的保护与传承仅靠几个传承人苦苦坚持，生活中缺少平台来交流经验。甘南藏族自治州文化与旅游局非物质文化遗产科难以面面俱到地保护州内的每项“非遗”项目，很多工作的开展都依赖县市“非遗”办公室，然而各县市“非遗”办公室人员不足，没有结合各地实际情况深入开展宣传工作，难以调动群众参与“非遗”保护的积极性。

三、甘南藏族自治州非物质文化遗产保护的建议

（一）立足学校，培养新时代传承人

在甘南州传承人老龄化日益加剧的当下，我们应将目光放在年轻的一代身上。非物质文化具有重要的教育价值[①]，在中小学里不单单是请“非遗”传承人去讲“非遗”文化，更应该将“非遗”文化中的精华部分纳入甘南州中小学的地方课程中来，张海燕在其硕士论文中就大量探讨非物质文化遗产传承园本课程的可行性与必要性[②]。同时，可在省内的各个高校里开设有关“非遗”技艺的公共选修课，鼓励学生投身于“非遗”文化

---

① 王文章主编. 非物质文化遗产概论［M］. 北京：科学教育出版社，2008：94.

② 张海燕. 基于内蒙古非物质文化遗产传承的园本课程开发研究——以内蒙古师大实验幼儿园为例［D］. 呼和浩特：内蒙古师范大学，2012.

保护工作中来。最后，具有巨大经济开发前景的“非遗”项目，如藏族唐卡（甘南藏族唐卡）、砚台制作技艺（洮砚制作技艺）、舟曲县织锦带等可以开设工作坊，招收大中专学生，既解决了学生就业问题，同时又为“非遗”项目培养了传承人。

（二）依靠现代科技，更新保护模式

甘南州可借助“互联网+非遗+扶贫”新模式，将电商精准扶贫使命与非物质文化遗产活化传承目标结合，使非物质文化遗产现代生活化、时尚商品化、产业可持续化，从而帮助州内群众脱贫致富。甘南州可以借助文化和旅游部、国务院扶贫办支持“非遗”扶贫就业工坊的“东风”，依托州内各类“非遗”项目，设立一批有藏族特色、带动作用明显的，帮助贫困人口学习传统技艺，促进就业增收，巩固脱贫成果的本地企业。甘南州应该借助现代科技的力量，打造甘南州特色的“非遗+电商”模式，开发“非遗”项目本身的经济价值，促进州内“非遗”项目更有活力的发展。

（三）依托各类高校，加强专业培训

为形成多层次、多学科和多形式的非物质文化遗产保护、传承人才的培训机制，全面提高有关人员的业务素质，甘南州应积极与甘肃省内的各个大学合作。一是加强与甘肃民族师范学院的藏区非物质文化遗产数字化保护技术研究重点实验室的合作，借鉴其先进科研技术，加快建立“非遗”数字化体系；二是甘南州要紧紧依靠西北民族大学的教育资源，加强“非遗”工作人员的专业培训；三是甘南州要加强与兰州大学的学术交流活动，开展甘南州非物质文化遗产学术研讨会，让广大学者参与到甘南州非物质文化遗产保护与发展的讨论和研究中来。

（四）依靠各类主体，促进“非遗”发展

在“非遗”事业保护上，个人、家庭、社会和学校都是非物质文化遗

产传承的主体，各主体应相互协作相互配合①。甘南州的非物质文化遗产与群众的日常生活紧密相连，每个人都是保护和传承的主体，要利用各种方式提升大家对“非遗”的关注。传承人应发挥带头作用，积极开展各类传承活动；文化馆通过文化遗产展板和宣传资料等方式定期向社会普及文化遗产的基础概念和重要作用等知识；各级政府建立便捷有效的保护机制来鼓励大家参与到“非遗”事业的保护中来。甘南州在促进非物质文化遗产发展的过程中要积极利用公益协会的力量。如：甘南州迭部县的退休老干部们组成的“迭部县非物质文化遗产协会”，就促进迭部县“非遗”事业发展发挥了重要的作用。

参考文献

[1] 甘南藏族自治州人民代表大会常务委员会. 甘肃省甘南藏族自治州非物质文化遗产保护条例 [EB/OL]. 中国新闻网, (2015-07-31). http://www. chinanews. com/m/cul/2015/07-31/7440994. shtml.

[2]甘南州围绕“四大板块”大力发展文化产业[EB/OL]. 甘南日报, (2018-11-05). http://gn. gansudaily. com. cn/system/2018/11/05/017076942. shtml.

[3]天津大学面塑与木雕技艺非遗传承人研修班正式开班[EB/OL]. 中国社会科学网, (2019-07-17). http://ex. cssn. cn/zx/zx_gx/news/201907/t20190717_4935609. shtml？ COLLCC=1666618090&from=groupmessage.

[4]年轻视角看非遗 甘肃高校非遗传承人成果展开幕[EB/OL]. 搜狐网, (2018-06-09). https://m. sohu. com/a/234738003_100182918.

[5]西北民族大学“中国非物质文化遗产传承人群研培计划”2017 年高级研修班学员作品选[J]. 西北民族大学学报(哲学社会科学版), 2018(1): 封 2.

① 普丽春，袁飞. 少数民族非物质文化遗产教育传承的主体及其作用 [J]. 民族教育研究，2012，23 (1)：115-121.

[6]甘肃民族师范学院组织开展藏区“非遗”进校园系列活动[N/OL]. 甘肃日报,(2017-07-18). http://edu. gansudaily. com. cn/system/2017/07/18/016763937. shtml.

[7]甘肃民族师范学院组织开展藏区“非遗”进校园系列活动[N/OL]. 甘肃日报,(2017-07-18). http://edu. gansudaily. com. cn/system/2017/07/18/016763937. shtml.

[8]甘南州组团参加第十五届中国(深圳)国际文化产业博览交易会[EB/OL]. 临潭发布网,(2019-05-23). https://m. sohu. com/a/316079204_120060485.

[9]甘肃省洮砚协会参加第三十七届中国文房四宝艺博展[EB/OL]. 国家旅游地理网,(2016-04-19). http://www. cntgol. com/huicui/2016/0419/58292. html.

[10]全州“南木特”藏戏展演在碌曲尕秀拉开帷幕[EB/OL]. 甘南州文旅局官网,(2019-09-11). https://m. baidu. com/sf_baijiahao/s? id=1644387116729056798&wfr=spider&for=pc.

[11]甘南州临潭县举办2019年“文化和自然遗产日”非遗展示暨文艺汇演系列活动[EB/OL]. 甘肃省文化和旅游厅官网,(2019-06-12). https://m. sohu. com/a/320095461_120026097.

[12]甘南州香巴拉旅游艺术[EB/OL]. 新华网,(2018-03-19). http://www. xinhuanet. com/travel/2018-03/19/c_1122560588. htm.

[13]晒佛,祈求众生平安,拉卜楞寺的这个大法会引人注目[EB/OL]. 甘肃省文化和旅游厅,(2019-08-20). https://baijiahao. baidu. com/s? id=1642103031589353465&wfr=spider&for=pc&isFailFlag=1.

[14]我校组织开展藏区“非遗”进校园系列活动[EB/OL]. 甘南民族师范学院官网,(2017-07-14). http://www. gnun. edu. cn/info/1003/8503. htm.

[15]甘南州文化广电与旅游局非遗科内部资料。

[16]文化和旅游部 工业和信息化部关于发布第一批国家传统工艺振兴目录的通知[EB/OL]. 非物质文化遗产司官网,(2018-05-21). http://

zwgk. mct. gov. cn/auto255/201805/t20180523_832908. html.

[17]甘肃省文化和旅游厅　甘肃省扶贫开发办公室关于支持设立省级非遗扶贫就业工坊的通知[EB/OL]. 甘肃省文化和旅游厅网站,(2019-12-18). http://wlt. gansu. gov. cn/ywwj/30090. jhtml.

[18] 贾银忠主编. 中国少数民族非物质文化遗产教程 [M]. 北京: 民族出版社, 2008: 10.

[19] 王文章主编. 非物质文化遗产概论 [M]. 北京: 科学教育出版社, 2008: 94.

[20] 张海燕. 基于内蒙古非物质文化遗产传承的园本课程开发研究——以内蒙古师大实验幼儿园为例 [D]. 呼和浩特: 内蒙古师范大学, 2012.

[21] 普丽春, 袁飞. 少数民族非物质文化遗产教育传承的主体及其作用 [J]. 民族教育研究, 2012, 23 (1): 115-121.

当代我国高校辅导员学生管理工作问题分析及对策研究*

王永祥　田　雪**

（贵州民族大学人文科技学院，贵州贵阳　550025）

摘　要：随着新媒体的广泛运用，高校学生在日常生活中面临着各种超高消费问题、网络诈骗、或因学业和就业压力所带来的心理问题等等，而这些问题是当前高校辅导员实施学生管理工作中表现突出的问题。高校学生的这些问题是否得以防范或有效化解成为大学生能否健康成长及其能否顺利完成学业的关键。因此，本文拟从高校辅导员如何正确分析解决这些学生管理中的突出问题来展开论述，并提出有效应对的几点措施及建议。

关键词：大学生；辅导员；学生管理工作

随着时代的发展，在校大学生面对着更多更复杂的实际问题，这对传统的高校学生管理工作带来了挑战，高校学生管理工作亟须与时俱进，创

---

* 基金项目：2019 年贵州省教育厅高校人文社会科学研究青年项目（辅导员项目）“大学生心理辅导体系建设研究”（项目编号：2019FDY40）的研究成果。2021 年贵州省教育厅高校人文社会科学研究思政项目（辅导员）“新时代贵州民办高校学生思想行为特点及思想政治教育路径研究”（项目编号：2021FDY005）的阶段性成果。

** 作者简介：王永祥（1985—），男，江苏连云港人，讲师。研究方向：思想政治教育。
田雪（1986—），女，土家族，贵州贵阳人，讲师。研究方向：思想政治教育。

新管理模式以应对当前学生面对的实际问题。当前，在校大学生不仅要面对学业竞争和就业困境，还要面对生活中的各种网络骗局，等等，这些问题在当前高校学生管理过程中需要学校重视并进行妥善疏导和管理。尤其是辅导员在学生思政教育和管理过程中，需要给学生提供不竭的动力源泉，帮助学生处理好学习与生活事务。衡量一所高校的办学质量，学生管理工作是不可忽视的一个重要方面。

一、当前高校在校学生面临的突出问题

高校在校学生绝大多数已是成年人，但是这些困在象牙塔里的“天之骄子”却缺少成年人应有的判断能力和社会实践经验。因此，无论是学习上还是生活上，其将面对着当前社会生活中各种复杂的社会环境和社会风气影响，难以形成自我成熟与准确的判断力，从而陷入困境。

（一）当前消费社会所带来的负面影响问题

我国当前正处于社会转型和市场经济发展的关键时期，高校办学或管理体制改革也逐步在完善之中，而传统的价值观、人生观和世界观等受到了极大的冲击，各种不良风气：现实、功利、拜金、利己、享乐主义等方式对在校学生造成了不利影响，特别是自媒体的广泛运用，造成了这些不利影响的无序传播。

在校学生作为成年人，拥有成年人的社会需求和价值取向，但是他们又无法在经济上得以独立自主，因此，这些不利影响给学生带来的直接后果就需要其所在家庭来承担。

（二）高校在校学生面临的诈骗问题

作为刚步入成年阶段的人群，几乎没有社会生活体验或经验，对错综复杂的社会环境当然缺乏应有的正确判断，对各种社会信息的掌握也不足，很容易遭受各种网络诈骗。网络诈骗的方式繁多，如校园内的“广告诈骗”“以招聘为名义的网络诈骗”“以次充好的宿舍推销”以及“套路

贷”等的侵害。

在信息时代，诈骗方式日趋高明。不少学生卷入其中，酿成了许多的社会悲剧。据统计，在校学生中曾有一半左右的人遭遇过“网络信息骗局”或“手机短信形式的诈骗”，少部分的人遇到过“套取银行卡、支付宝资金骗局”。还有基于学生身份信息的泄漏而导致的“精准诈骗”，相对于上述陷阱来说，基于信息泄漏而导致的“精准诈骗”则防不胜防，不要说这些还未步入社会生活的学生无法防范，就算拥有丰富社会生活经验的老师们也未必能做到准确判断。由此可见，高校学生管理工作的方式方法必须要做到“魔高一尺，道高一丈”才可有效应对当前学生所面临的社会问题。

（三）基于学业竞争和就业压力所带来的心理问题

在校大学生进入新的学习和生活平台后，尤其是大学学习方式与生活方式相对于之前的中学来说有了巨大变化，对于适应环境能力较差的学生来说，给其心理上带来的压力则难以被自我有效的感知到或者被人发现。特别是在学业上，经过中小学十几年的寒窗苦读，迈入大学的门槛，拥有更宽松愉悦的学习氛围，考试成绩并非衡量学业的唯一标准，环境变化所带来的心理变化当然就五花八门了，从而导致一部分学生入学后思想懈怠，厌学或沉迷网络游戏，这样发展下去不但不能正常完成学业，甚至还会造成严重的心理疾病。

另外，面临严峻的就业形势、面对就业的激烈竞争，很多在校大学生无形之中就失去了自信，畏惧接触社会，不去努力实践，成天郁郁寡欢，给其心理上也带来了不小的压力。

二、当前高校辅导员学生管理工作的任务

（一）辅导员是社会负面价值观影响的矫正者

身处学生管理工作一线的高校辅导员实施思想政治教育及心理健康教

育，是学生情绪疏导和“三全育人”的中坚力量。辅导员通过日常思想政治教育和心理疏导工作与学生加强了心灵沟通，更容易洞察学生的各种不良价值取向或负面情绪。

辅导员通过与学生在日常生活建立起来的相互信任或良好沟通状态，对学生进行价值观偏向矫正具有不可替代的作用。只有在洞察学生的不良价值取向或某种负面情绪的基础上，学生才会从心理上乐于接受辅导员老师的建议或批评。辅导员在与学生的日常接触过程中，更善于观察、理解学生的各种不良表现，更容易做出合理的及时的反应。[①] 因此，辅导员是学生日常生活的守护者，是学生正确价值观的引导者，是学生不良价值观的矫正者。

（二）辅导员是在校受骗学生的发现者

新时代高校辅导员承担着立德树人、育人育才的重要任务，是实施思想教育职能、完成学生管理工作的重要队伍和骨干力量。所以，高校辅导员常常被称为“学生日常生活的良师益友”，在学生的日常教育、管理和引导过程中，受骗学生一般都会第一时间将自身情况告知辅导员老师；同时，辅导员老师在日常的学生教育管理过程中也很容易第一时间发现学生出现的各种状况，从而得知学生的受骗情况。

根据过往的案例我们很容易发现，大多数学生受骗之后很难通过自身的条件寻求帮助或进行有效补救。因此，辅导员在进行有效的防范教育及各种人身安全或财产安全的警示教育过程中必然也就和学生之间建立起了相互信任的情感状态，学生在碰到人身安全或财产安全问题时，其选择第一时间告诉辅导员老师也是当前高校学生日常生活的现状。相对于辅导员老师来说，专业课老师或学校其他行政辅助人员与在校学生的日常生活接触显然不是每一学年都会形成有效互动的，或者说他们之间在日常生活中所介入学生的深度或广度都不及辅导员工作的介入度深和广。

---

① 李姗姗，张硕．从管理角度谈大学生负面情绪的应对［J］．河北农业科学，2013，17（2）：94-96，100.

（三）辅导员是在校学生的心理疏导者

近年来，随着就业竞争的加剧，学业负担的加重及各种社会风险不可预测性的增加，在校大学生中有心理障碍的人群增多。特别是自杀问题已成为高校辅导员工作不得不察的突出问题。调查显示，在自杀的人群中，大约9%的患者被诊断为人格障碍，而且“不正常人格”达到30%①。其中，冲动型人格、反社会性人格由于易激怒和冲动，最容易发生过激行为。而那些表演性人格、强迫性人格障碍自杀性比较高，容易在诱使的条件下采取过激行为。由于心理疾病引发的大学生精神疾病、自杀、危害家庭乃至于危及他人和社会的现象不容忽视。

对于辅导员学生管理工作来说，心理健康教育必然需要加大力度，学生心理健康疏导工作必然需要得到有效重视。辅导员需要在日常工作中善于发现有心理障碍的学生，善于及时做好学生的心理疏导工作。学生的心理健康教育和心理疏导工作更多的需要辅导员进行积极有效，积极主动的工作才能更为有效的解决当前高校学生面临的心理问题。辅导员在这一过程中，向学生传递积极向上的社会信息，肯定学生的努力，不失为解决学生心理障碍的有效途径，进而使学生们终身受益。

三、当前高校辅导员学生管理工作突出问题的应对措施

我们正处于社会急剧变革的时代，大学生社会经验不足，心理素质不够健全，加之又承受就业、经济、学业压力和家庭、社会等施加的各种压力，很容易导致学生们走向歧途。近年来，发生在高校的涉及学生的各种超前高消费、网络骗局、打架斗殴、伤人或自残等事件值得深思和警醒。这些不利的因素若放任自流，必将危及学校的正常教学秩序和学生正常的学习和生活。作为高校辅导员，应当与时俱进，寻求有效的应对措施和工

① 曾长秋，赵晓娜．透视大学生自杀行为的人格障碍［J］．中国医学伦理学，2007，20（1）：123-125.

作管理办法是当前实施学生管理工作的突出问题。如何防控，如何疏导，这是当前辅导员工作面临的挑战和考验。

（一）时刻关注学生自我意识教育，建立理性的认知

首先，教育大学生树立正确的价值观以应对社会负面影响，正确的价值取向有助于学生理性对待身边的负能量。所以辅导员引导学生树立正确价值观，从客观多元的负能量信息中，辩证的去建构唯物主义价值观和历史唯物主义价值观。只有树立正确的价值观，才能妥善的认知周围的事物，对其进行科学的分析，作出正确的心理反应。

其次，培养大学生对事物的理性认识。人类认识事物是从感性认识走向理性认识的过程，对于心智尚未成熟的大学生，身处错综复杂的社会环境，面对各种形形色色的信息冲击，缺乏科学的分析和把握。故此，辅导员应根据学生的年龄特征、阶段性价值取向以及心理水平等因素，对学生进行讲解，给予学生以有效的理性认知，有效处理社会负面干扰。

最后，鼓励学生走向阅读。阅读能够净化学生浮躁的心理，学生可以通过阅读更好地消除社会负面价值带来的焦躁与不安。鼓励学生阅读，是为了让学生由现实压力走进宁静的学术氛围、成熟人的心智，以知识促进内心精神力的强大。

（二）指导学生正确防范和有效处理诈骗问题

大凡学生被骗，都是自己的消费欲望所刺激。学生崇奢攀比的心理，导致他们透支自己的财政能力，不得不求之于网贷。为了还清债务，付之于两途。一是，利用循环贷来平衡自己的财政。二是，自己被骗，反而去骗自己身边的人，导致受骗的人群逐渐扩大。而辅导员对于受骗之学生，需采取以下对策。

首先，协助学生及时挽回损失。学生受骗已经是方寸大乱，不知所措。辅导员要有清晰的思维，及时安抚学生，告知有挽回的可能，疏解他们的失落感。

其次，及时报警，请相关技术人员介入，迅速取证。在不法分子潜逃

时，冻结其银行账户。通过种种手段，使不法分子早日归案，及时返还学生的损失。再次，学生受骗之时，必然经济大损。若遇到经济困难户，辅导员应及时协助学生，向学校相关方申请此类补贴，度过眼前危机。

最后，普及防骗套路，宣传典型案例，让学生时刻保持高度警惕。让学生熟知各种防骗套路，具备防骗能力，也就百毒不侵了。这有利于保护自己的财产，免受不法侵害。

（三）指导学生正面抗压，合理宣泄心理压力

入校的大学生面对陌生的生活环境，要学习许多东西，要经历来自学习、生活、人际关系方面的许多压力。① 大学生应对压力的方法多种多样，但也会出现这种情况。有过激行为的大学生以消极的方式应对自己的压力问题，如以回避、敌意、自我解决等不当方式表现出来，久而久之自损其心理。这说明学生对有效缓解自身压力，不得其门而入。故此，应当鼓励学生以积极的方式认识压力。

首先，学会平衡好自己的心态，能否走得更远将取决于你内心是否真的强大。要想舒缓自己的压力，需从思想开始，心态上要乐观，做到不以物喜不以己悲。

其次，学会去阅读。学生浮躁气太重，需要书香气来净化自己的心灵。

再次，调节好自己的生活节奏，做到张弛有度，劳逸结合。

最后，因遇到较大的打击而感到痛苦，则需要通过言语倾诉、放声大喊等方式来释放苦恼，或者采取心理咨询。让学生懂得，只有通过社会认同下的合理宣泄法及时渲泄出自己过激的情绪，才能以积极情绪促进自己的心理健康。

对于学生就业的心理安抚，辅导员需要作出以下努力。

首先，不断学习大学生就业工作的相关知识、政策、文件，精通求职

---

① 吴偲．高校辅导员对于大学生应对压力的引导策略研究［D］．武汉：华中师范大学，2013：33.

的流程、技巧与策略，用好“线上线下”招聘资源，提高就业指导工作能力。

其次，采用全程系统跟踪的方法实行大学生就业辅导。对大学生要展开就业辅导，比如说面试前的准备、简历的制作、临场的镇定等，帮助学生掌握求职技能、树立正确的就业观、设立合理的就业预期，高校辅导员应对不同用人单位以及不同岗位的特点帮助学生做好面试准备。①

再次，讲解国家就业政策，扩展有效的就业信息渠道。高校辅导员要及时把握就业政策，并通过各种方式向学生大力宣传国家、学校的最新就业政策，使学生对这些政策能有所了解，为学生提供真实可靠的就业指导。②

最后，做好毕业生跟踪调查工作，建立畅通无阻的校友联系机制。通过此机制，请优秀的校友回访学校，为学生做交流会，挖掘校友资源为学生谋求更多的就业信息。

四、结语

学生的管理要靠辅导员深入学生群体，而辅导员工作的后顾之忧却要高校提供坚实的后盾，其职责就是“执中、守一”。高校要有效解决这样的问题，从精神、物质上去加强辅导员队伍建设，免除其后顾之忧。使得辅导员能全身心地投入学生的日常管理之中，让辅导员成为学生的良师益友。师生能否良性发展，这也是衡量一所高校实施学生管理工作能否经得起新时代的考验、社会的考验的重要指标。

---

① 曹晨，柴玲. 新时代背景下高校辅导员就业指导工作路径探析［J］. 湖北开放职业学院学报，2020，33（1）：102-104.

② 陶建华，左冬梅. 创新创业视角下大学生就业指导现状分析及对策研究［J］. 教育教学论坛，2020（24）：50-51.

风险刑法问题研究

郑 程*

（贵州民族大学法学院，贵州贵阳 550025）

摘 要：风险客观地存在于当下的社会，在贝克将风险社会提出以来，就给人类敲响了风险社会的警钟。刑法学对风险社会的思考是必要的，进而提出风险刑法的这一概念。我国所面对的风险是一种“压缩的现代化”风险，更需值得注意；现代化下的风险具有人的主观性、不确定性、全球性等特征；风险刑法的本质是对法益的保护，与法益并不违背，具有同一性；刑法对风险问题的回应要坚持谦抑性原则与“二次调整法”的属性，防止刑罚权过度侵犯到其他领域。

关键词：风险；风险刑法；法益；二次法

风险自古以来就有，贝克所提出的风险社会主要是指人类自己制造的现代化风险，人类在享受科学技术进步与社会发展的同时，也面临着食品安全、核能武器、环境污染等方面的风险；有些风险的存在是我们所能承受的，但是有些风险却超出我们承受的范围，刑法这一学科就有必要对其进行相应的思考。

* 作者简介：郑程（1996—），男，汉族，贵州民族大学法学院2019级研究生。

一、风险社会及风险刑法

（一）风险社会

风险社会是来源于西方的一个概念，什么叫作风险社会，可以理解为我们目前所处的社会中所面对的各种不同的风险。诸如911恐怖袭击、福岛核电站泄漏、环境污染、新型冠状病毒、北极冰川融化等所带来的人类不得不面对的风险，也是我们所必须面对的风险。

1. 西方风险社会

西方学者提出了我们已经处于一个风险社会，也是不得不面对的一种社会状态。在这样的社会过程中，人类会感到焦虑及无助，迷茫又彷徨。贝克在《风险社会》一书中提出，“现代性从古典工业社会的轮廓中脱颖而出，正形成一种崭新的形式——工业的‘风险社会’”。[①] 这可以看出风险已经从传统的自然风险转化成了人造的社会风险，人造的风险又大多分为前工业时代的风险与工业时代的风险。

人造的风险被提出来之后，风险社会就被许多的学者所关注，政治学、社会学、法学等各方面的学者都在思考面对这样的一种风险应该如何预防及如何处罚。科学技术的高速发展，并没有给我们指出一条合理的规划风险的路径，在面对不同的、不确定的、全球化的风险时，常常表现为束手无策，在这个风险境况中，风险是很不确定的。如贝克认为：“导致风险责任主体模糊和缺位，没有人真正地去对风险灾难承担他应该承担的责任。”[②] 所以对于风险社会的思考与应对就由此而生。

2. 我国所面对的风险社会

我国不可避免的同样面对社会中的各种风险，这样的风险与西方社会相比更具有复杂性。贝克对我国所面对的风险曾以“压缩的现代化”特征

---

① ［德］乌尔里希·贝克. 风险社会［M］. 何博闻，译. 南京：译林出版社，2004：2.

② ［德］乌尔里希·贝克. 从工业社会到风险社会（上篇）——关于人类生存、社会结构和生态启蒙等问题的思考［J］. 王武龙，译. 马克思主义与现实，2003（03）：26-45.

来描述，我国所面对的不仅仅是传统的现代化风险，而且也包括后现代化的风险，在传统工业领域没有完全转型之前，我国就已经进入了后现代化的建设阶段，如5G技术、网络时代、人工智能等等方面的建设。风险的实际存在状态不仅仅有着重工业导致环境污染的风险、也有新兴技术发展所带来的风险问题。在我们享受着科学进步带来的福利的同时，也不得不对科学技术所带来的风险进行细致的思考。

从我国的经济发展历史来看，改革开放以来，经济快速发展，我国跃居为全球第二大经济体。既在第一次现代化的后期阶段也在第二次现代化的初级阶段，同时面临着工业化与城市化建设与网络信息建设、人工智能建设、大数据建设的阶段。我国总体上仍处于第一次现代化的后期，以工业化和城市化为主要特征的第一次现代化并未完成。与此同时，我国以迅猛的态势进入以知识化、信息化、生态化和全球化为主要特征的“第二次现代化”阶段。① 我们回顾一下我国所面对的风险，自然灾害、食品安全、环境污染、科技风险、网络信息安全等等。自然灾害有着广泛存在但不以人的意志力为转移的，每个国家都需要面对的风险，如冰雹、山火、地震及2020年初爆发的新型冠状病毒等；食品安全问题是我国需要着重进行规制的，如之前的“三聚氰胺”“地沟油”“瘦肉精”等等；环境污染风险更是常见，污染的河流、重工业的排放导致的雾霾问题等等；科技风险如“基因编辑婴儿”等事件；网络信息安全的风险相信是公民最能直观感受到的，之前的“熊猫烧香”等网络病毒，被列为2006年的十大病毒之首。在审视我国所面对的风险时，会发现有些风险一旦发生，导致的后果特别严重且无法挽回，侵害的不仅仅是当代的利益也是之后数个时代的利益，范围特别广泛，全球化特征突显。我国面对的风险比其他发达国家所面对的风险更为复杂，在“压缩的现代化”风险之下，传统刑法以结果发生才规制是否太过迟缓了呢？

（二）风险与风险刑法

风险社会已经呈现在我们的面前，我们不得不从刑法的角度去思考风

① 林培晓．风险刑法基本理论研究［D］．重庆：西南政法大学，2014.

险社会所带来的问题，以谋求一种更好的解决路径。

1. 关于风险

风险，是研究风险社会与风险刑法所必须要厘清的问题，风险社会中的风险并非完全等同于风险刑法中的风险。风险一词的起源考证已经无法追寻，但从归纳来看，传统的风险是自然界中广泛存在且不以人的意志为转移的，如航海时会遇到触礁、地壳运动所引发的地震、火山爆发等等。在贝克将风险研究的视角转化为对现代化人为制造的风险来看，风险的定义便不能局限于传统的定义，在面对工业化建设与城市化建设、信息化建设、科学技术的建设情况下，“风险”这个词语逐渐被用来解释社会高速发展下所产生的灾难性的后果。到 20 世纪 80 年代，风险的概念被社会学家广泛引用，从一个经济的风险跨越到了社会理论的范畴，并在社会科学文献中得以广泛应用。① 风险视角的转变是合理的，社会中的风险并不是一定的数学概率问题，也不是局限于自然科学下的风险问题，是人类面对的诸如核能武器的风险、环境恶化的风险、食品安全的风险、网络信息的风险等等。这样的风险需要每个人的关注，这样的风险后果一旦发生，波及范围之大，影响人数之多，后果之严重不言而喻。贝克认为，风险可以被界定为“系统地处理现代化自身引致的危险和不安全感的方式”②。吉登斯在贝克所提出的风险概念下，提出了更为明确的风险界定概念，将风险分为“外部风险”与“人造风险”。外部风险指的是，不以人的主观意志而转移的风险，人在面临这样的风险过程中不具有决断性，如自然灾害所带来的风险；而内部风险是指人在运用自己的主观意志过程中，由于现代科学技术快速发展所带来的风险，这样的风险又是全球性的，具有深刻的人为因素。③ 这样的风险概念可谓是一个较为明确的指引学者对风险社会与风险刑法进行研究的一块基石，人类存在于这样的风险之中，但是这些风险并不当然导致人类处于灾难之中，有些风险的存在是合理的，在人的

① 刘小枫. 现代性社会理论绪论［M］. 上海：上海三联书店，1998：48.

② ［德］乌尔里希·贝克. 风险社会［M］. 何博闻，译. 南京：译林出版社，2004：19.

③ Anthony Giddens. Runaway world：how globalization is reshaping our lives［M］. New York：Routledge，2002：26.

主观意识决定下导致的风险有时候也会不可避免的带来一些附随后果。风险刑法所要研究的风险一定是人所制造出来的风险，会造成极大灾难性的风险。

2. 风险的特征

风险的特征有必要予以归纳，笔者在此处归纳的风险的特征并不意味着风险社会中风险性的特征，更注重于风险刑法层面的特征。

一是人的主观性。主观性对风险而言，指风险是由人的主观意识活动，加之实践所创造出来的风险。如日本福岛的核泄漏事故、生物技术的发展所带来的基因编辑技术、环境污染问题等等，这样的风险皆是由于人的主观意识外在表现所带来的风险，风险的制造者不再是自然而是参与社会活动中的人。学者杨雪冬进一步认为，风险分为自然风险与人为风险，自然的高度“人化”，一切的风险都可以视为人为风险。[1] 人的主观性决定了外部风险需要与人联系，不与人联系的风险不能视为风险社会中的风险，更不能视为风险刑法中的风险。人的主观性决定风险的制造者是人，在这样的程度上，就可以找出应当承担责任的主体也是人。

二是不确定性。风险是不确定的，随着一项新兴的技术发展，并不能明确的知道这项技术所带来的社会后果是好是坏，不确定的特性也成为许多学者批评风险刑法的手段。不可否认的是，风险是指向未来的不确定状态，很难整体的认定与把握。具体来仔细分析风险的不确定性可以从三个方面来理解，首先是难以感知，风险是还未发生的事实，生活中充斥着风险，在不知不觉间风险便悄然而至。可以说，某一类型的风险出现，研究这一类型的专家学者也并不能准确无误的感知它，更不用说普通民众。如疫情之下的风险，这样的风险是无法感知的，我们迫切需要专家的专业知识才会对其有所了解。其次是不可预测性，在技术革新时，不能预测此项技术所带来的方方面面的风险，人的思维往往是滞后的，尽可能的去思考也不能说做到十全十美。特别是在科学技术的大力发展之下，对于其产生

① 杨雪冬. 改革路径、风险状态与和谐社会治理［J］. 马克思主义与现实，2007（01）：17-24.

的风险也并非就能通过数学模型统计出来，这样的不可预测性使得刑法去应对变得束手无策。现阶段人工智能的发展带来许多便利的条件，但是对于人工智能所带来的风险似乎是不可预测的，只能尽力的先思考，这样的思考又需要许多学科之间的相互关联。最后是因果关系难以把握，刑法对犯罪的规制需要考虑因果关系的问题，但是在面对风险时，似乎又犯难了。对于风险，谁能成为规制的因果呢，往往风险的发生并不仅仅是一个人就能导致的，更多是一些无法找到的原因。风险之中结果还未出现，对于因果关系就很难把握，难把握也需要有一种合理的路径进行规制，而不是放任风险导致结果的发生。如环境污染，在这个时代导致的风险也许并不显现，而在下个时代或者后几个时代才会出现结果，这样的情况下因果关系是难以捉摸的。

三是全球性。风险的存在不再是对一个人、一个国、某一个民族，而是对整个地球都会有影响。科学技术的高速发展，社会化程度不断提高，海洋与高山已经不能阻止人与人之间的交流，从陆地此岸到大洋彼岸也是很快的事情，在全球化的形态之下，风险也是全球化的。不管是外部风险还是人造风险，都在影响着全球。现代风险的危害已远远逾越了现代工业社会所包含的民族国家的发展及其疆域边界的逻辑，反过来将侵蚀并且挑战民族国家的体制的基础与统治管理能力。①

3. 风险刑法

风险的存在，一定程度上来说是不可避免及无法规制的，当风险处于一个相对平衡的幅度之中，刑法不得轻易介入来对风险进行规制。要进行科学技术的研究及发展，要引领社会经济提高与探寻更深层次的发展时，风险的存在是合理的。刑法要对哪些风险进行必要的反应，做出刑法的本质反应就是风险刑法的概念。正是由于我们已经意识到风险的发生会带来灾难性的后果，等待后果出现刑法再介入就显得为时已晚，所以需要刑法对风险尚未造成结果发生之时就应该进行规制，这是合理的。从这样的程

---

① 薛晓源，刘国良. 全球风险世界：现在与未来——德国著名社会学家、风险社会理论创始人乌尔里希·贝克教授访谈录［J］. 马克思主义与现实，2005（01）：44-55.

度上来说，风险刑法所规制的是应受惩罚性的风险，这里风险一定是具有人造性的，伴随着人的主观意志的。规制的是某一种风险犯（危险犯），有了造成其他法律所不允许的高度危险时刑法便要发挥作用，仍然要维护好刑法是最后一道防线的作用，也利于保持刑法的谦抑性。换句话说，风险刑法的存在是必要的，也是不可阻挡的，对于人造风险导致的高度危险性，如若等到结果发生，便达不到规制风险的目的。对结果发生然后进行刑法处罚，是为了建立一般预防，而对高度危险进行规制这是让公众建立起一般的积极预防，建立对“法秩序”的信赖。换句话来说，风险刑法与传统刑法对于法益观点是，风险刑法以提前保护法益并且避免使法益受损的结果发生，风险刑法中的风险一旦发生导致的便是不可挽回的灾难性后果，所以需要提前进行保护。

二、“风险刑法”之引入

风险刑法自面世以来，前期并没有受到多大的关注，自切尔诺贝利核泄漏事故以来，人们才恍然发现人造危险对人的影响。学界对风险刑法的研究自劳东燕教授发表的《公共政策与风险社会的刑法》一文开始，风险刑法的研究热潮逐渐增多，而对于是否引入风险刑法便由此产生了一场学术争鸣。

（一）风险刑法理论的“引入”之争

风险刑法自被我国刑法学者所关注以来，对于是否引入的问题便争论不休，至今尚未有着统一的定论。

赞成引入风险刑法的学者分为刑事政策派与改良派。如学者劳东燕认为，刑事政策中的公共政策对于刑法规范的影响较大，会在实体与程序方面对其产生影响，在公共政策的导向之下，刑法对风险的应对会导致限制自由，应通过刑事责任基本原则对其进行规制。[①] 张旭教授也是基于刑事

---

① 劳东燕. 公共政策与风险社会的刑法［J］. 中国社会科学，2007（03）：126-139.

政策之下提出对风险刑法要注意方向选择的导向性，强调安全与自由、立法迁移与刑法扩张、打击与预防、国外与国内的统一。① 学者康伟主张，统一公民自由与社会预防、社会安全之间的关系，需贯彻严而不厉的刑事政策。② 杨兴培教授也是站在刑事政策的立场上来阐述风险刑法的问题，认为通过分析社会风险形成的原因，提出具体应对的刑事政策，注重犯罪的预防。③

改良派是既坚守传统的刑法体系，又需要对风险社会中的风险进行必要的处罚，处罚的方式为另行建构一套体系，并行不悖。如黎宏教授认为，应当维持传统的罪责刑法的基本原则，只是应对新兴犯罪时，刑法才可以作出例外规定。④ 学者郝艳兵认为，对于风险刑法，应以人身危险性作为衡量的标准，增加危险犯的类型；独立规定某一类的预备、未遂犯为犯罪；对持有型的犯罪进行扩充来进行对风险的回应。⑤ 改良派其实已经承认传统刑法对于风险是没有办法规制的，因为侵害的结果没有发生，也即侵害法益的结果没有发生，但是风险又必须要进行规制，不规制会导致严重的后果。在这样的情况下，只能通过原则与例外的形式对风险进行处罚，也即增设危险犯与预备犯和未遂犯。

不赞成引入者认为，一是风险刑法自身理论构建依据不足。风险对社会而言是一种价值判断，并非真实存在，只是社会治理之下的产物。张明楷教授认为刑法对风险是否要规制是存在疑问的，一个行为是否犯罪在于侵害了具体的法益。只根据风险包含着现代社会的科学技术和社会制度不能评价为违法。风险社会的确存在，但是不意味着风险社会的存在就当然的存在违法社会，所以不能把风险社会的理论认为是风险的背景。⑥ 二是

---

① 张旭. 风险社会的刑事政策方向选择［J］. 吉林大学社会科学学报，2011，51（02）：25-30.

② 康伟. 对风险社会刑法思想的辩证思考［J］. 河北学刊，2009，29（06）：150-153.

③ 杨兴培. “风险社会”中社会风险的刑事政策应对［J］. 华东政法大学学报，2011（02）：59-66.

④ 黎宏. 对风险刑法观的反思［J］. 人民检察，2011（03）：16-20.

⑤ 郝艳兵. 风险型社会下的刑法价值观念及其立法实践［J］. 中国刑事法杂志，2009（07）：15-23.

⑥ 张明楷. “风险社会”若干刑法理论问题反思［J］. 法商研究，2011（05）：85.

风险刑法与刑法的价值和立场相违背。风险刑法中的风险将法益的概念抽象化，使得刑法提前介入进行规制此种风险，这样做的后果会导致以牺牲公民的自由来换得社会的安全，忽视了自由保障机能。刘艳红教授认为，风险刑法理论为了追求安全而罔顾民众的人权、自由等权利，并希望警惕由此可能带来的对法治社会的重挫，进而认为风险刑法是反法治的。①

（二）风险刑法理论引入我国是必然状态

风险社会中的风险是一种客观存在，传统刑法对于风险的回应显得笨拙与束手无策。但是随着经济社会、科学技术、网络信息、人工智能的不断变化发展所带来的风险，刑法不对其做出必要的反应是不合理的。可以看出我国刑法学界主要是基于刑事政策下对风险刑法的引入需要具体考虑相关的罪责刑原则与谦抑原则，贯彻宽严相济的基本刑事政策，保障人权与自由等论述，但是没有从刑法认定犯罪的体系中进行深层次的思考，或者说现行刑法体系无法对风险刑法找出其合理的定位系统。改良派的观点更能体现出，传统刑法所面临的局限性与拙劣性，只能通过例外规定来回应刑法中的风险。而基于张明楷教授的反对观点是有失偏颇的，传统刑法以侵害法益造成的危害后果而认定犯罪，但是风险刑法的出现，使得法益的侵害后果还未出现，那么就不能将客观存在风险纳入刑法的规制之中，放任风险的发生造成法益侵害的后果才能认定为犯罪，是否为时已晚？对于刘艳红教授所提出刑法的提前介入会导致公民的自由受到侵害，风险刑法是反法治的。笔者认为风险刑法中的风险并不是所有风险都需要受到刑法的规制，而是那些具有应受惩罚性的风险才应该受到刑法的规制，应受惩罚性的风险不加以规制，等待着后果的发生就显得刑法总是滞后而达不到预防的目的。所以风险刑法理论背后的风险社会是客观存在，其风险也是客观存在，应受惩罚性的风险更应受到刑事法律的规制，而不是墨守成规，毫无作为。风险刑法确需引入我国，但是在刑法的体系上要仔细的加以辨别，准确定位，才能适应刑法面对现代化风险的挑战。

---

① 刘艳红．“风险刑法”理论不能动摇刑法谦抑主义［J］．法商研究，2011（04）：26-29.

三、风险刑法与法益

（一）风险刑法的本质是为了保护法益

风险刑法中的风险，并不是所有的风险都需要受到刑事法律的规制。需要规制的风险是具有人造性的风险，掺杂了人的主观意识与实践并具有高度危险性的风险。但风险毕竟只是一种未发生的状态，其有可能发生，在这样的情况下，法益与风险的关系一定要厘清。风险社会理论是具有合理性价值的，如何防范风险导致的严重后果发生，如何使不该发生的悲剧不发生，作为刑法学也理应对风险社会进行思考。风险刑法中的风险的本质是什么呢？规制这样的风险的理由在何处。首先要明确的一点是，并非所有风险社会中的风险都需要刑法进行规制，刑法是最后手段，也是最终底牌，贸然对一切风险进行大量干预必然会侵犯公民的自由，违背刑法的谦抑性。但是我们所处的时代是不断变化的，科学技术的进步是必然的，科学技术所带来的风险有些是合理范围内的，但是有些就不是合理的了。如汽车制造业的发展，汽车的行驶速度非常之快，人类利用汽车可以快速到达想去的目的地，在正常的驾驶情况之下，汽车所带来的风险是可以承受的；若行为人在醉酒后在闹市区开车从而导致重大伤亡结果的发生，这样的风险便不是我们所能容许的。为了有效地保护法益，对“酒驾”采取法益保护早期化的做法是可以的。① 这样具有高度危险性的风险，在立法层面上，《刑法修正案（八）》已经将这样的行为规定为犯罪，即危险驾驶罪，这个罪名的法益是什么呢？维护公共交通秩序，但是结果并未出现，法益没有被侵犯，刑法也进行介入。刑法介入的理由在于这样的风险已经突破了民法、行政法等其他手段处罚的范围，必须要用刑法来进行归责，刑法在结果未发生的情况下便可以介入规制这样的风险，目的是为了更好地保护法益，换句话说，此为法益保护的前置化。所以，风险刑法与法益的关系在这样的程度上来说，是为了更好地保护将来可能侵犯的法

① 马克昌．危险社会与刑法谦抑原则［J］．人民检察，2010（03）：5-9.

益，这里的可能应理解为大概率的事件，具有高度危险性的情况。在风险刑法中其本质是对法益的保护，对法益的保护又必然的需要进行提前介入，在介入过程需要考虑风险的状态，坚持刑法的谦抑性与法益保护主义才能抵消我们所面临的疑虑。

（二）风险刑法体系之建构

在风险刑法体系的建构之上，科学合理的使刑法从容应对我们所处时代的风险，确实是一个较为棘手的问题。刑法的谦抑性原则使得国家刑罚权的发动必须谨慎的考虑，作为维护社会的最后一道防线，在能够有其他途径解决问题的情况下，不能动用刑法来对社会行为进行规制。

1. 刑法应对风险刑法的困窘应坚持谦抑性原则

谦抑性原则是刑法的根本原则，所谓谦抑，指的是刑罚权不能轻易发动，只有在不得不使用的情况下才能考虑动用刑罚。在能够使用其他法律规范解决问题之时，不要依赖于刑法去解决问题。谦抑性原则主要体现出以下特征，其一是刑法补充性，刑法是作为其他法律规范的补充法，在其他法律规范束手无策之时，刑法作为最后手段加以补充修正被破坏的社会秩序。其二是刑法的片段性，社会生活涵盖范围之广，社会风险的存在面之大，刑法不可能面面俱到，而作为最为严厉的手段，刑罚的出动必然只针对社会生活中具有严重的社会危害性与应受惩罚性的行为。其三是宽容性，某种犯罪行为出现，仍然需要对法益进行衡量，在罪责层面上进行考虑，对各种价值利益观进行充分的平衡，只要不是在非必要的状态之下，就应当重视宽容性。

2. 刑法应对风险刑法应坚持“二次调整法”的作用

二次调整法，是根据刑法作为补充法、辅助法、最后法的这一视角所确定，在其他法律规范能够化解我们所面对的风险，就不能适用刑法规则。如环境污染所导致的风险，由于环境污染所带来的风险通常是隐性的，并不都会立即反映出来，其所造成的结果或许在行为发生之后数月甚至数年之后才会显现，刑法需要对这样的风险进行规制。但是刑法如何进行规制是我们所要考虑的，这首先需要从刑法规则着手进行分析，从规则中析出权利义务，这样才能将法的安定性、可预测性、保障性符合逻辑的建立起来。[①] 根据《刑法》第 338 条规定可知，违反国家规定，排放、倾倒或处置有放射性的、传染病病原体的废物，由这一法律文本可知国家向社会公民所传达的是一条禁止性义务。而根据《环境保护法》可知，公民有保护环境的义务，这是一条命令性义务，公民需要做的是保护环境。在这样的风险之下，刑法并未贸然的对风险进行调整，而是先由行政法规对公民进行约束，违背命令性义务且未造成严重后果并不构成犯罪，因为此处的义务违反并非刑事义务的违反，也就是说在此阶段并未具有刑事违反性，自然不能进入刑法的调整范围之内。如行政法规对污染环境的行为人做出了行政处罚，但是其并未修正自身的错误，刑法作为“二次调整法”的作用就该显现。作为补充法、辅助法、最后法的刑法，以其应有的严厉性而发动，面对行为人违反国家规定，违反刑事义务，制造了具体的危险，在结果并未发生或者结果发生时间点并未出现，仍然需要对其进行规制，这便是刑法面对当代风险刑法问题的一种合理归责路径。再如危险驾驶罪，从危险驾驶罪的法律文本之中我们得知这是一条禁止性规范，禁止公民醉酒驾驶机动车。而在道路交通安全管理法规中，对于饮酒、醉酒驾驶机动车的行为人，将受到暂扣、吊销机动车驾驶证、罚款等处罚。科技的发展，带给人们便利的同时也带来了风险，而醉驾将风险等级骤然提高，在这样的情况之下，《刑法修正案（八）》将醉驾入刑回应了社会的需要，也关注到了结果未发生的状态下对风险理应归责。笔者认为，从刑法作为“二次调整法”的角度出发，对风险一人了之并不是合理的解决方式。如贝卡里亚所说，立法是一门艺术，它引导人们去享受最大限度的幸福，或者说最大限度地减少人们可能遭遇的不幸。[②] 在对醉酒驾驶为问题之上，行政法规的处罚显然过于轻缓，而为了应对醉酒的风险，可以加重行政处罚，如终身禁驾、巨额罚款等。行政处罚采取了这样的措施还不能

---

① 陈孝平. 规范犯罪论——从法条、规则、规范到犯罪构成的一种体系化主张［M］. 北京：法律出版社，2019：23.

② ［意］切萨雷·贝卡里亚. 论犯罪与刑罚［M］. 黄风，译. 北京：中国法制出版社，2005：128.

有效地防止醉驾问题所带来的风险，自然需要国家刑罚权出动，刑法在行为人尚未造成后果之时介入是源于对法益的前置性保护，笔者不再赘述。由于风险是不确定的，是模糊的，我们很难预知未来将会面对怎样的风险，但对于风险刑法的回应，作为二次调整法的刑法，应避免刑法万能主义的倾向，先由行政法律规范进行调整，在不能取得良好的社会效果时，才能调动刑法运用国家刑罚权的力量进行规制，而在刑事立法层面也应按照一定要素进行，从实害情节加重犯到具体危险犯再到抽象危险犯，最后在罪责层面进行回应。

四、结语

风险刑法理论引入我国是必然的，社会大众对其的期待也是不可拒绝的，加之客观上我国刑法在某些罪名中已经运用了风险刑法理论来思考问题，防止造成法益侵害结果的发生，提前处理了风险，并不意味着规制风险就违背了自由与人权，在追求科学进步、社会发展的同时，公众对技术革新所带来的风险有合理范围，在合理范围内无须动用刑法，而在其他法律规范无法进行调整或者调整已然失效的情况之下，刑法在谦抑性的原则与二次调整法的作用下，国家刑罚权出动以防止风险的出现造成更大的灾难。

参考文献

[1] [德] 乌尔里希·贝克. 风险社会 [M]. 何博闻，译. 南京：译林出版社，2004.

[2] [德] 乌尔里希·贝克. 从工业社会到风险社会（上篇）——关于人类生存、社会结构和生态启蒙等问题的思考 [J]. 王武龙，译. 马克思主义与现实，2003（03）：26-45.

[3] 林培晓. 风险刑法基本理论研究 [D]. 重庆：西南政法大学，2014.